이기동의
영어 형용사 연구
ADVANCED

ENGLISH
ADJECTIVES

의미, 구조, 용례로 해석한

이기동의
영어 형용사 연구

ADVANCED

이기동 **지음**

교문사

아내에게
이 책을 바칩니다.

머리말

언어학은 여러 가지 접근법을 가지고 있다. 그중 하나가 인지적 접근법이다. 이 접근법의 중요한 주장은 언어는 우리의 인지능력과 뗄 수 없는 관계에 있다는 것이다. 우리들이 갖는 주의, 기억, 범주화, 추상화할 수 있는 능력과 언어능력은 서로 뗄 수가 없다는 점을 이 접근법은 주장하고 있다. 이 접근법으로 언어를 살펴보면 다른 방법으로 찾아볼 수 없었던 언어의 특성들을 볼 수 있게 된다.

한때 언어학에서는 이상한 광풍이 불었다. 언어를 수학이나 논리체계로 연구할 수 있고, 언어를 의미를 빼고 구조만을 연구할 수 있으며 언어능력은 다른 인지능력과 독립되어 있다고 믿었다. 언어란 의미 전달이 목적이고 인지능력 없이 언어를 사용할 수 없다는 점을 생각하면 이 생각이 잘못되었음을 곧 알 수 있다. 이러한 잘못된 주장을 바로잡아 준 사람들이 Ronald W. Langacker와 Dwight D. Bolinger 교수이다. 이분들은 의미를 빼고 구조만을 연구 대상으로 삼을 수 없고, 언어 지식은 일반 인지능력의 일부임을 주장했으며 이 주장을 종합하여 Langacker 교수는 인지문법을 내어 놓았다.

이 책에 제시된 연구는 인지문법을 바탕으로 삼고 있다. 이 접근법을 통해 나는 영어 전치사와 영어 동사를 연구하여 그 결과를 책으로 펴내 수십 년 동안 많은 독자들이 애용해오고 있다. 이러한 독자들의 관심에 힘을 얻어 영어 형용사도 연구하여 책으로 내어 놓게 되었다. 앞으로 이 책도 독자들의 영어 학습에 많은 도움이 되기를 간절히 바란다.

이 책에서는 미리 도입하여 설명을 해둔 용어 외에는 전문 용어가 쓰이지 않아서, 영어에 관심이 있는 분이라면 누구나 이해하기 어렵지 않을 것이다. 여기서 말하는 영어에 대한 관심은 어느 형용사의 뜻을 단편적으로 이해하는 것이 아니라 그 보다는 좀 더 깊이 있는 이해에 대한 관심이다. 다시 말하면 나무(부분)는 물론 산(전체)을 보여주려고 했다.

이 책을 읽을 때는 반드시 '일러두기'를 읽어두는 것이 좋다. 여기에 필요한 용어가 소개되어 있기 때문이다. 일단 일러두기 부분을 읽고 나면, 이 책의 어느 부분을 펼쳐서 읽어도 좋다. 특정한 형용사에 관심이 있으면 그 부분을 바로 가서 읽어도 좋다.

이 책에서 내어놓은 분석은 완전하지 않을 수도 있다. 내가 최선을 다해 분석했지만 어느 분이 다른 각도에서 들여다보면 좀 더 나은 분석도 나올 수 있을 것이다. 아무튼 이 책이 향후 좀 더 나은 분석을 위한 토대가 될 것으로 믿는다.

이 연구는 10여 년 전에 시작되었다. 자료를 모으고, 분류하며 개략적으로 분석하던 중 병으로 한동안 작업을 계속할 수 없었다. 이 작업을 다시 시작해야겠다고 생각했을 때는 이미 시력이 약해졌다. 일을 하고 싶지만 할 수 없는 상황이 정말 괴로웠고 매일 절망의 상태에서 하루하루를 보냈다. 이때 농담 하나가 생각났다. 어떤 착한 사람이 죽어서 천국에 갔는데 매일 아무 일도 하지 않고 지내야 했다고 한다.

이 지루함을 견디지 못한 그 사람은 지옥이라도 좋으니 일할 수 있는 곳으로 보내달라고 하였단다. 이것이 내가 병상에 있을 때의 심정이었다. 하루하루를 천장만 보고 지내는 일이 몹시도 절망적이었다.

이 절망의 순간을 희망으로 바꾸어준 것은 아내였다. 어느 날 정리되지 않은 원고를 꺼내놓고 아내는 자신이 나의 눈과 손의 역할을 대신 해주겠다고 했다. 그때부터 중단되었던 작업이 다시 시작되었다. 이 작업은 많은 시간과 인내심을 요구했다. 그러나 이 노력은 내가 살아 있음을 스스로에게 깨우쳐 줄 수 있었고, 살아 있는 보람을 느끼게 했다. 아침에 깨어 눈을 떴을 때 오늘도 나에게 할 일이 있다는 그 생각 자체만으로도 하나의 큰 위안이자 행복이었다. 이 책을 맡아서 출판해 주신 류제동 사장님과 편집을 맡아서 좋은 책을 만들 수 있도록 도와주신 김소영 선생님, 여러 담당자 분들에게 감사를 드린다.

2015년 5월
이기동

차례

14

이기동의 영어 형용사 연구 BASIC편

ABLE	CORRECT	FAST	HUNGRY	NEAR	SAD	SWEET
ANGRY	CRUEL	FAT	IDLE	NICE	SAFE	TALL
ANY	DARK	FEW	ILL	OLD	SEPARATE	THICK
APT	DEAD	FINE	INTERESTED	ONLY	SHARP	TIRED
BAD	DEAF	FLAT	JEALOUS	OPEN	SHORT	TRUE
BIG	DEEP	FREE	JUST	PERFECT	SICK	URGENT
BLACK	DIFFICULT	FRESH	KEEN	PLAIN	SILENT	USEFUL
BLIND	DIRTY	FULL	KIND	PLEASANT	SLOW	USUAL
BLUE	DRY	GENTLE	LARGE	POLITE	SMALL	VACANT
BRIGHT	DULL	GLAD	LAST	POOR	SOFT	WARM
BROAD	EAGER	GOOD	LATE	POSSIBLE	SORRY	WEAK
BUSY	EARLY	GREAT	LAZY	PROUD	SOUR	WELL
CALM	EASY	GREEN	LIGHT	PURE	STEEP	WET
CHEAP	EMPTY	HAPPY	LONG	QUICK	STILL	WHOLE
CLEAN	ENOUGH	HARD	LOW	QUIET	STRANGE	WIDE
CLEAR	EVEN	HEAVY	MAD	READY	STRONG	WILD
CLOSE	EVERY	HIGH	MILD	REAL	SUCH	WISE
COLD	FAMILIAR	HONEST	NARROW	RICH	SUDDEN	WRONG
COOL	FAR	HOT	NATURAL	RIGHT	SURE	YOUNG

일러두기

① 일반 개요

다음에는 이 책에서 자주 쓰이는 용어, 형용사, 전치사의 관계, 형용사가 쓰이는 구조, 이 책의 특징, 그리고 잠재적 이용자에 대한 설명이 간단하게 소개되어 있다.

1) 의미의 종류와 배열순서
각 형용사의 의미는 다음과 같은 원칙에 따라서 배열되었다.

(1) 일반 의미
가장 먼저 일반 의미가 제시된다. 이 일반 의미는 글자 그대로 모든 의미 밑에 깔려 있는 일반적인 의미이다.

한 예로 형용사 tight를 살펴보자.

[a] The roof is tight.
그 지붕은 잘 짜져서 물이 새지 않는다.

[b] The shoes are tight.
그 신발은 꽉 조인다.

[c] The door is tight.
그 문이·빡빡하다.

> [d] They sat in a *tight* circle.
> 그들은 촘촘하게 원을 그리며 앉았다.
>
> [e] They live in a *tight* community.
> 그들은(심리적으로) 밀착된 지역사회에 살고 있다.

앞에서 살펴본 tight의 일반 의미는 한 부분이 다른 부분에 또는 한 개체가 다른 개체에 밀착되어 있는 관계이다. 이 밖에도 형용사 rich는 다음과 같이 쓰인다.

> [a] John is rich.
> John은 부자이다.
>
> [b] The soil is rich.
> 그 땅은 지양분이 많다.
>
> [c] The food is rich.
> 그 음식은 영양분이 많다.
>
> [d] The fabric is rich.
> 그 천은 무늬가 화려하다.

rich는 사람의 경우 돈이 많고 토양의 경우 자양분이 많고 음식의 경우 영양분이나 향료가 많다. 천의 경우 무늬가 많다. 이것을 일반화하면 '주어는 X가 많다.'와 같다. rich의 일반 의미는 '주어에 무엇이 많다'는 뜻이다. 이 무엇은 주어의 특성으로 어느 정도 예측이 된다. 주어가 갖는 것이 분명하지 않은 경우 이것은 다음과 같이 표현된다.

> [a] The country is rich with coal.
> 그 나라는 석탄이 많다.

> **[b]** He is rich with friends.
> 그는 친구가 많다.

(2) 기본 의미

어느 형용사가 갖는 여러 가지의 의미 가운데 기본 의미(basic meaning)가 먼저 제시된다. 형용사는 구체적 개체나 추상적 개체를 묘사할 수 있다. 구체적 개체를 묘사하는 형용사의 의미가 추상적 개체를 묘사하는 의미보다 더 기본적이다. 예를 들어 형용사 strict를 살펴보자. 이 형용사는 나무들이 '직립하는'이라는 뜻과 '곧은 혹은 엄격한'의 뜻으로 쓰인다.

> **[a]** strict plant
> 직립 식물
>
> **[b]** strict law
> 엄격한 법률

앞의 표현에서 strict는 a에서는 구체적인 식물을 묘사하고 b에서는 추상적인 법률을 묘사한다. 이 형용사의 추상적인 뜻은 구체적인 뜻에서 나오는 것으로 본다. 무엇이 꼿꼿이 서 있다는 뜻은 법률 등이 반드시 지켜져야 하는 뜻으로 풀이된다.

앞에서 우리는 어떤 형용사가 갖는 여러 의미에 공통적으로 흐르는 일반 의미가 있음을 살펴보았다. 일반 의미의 밑에는 몇 개의 구체적인 의미가 있다. 이 구체적인 의미들 가운데 가장 기본적인 것이 있다. 이것을 기본 의미라고 하겠다. 다음 예를 살펴보자.

형용사 rude를 사전에서 찾아보면 다음과 같은 뜻이 나온다.

[a] 거친 행동

[b] 거친 말

[c] 조잡한 물건

　이 책에서는 c에 해당하는 뜻이 기본적이라고 생각한다. 그 이유는 첫째, c 의 rude는 물건을 묘사하고, 둘째, 이 뜻이 가장 먼저 쓰였을 것이라 생각하 기 때문이다. 구체적인 물건을 묘사하는 '잘 다듬어지지 않은'이라는 의미가 점점 확대되어 행동이나 말에 적용되었다고 본다. 그래서 구체적인 물건을 묘 사하는 rude의 뜻을 이 형용사의 기본 의미라고 보고 이 책에서는 이 의미를 가장 먼저 실었다. 일반 사전에는 보통 빈도수를 기준으로 가장 빈번하게 쓰 이는 뜻이 맨 먼저 실리는 경향이 있으나, 본서에서는 빈도수보다 기본적 의 미를 맨 먼저 실었다. 또 한 예로 장소와 시간 개념 중 어느 것이 기본적인지 살펴보자. 영어에서 away, close, long, short 등은 장소와 시간 양쪽을 나타 내는 데 쓰인다.

[a] The store is 2 miles away from my house.
그 상점은 내 집에서 2마일 떨어져 있다.

[b] The store is 10 minutes away from my house.
그 상점은 내 집에서 10분 거리에 있다.

[a] The school is close to a lake.
그 학교는 호수 가까이에 있다.

[b] The time now is close to 9.
지금 시간은 9시에 가깝다.

[a] He walked 3 long miles.
그는 장장 3마일을 걸었다.

[b] **He worked 3 long hours.**
그는 장장 3시간 일했다.

[a] **It is 10cm short.**
그것은 10cm 모자란다.

[b] **It is 10 minutes short.**
그것은 10분 모자란다.

앞에서 장소 표현에 쓰이는 낱말들이 시간 표현에도 쓰임을 보았다. 장소 개념은 구체적이다. 장소는 볼 수 있으나, 시간은 볼 수 없는 추상적이다. 이러한 사실에 비추어 보면, 장소 개념이 시간 개념보다 더 기본적인 것으로 생각된다.

(3) 파생 의미

기본 의미에서 벗어난 의미를 파생 의미(derived meaning)라고 하겠다. 파생 의미의 배열순서는 기본 의미에서 가까운 것을 먼저, 그리고 멀리 있는 것을 그 다음으로 배열한다. 앞의 순서와 관련하여 형용사 simple의 뜻을 살펴보자. 이 형용사의 일반 의미는 어떤 개체가 하나의 구성요소로 이루어진 상태를 나타낸다. 이 기본 의미는 다음과 같이 확대되어 쓰인다.

[a] **The tool is simple.**
그 연장은 간단하다. (구조가 간단한)

[b] **The furniture is simple.**
그 가구는 수수하다. (장식이 없는)

[c] **He is simple.**
그는 단순하다. (하나만 생각하는)

[d] **She is simple.**
그녀는 순박하다. (순박한)

[e] **The problem is simple.**
그 문제는 간단하다. (다루기 쉬운)

  각 형용사의 의미배열은 기본 의미를 먼저 제시하고 나머지 파생 의미는 기본 의미의 근접성에 따라 차례로 제시된다. 기본 의미는 범주의 원형과 같다. 이것은 한 범주의 구성원이 있을 때 이 범주를 이루는 구성원의 자격은 서로 다르다. 과일 범주의 구성원에는 사과, 감, 바나나, 딸기 등이 있을 때, 문화에 따라서 다르긴 하겠지만 필자의 경우 사과가 가장 원형적이고 그 다음 것은 앞에서 열거한 순서대로이다. 또 한 예로 새의 범주를 들어보자.

  새(bird)의 구성원에는 참새, 비둘기, 기러기, 독수리, 타조 등이 있다. 필자의 경우 참새가 원형적인 새이다. 나머지는 앞에서 열거한 순서대로 원형에서 멀어진다. 이와 같이 각 형용사 의미는 원형적인 것에서부터 덜 원형적인 순서로 배열된다.

(4) 사역 의미

파생 의미 가운데 대표적인 것이 사역 의미(causative meaning)이다. 동사에 사역동사가 있듯이 형용사에도 사역형용사가 있다. 거의 모든 동사는 같은 형태가 타동사와 자동사로 쓰이고, 또 타동사나 사역동사로 쓰인다. 다음을 살펴보자.

[a] **The man is happy.**
그 사람은 행복하다.

[b] **we had a happy holiday.**
우리는 행복한 휴가를 가졌다.

a에서 happy는 사람의 행복한 마음을 그린다. 그러나 b에서 happy는 holiday가 행복한 것이 아니라 이것이 사람을 '행복하게 해주는'의 뜻이다.

형용사 sure는 다음과 같이 쓰인다.

[a] I am sure of his success.
나는 그의 성공을 확신한다.

[b] He is sure to come.
그가 오는 것이 확실하다.

[c] It is a sure thing.
그것은 확실한 일이다.

sure는 문장 a에서 주어의 확신을 나타내고, b에서는 화자의 확신을 나타낸다. 즉 주어나 화자가 무엇이 틀림없다고 하는 내용이다. 한편 c에서 피수식체 thing은 어떤 확신을 갖는 것이 아니고, 확신을 가지게 하는 뜻이다. 이것이 sure의 사역 의미이다.

2) 은유와 환유

(1) 은유

은유(metaphor)는 한 개념을 다른 개념을 통해 이해하는 과정이다. 일반적으로 추상적 개념을 구체적 개념을 통해 이해하는 사고의 과정이다. 다음 표현 '내 마음은 호수이다'가 은유의 좋은 예이다. 두 개체, 마음과 호수는 실제로 다르다. 그러면 어떻게 이 두 개체를 같다고 볼 수 있는가? 은유의 특징은 두 개체 사이의 다른 점은 감추고 같은 점만 부각시킨다. 앞의 예에서 다른 점은 마음은 보이지 않으나 호수는 보인다. 마음은 사람이 지니고 있고 호수는 사람이 지닐 수 없다. 같은 점은 마음이나 호수 둘 다 외부의 영향을 쉽게 받는 것이다. 이 공통점을 기반으로 은유가 성립한다. 이 은유 과정은 우리가 쓰는

말에 너무나 흔하게 쓰이기 때문에 이것을 의식하는 경우는 드물지만, 은유
는 광범위하게 쓰인다. 다음 은유의 한 예를 더 살펴보자.

> [a] The cup is empty.
> 그 컵은 비어 있다.
>
> [b] Life is full of misfortune.
> 삶은 불행으로 가득 차 있다.
>
> [c] Life is empty of meaning.
> 인생은 의미가 없다.

앞의 예에서 우리는 삶이 그릇으로 은유화되어 있다는 것을 알 수 있다.
즉 '인생은 그릇이다'의 은유이다. 인생이 그릇으로 개념화되기 때문에 그 안
에 많은 것이 들어 있거나 비어 있을 수 있다.

(2) 환유

환유(metonym)는 어느 표현의 지시가 다른 것으로 바뀌어지는 수사법이다.
이 수사법은 크게 두 가지로 나누어진다. 전체가 부분을 가리키는 경우와 부
분이 전체를 가리키는 경우이다. 다음을 살펴보자(전체가 부분을 가리키는
환유).

> [a] He weighs in 60 kilograms.
> 그는 계체량이 60kg이다.
>
> [b] He is vague about his past.
> 그는 그의 과거에 대해서 불분명한 태도를 취한다.

앞의 두 문장에는 대명사 he가 쓰였다. 이 대명사의 지시를 잘 살펴보면 이
것이 가리키는 대상은 다르다. a에서 he는 그의 몸을 가리키고, b에서 he는

그의 말이나 태도를 가리킨다. 이것을 보면 he는 사람 전체를 가리키지만 맥락에 따라서는 사람의 부분(몸 또는 말이나 태도)을 가리킨다. 이 경우 전체가 부분을 가리키는 환유이다. 또 다른 한 종류의 환유는 부분이 전체를 가리키는 예이다. 다음을 살펴보자(부분이 전체를 가리키는 환유).

[a] The office needs a good head.
그 사무실은 좋은 머리가 필요하다.

[b] The team needs a strong arm.
그 팀은 튼튼한 팔이 필요하다.

[c] The party hired a new blood.
그 정당은 새 피를 고용했다.

[d] The kidney died this morning.
그 신장은 오늘 아침에 죽었다.

앞에서 head, arm, blood와 kidney는 모두 신체의 일부를 가리키지만 신체의 일부로서 사람 전체를 가리킨다.

3) 중의성

이 책에서는 형용사의 의미를 1, 2, 3등 등으로 갈라놓았다. 그러나 이러한 구분은 절대적인 것이 아니다. 이들 뜻 사이의 경계는 높은 벽이 아니어서 쉽게 넘나들 수 있는 낮은 벽이다. 다시 말하면 이들 경계가 fuzzy(불분명한)할 수 있다는 점이다. 이 fuzzy성은 모든 범주 문제에 존재한다. 예를 들어 채소와 과일 범주가 있다면 토마토는 두 범주 가운데 어느 범주에 속할까? 어떤 사람은 이것은 과일 범주에, 또 어떤 사람들은 이것을 채소 범주에 넣는다. 이와 마찬가지로 다음 문장은 두 가지 뜻으로 풀이될 수 있다. 즉 중의성(ambiguity)을 가진다.

> [a] **My old friend**
> 나의 나이 든 친구 / 나의 사귄지가 오래된 친구
>
> [b] **My old house**
> 나의 오래된 집 / 나의 옛집

a에서 old의 한 가지 뜻은 '나이가 많다'는 뜻이고 또 한 가지 뜻은 사귄지 '오래된'의 뜻이다. 이 중 어느 뜻이 맞느냐는 맥락에 의해 결정된다. b에 쓰인 old의 한 가지 뜻은 지은지 '오래된'의 뜻이고, 다른 한 가지는 새 집과 반대의 의미인 전에 살던 '옛' 집이다.

형용사 new도 다음과 같이 중의적일 수 있다.

> [a] **My new house**
> 나의 새 집 / 새로 구입한 집

a에서 표현된 한 가지 뜻은 지은지 오래되지 않은 새 집의 뜻이고, 다른 한 가지는 옛날에 살던 집과 대조가 되는 새로 구입한 집의 뜻이다.

4) 동음이의어

형용사 가운데는 철자와 발음은 같으나 뜻이 다른 것이 있다. 이러한 낱말을 동음이의어(homonym)라고 한다. 형용사 raw는 크게 다음 두 가지 뜻을 갖는다.

> [a] **My feet are raw.**
> 내 발이 쓰리다.
>
> [b] **I ate the raw fish.**
> 나는 그 날 생선회를 먹었다.

a에 쓰인 raw는 '쓰라린' 상태를 나타내고 b에 쓰인 raw는 가공하지 않은 상태를 나타낸다. 이 두 뜻은 너무 달라서 한 낱말로 묶기가 어렵다고 생각된다.

raw의 뜻은 크게 두 가지로 나누어질 수 있다. 그러나 현재까지의 연구에서 이 둘 사이에는 의미상의 공통성이 없는 것으로 생각된다. 그러므로 이 두 형용사는 발음은 같으나 뜻이 다른 동음이의어로 취급되어 있다.

이 책에서 동음이의어는 표제어(headword)를 따로 하지 않고 하나의 표제어에 포함시켰다. 예로서 동음이의어 row는 row1과 row2로 구별하지 않고 하나의 표제어(headword) row에 포함시켰다.

5) 범주, 범주화, 원형

우리 주위에는 헤아릴 수 없이 많은 물건과 물질들이 있다. 우리 인간이 이들 하나하나에 개별적 이름을 붙이고 그 이름을 익히고 살아야 한다면 이것은 우리의 뇌에 감당할 수 없는 부담을 줄 것이다. 이러한 문제를 극복하기 위해서 우리는 사물을 무리지어서 생각한다. 비유적으로 말하면 범주는 그릇이고, 이 그릇 속에는 꼭 같지는 않지만 어떤 공통 속성을 나누는 물체나 물질이 담기는 것으로 볼 수 있다.

새의 범주를 생각해 보자. 이 범주의 구성원으로는 참새, 까마귀, 까치, 독수리, 기러기, 꿩, 닭, 타조 등이 있다. 이들은 새의 범주에 들기는 하지만, 원형성은 서로 다르다. 이들 날짐승 가운데 어느 것이 원형적일까? 필자의 경험에 비추어 보면 참새가 원형이지만, 오늘날 도시에서 자란 사람들은 참새보다는 비둘기가 새 범주의 원형으로 생각될 수도 있을 것이다. 그러나 참새가 새

의 특징을 가장 많이 가지고 있고 주위에서 흔히 볼 수가 있기 때문에 필자
는 이 새를 새(bird) 범주의 원형으로 본다. 참새와는 달리 타조 같은 것은 새
모양을 하고 있음에도 날 수가 없다. 그러므로 타조는 원형성에서 매우 멀리
있는 구성원이다.

우리가 쓰는 낱말의 뜻도 각각 하나의 범주를 이루는 것으로 볼 수 있다.
한 예로 sour를 생각해 보자. 이 형용사는 대략 다음과 같이 쓰인다. 4가지의
뜻은 꼭 같지는 않지만 이들은 어떤 공통속성으로 묶여 있다. 이 단어의 공
통속성은 '신 느낌을 주는'이라는 것이다. 이 신 느낌은 다음 예문들 중 a에서
는 맛이고, b에서는 냄새이며, c에서는 관계에, d에서는 경험 등이 신 느낌을
준다.

> [a] **The cherry is sour.**
> 그 체리는 신맛이 난다.
>
> [b] **The milk smells sour.**
> 그 우유는 신 냄새가 난다.
>
> [a] **Their marriage went sour.**
> 그들의 결혼은 나빠졌다.
>
> [b] **We had some sour experiences.**
> 우리는 몇 가지의 괴로운 경험을 했다.

이렇게 볼 때 한 낱말이 갖는 뜻도 어느 범주(sour)의 구성원으로 볼 수 있
다. 구성원이 되는 뜻 가운데 구체적인 것을 묘사하는 것이 원형적이고 다른
것은 이 원형에서 벗어나는 것으로 볼 수 있다. 범주의 원형(prototype)은 이
책에서 말하는 기본 의미와 일치한다.

6) 한정적 용법, 서술적 용법, 피수식체

형용사는 두 가지 방법으로 쓰인다. 하나는 한정적 용법(restrictive)이고, 다

른 하나는 서술적 용법(predicative)이다. 한정적이란 한정을 한다는 뜻이다. 여기서 한정되는 것은 지시의 범위이다. 다음의 예를 살펴보자.

[a] a boy

[b] a tall boy

[c] a tall skinny boy

[d] a tall skinny boy with a book in his hand

어느 모임에 10명의 남자 아이들이 있다고 가정해 보자. a를 쓰면 10명 가운데 어느 누구라도 가리킬 수 있다. b는 형용사 tall이 쓰여서 10명 가운데 키가 큰 아이들만 가리킨다. 키 큰 남자아이가 4명이 있다면 a tall boy는 10명 가운데 4명 중 1명을 가리킨다. c를 쓰면 지시 범위가 더 좁아진다. 4명의 키 큰 아이들 가운데 빼빼 마른 남자아이를 가리킨다. 마른 아이가 2명 있다면 d는 이 2명 중 1명을 가리킨다.

형용사가 한정적으로 쓰일 때는 명사를 직접 수식한다. 한편, 형용사가 어느 개체나 사람의 성질이나 상태들을 기술하는 데 쓰일 때는 형용사의 서술적 용법이다. 이 용법은 통상 존재동사(be, lie, stay, sit), 그리고 이동동사(come, go)와 같은 동사와 쓰인다.

[a] She is angry.
그녀는 화가 나 있다.

[b] He lay sick in bed.
그는 아파서 병상에 누워 있었다.

[c] He stayed calm.
그는 침착하게 있었다.

[d] The machine sits idle.
그 기계는 움직이지 않고 있다.

[a] He went mad.
그는 미쳤다.

[b] His dream came true.
그의 꿈은 이루어졌다.

형용사가 한정적으로 쓰이든지, 서술적으로 쓰이든지 간에 형용사와 관계되는 개체가 있다. 이 개체를 피수식체(modified)라고 부르겠다. 다음 예문에서 pretty는 a에서는 한정적으로, 그리고 b에서는 서술적으로 쓰였다. 어느 쪽으로 쓰였든지 간에 girl은 pretty와 관련되기 때문에 이것은 피수식체이다.

[a] She is a pretty girl.
그녀는 예쁜 소녀이다.

[b] The girl is pretty.
그 소녀는 예쁘다.

7) 교체현상

형용사의 교체현상(alternation)을 이해하기 위해서 먼저 동사 send를 살펴보자. 이 동사의 개념바탕에는 보내는 이, 받는 이, 그리고 보내지는 물건이 있다. 이 세 요소가 문장에 어떻게 표현되는지를 다음에서 살펴보도록 하자.

[a] She sent me an e-mail.
그녀는 내게 이메일을 보내왔다.

[b] She sent an e-mail to me.
그녀는 이메일을 나에게 보내왔다.

동사 바로 뒤 목적어 자리에 a에서는 받는 이가 오고, b에서는 보내지는 개체가 온다. 즉 목적어 자리의 두 요소가 바뀔 수 있다. 이것을 교체현상이라 부른다. 이것은 예외적인 현상이 아니라 보편적인 현상이다. 동사 cover를 한 번 더 살펴보면, 이 동사의 개념바탕에는 덮는 이, 덮이는 개체, 그리고 덮는 데 쓰이는 물건이 있다.

> [a] She covered the table with a table cloth.
> 그녀는 그 식탁을 식탁보로 씌웠다.
>
> [b] She covered a table cloth over the table.
> 그녀는 그 식탁보를 식탁 위에 씌웠다.

목적어 자리에 a에서는 덮이는 개체가, b에서는 덮는데 쓰이는 개체가 쓰였다. 이 교체현상은 형용사에서도 나타난다. 다음을 살펴보자.

> [a] In fall, this river abounds with salmon.
> 가을에, 이 강은 연어가 많다.
>
> [b] In fall, salmon abound in this river.
> 가을에는 연어가 이 강에 많다.

주어 자리에 a는 장소이고, 그 속에 들어가는 개체는 전치사 with로 표현되어 있다. b는 주어가 장소에 들어 있는 개체이고, 이들이 들어 있는 장소는 전치사 in으로 표현되어 있다. 이것도 교체현상이다. 이것을 도식화하면 다음과 같다. 장소가 부각된 첫 번째 그림은 문장 a의 도식이고, 개체가 부각된 두 번째 그림은 문장 b의 도식이다.

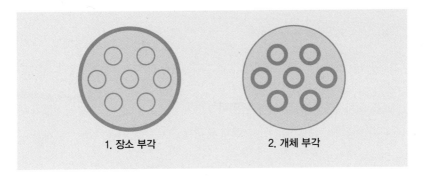

1. 장소 부각   2. 개체 부각

다음 몇 개의 예를 더 살펴보자.

[a] The lake is alive with fish.
그 호수에는 물고기가 많다.

[b] Fish are alive in this lake.
물고기가 이 호수에 많다.

[a] The forest is thick with pine trees.
그 숲은 소나무로 빽빽하다.

[b] Pine trees are thick in the forest.
소나무들이 그 숲 속에 빽빽하다.

8) 치수표현

영어 물체의 치수는 다음과 같이 표현된다. 먼저 수치가 쓰이고, 그 다음에 치수를 나타내는 형용사가 쓰인다. 치수표현(measurement)에 쓰이는 형용사는 그 의미에 있어서 일반 형용사와 다르다. 다음을 비교하여 보자.

[a] He is old. (He is not young.)
그는 나이가 많다. (그는 젊지 않다.)

> **[b]** He is one year old.
> 그는 나이가 한 살이다.

old는 a에서는 나이가 많다는 뜻이고, b에서는 늙고 젊은 것과 관계없이 나이를 나타낸다. 그러므로 치수표현에 쓰이는 old는 몇 시간, 며칠, 몇 개월 등에 다 쓰일 수 있다.

> **[a]** He is two hours old.
> 그는 태어난지 2시간이다.
>
> **[b]** He is three months old.
> 그는 태어난지 3개월이다.
>
> **[c]** He is 100 years old.
> 그는 100살이다.

한 예를 더 살펴보자.

> **[a]** The river is wide.
> 그 강은 폭이 넓다.
>
> **[b]** The pool is four meters wide.
> 그 강의 폭은 4m이다.

wide는 a에서 폭이 넓다는 뜻이고, b에서는 폭의 크기와 관계없이 폭을 나타내는 데 쓰인다.

> **[a]** The tower is 100m tall.
> 그 탑은 높이가 100m이다.

[b] **The highway is 200km long.**
그 고속도로는 길이가 200km이다.

[c] **The concert was 2 hours long.**
그 음악회는 길이가 2시간이었다.

[d] **The lake is 20m deep.**
그 호수는 깊이가 20m이다.

[e] **The navy is 3,000 strong.**
그 해군은 수가 3,000명이다.

[f] **The tank is three tons heavy.**
그 탱크는 무게가 3톤이다.

[g] **The apartment building is 25 stories high.**
그 아파트 건물은 높이가 25층이다.

② 형용사 구조

형용사가 쓰이는 구조는 다음 세 가지로 나누어 볼 수 있다. 첫째, 전치사와 쓰이는 전치사 구조, 둘째, to-부정사와 쓰이는 to-부정사 구조, 셋째, 종속절과 쓰이는 종속절 구조이다. 다음에서 이 세 가지 구조를 차례로 살펴보겠다.

1) 형용사와 전치사 구조

전치사는 두 개체를 전제로 한다. 전치사는 이 두 개체 사이의 관계를 나타내는 낱말이다. 다음 예를 보자.

[a] **the dog behind a tree**
　　선행사　　　　　　목적어
　　나무 뒤에 있는 개

> [b] the sky above us
>   선행사   목적어
> 우리 위에 있는 하늘

a에서 behind는 개와 나무 사이의 관계를 나타내고, b에서 above는 하늘과 우리 사이의 관계를 나타낸다. 전치사 앞에 쓰인 것을 선행사(antecedent), 그리고 전치사 다음에 오는 것을 목적어(object)라고 한다.

전치사의 선행사는 앞에서 살펴본 바와 같이 전치사 바로 앞에 쓰이기도 하지만 전치사와 떨어져 쓰이는 경우도 많다. 다음에서 선행사는 be동사, 형용사, 목적어와 분리되어 있다.

> [a] He is sensitive to criticism.
> 선행사 / 주어   목적어
> 그는 비판에 민감하다.
>
> [b] He is severe to his children.
> 선행사 / 주어   목적어
> 그는 자신의 아이들에게 엄하다.

a와 b에서 선행사와 목적어는 그 사이에 be동사와 형용사로 떨어져 있다. 그러므로 앞의 두 문장에서 볼 수 있는 것과 같이 선행사는 문장 안에서 주어 역할도 한다.

앞에서 다음 용어 선행사, 전치사, 목적어가 도입되었다. 편의상 이들 용어의 영어 첫 글자를 따서 선행사는 A, 전치사는 P, 목적어는 O로 표시하겠다.

(1) ABOUT

전치사 about의 의미   이 전치사는 A about O에서 A는 O의 위나 주위의 이곳저곳에 흩어져 있는 관계를 그린다. 이것을 도식화하면 다음과 같다.

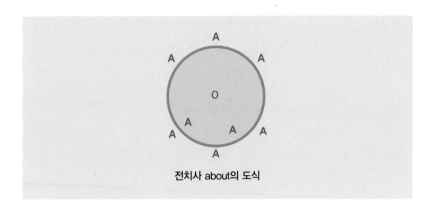

전치사 about의 도식

이 전치사를 세 종류의 형용사로 나누어 살펴보겠다.

<u>감정형용사</u>　다음에서 주어(A)는 전치사 about의 목적어(O)에 대해 어떤 감정을 갖는다.

[a]　He is mad about her.
그는 그녀의 관련된 일로 화가 나 있다.

[b]　She is wild about the rock star.
그녀는 그 록 가수에 대해서 열광적이다.

<u>주의형용사</u>　다음에 쓰인 형용사는 주의에 대한 것이고 주어(A)는 전치사 about의 목적어(O)의 이것저것에 주의를 기울인다.

[a]　He is very considerate about others.
그는 다른 사람들에 대해 신경을 많이 쓴다.

[b]　She is very particular about cleanliness.
그녀는 청결에 대해서 매우 까다롭다.

<u>확신-불확신형용사</u>　다음 형용사는 확신-불확신을 나타내고, 주어(A)는 전치사 about의 목적어(O)에 대해 확신-불확신성을 갖는다.

[a] **He is sure about what to do next.**
그는 다음에 할 일에 대해서 확신을 갖고 있다.

[b] **He is confident about the interview.**
그는 그 면접에 대해서 자신감을 갖는다.

(2) AT

<u>전치사 at의 의미</u>　이 전치사는 주어(A) at 목적어(O)에서 A는 척도상의 한 점인 O에 있다. 이것을 도식화하면 다음과 같다.

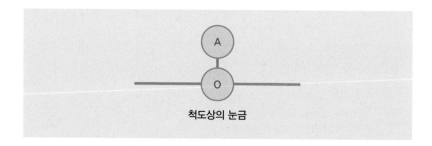

척도상의 눈금

앞 도식의 A는 척도상의 한 점인 O에 있다. 이 도식은 다음 문장에 반영되어 있다.

[a] **He arrived at London last week.**
그는 지난주 런던에 도착했다.

[b] **He died at the age of 80.**
그는 80세에 죽었다.

<u>능력형용사</u>　다음 주어(A)는 전치사 at의 목적어(O)에 어떤 능력이 있거나 없다.

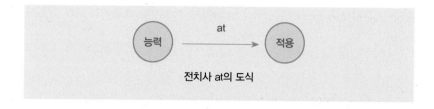

전치사 at의 도식

[a] He is awkward at handling chopsticks.
그는 젓가락을 쓰는 데 서툴다.

[b] He's brilliant at organizing things.
그는 일을 조직하는 데 뛰어나다.

감정형용사　다음 주어(A)는 전치사 at의 목적어(O)에 자극을 받고 감정적 반응을 한다.

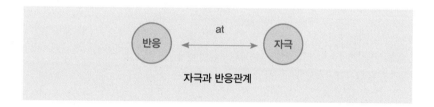

자극과 반응관계

[a] He got angry at her answer.
그는 그녀의 대답에 화가 났다.

[b] He was anxious at her non-arrival.
그는 그녀가 도착하지 않아서 안달했다.

　앞 문장에 나타난 자극과 반응은 순간적인 것이다. 한편, 다음과 같은 형용사는 at과 같이 쓰일 수 없는데, 그 이유는 이들 형용사가 나타내는 상태는 순간적이 아니고 지속적이기 때문이다. bored의 경우, 이 형용사가 나타내는 상태는 어느 순간 갑자기 나타나는 것이 아니라, 어느 기간에 걸쳐 지속되는

것이다. 그러므로 이것은 순간적으로 나타나는 감정을 표현하는 at과 양립이
안 된다.

> [a] **He is bored with the tedious work.**
> 그는 지루한 일 때문에 싫증이 나 있다.
>
> [b] **She is mourning over the loss.**
> 그녀는 그 죽음에 대해서 애도하고 있다.

(3) FROM

<u>전치사 from의 의미</u>　이 전치사는 주어(A) from 목적어(O)에서 A는 O에서 떨어
져 있다. 이것을 도식화하면 다음과 같다.

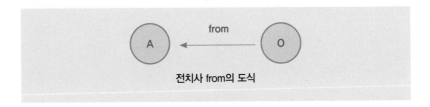

전치사 from의 도식

<u>공간상의 거리</u>　다음 주어(A)는 전치사 from의 목적어(O)에서 공간적으로 떨
어져 있다.

> [a] **He stood far apart from me.**
> 그는 나에게서 멀리 떨어져서 섰다.
>
> [b] **The beach is about three miles away from the hotel.**
> 그 해변은 호텔에서 3마일 떨어져 있다.

<u>해방</u>　다음 주어(A)는 전치사 from의 목적어(O)로부터 풀려 있다.

[a] The goods are exempt from taxes.
그 상품은 면세이다.

[b] He is immune from the malaria.
그는 학질에 면역이 되어 있다.

__상태의 원인__   다음에서 주어(A)는 전치사 from의 목적어 (O)로부터 병이 나 있다.

[a] She is insensible from the great shock.
그녀는 그 큰 충격을 받고 의식을 잃고 있다.

[b] My throat was very raw from shouting.
내 목이 고함을 질러서 너무 따갑다.

__관점__   다음 주어(A)는 전치사 from의 목적어(O)로부터 관측된다.

[a] The church is visible from our school.
그 교회는 우리 학교에서 보인다.

[b] certain problems were apparent from the outset.
어떤 문제는 밖에서 보면 명백했다.

__차이__   다음 주어(A)는 전치사 from의 목적어(O)로부터 구별된다.

[a] His accent is alien from mine.
그의 말투는 내 말투와 아주 다르다.

[b] Rayon is distinct from silk.
레이온은 비단과 뚜렷이 다르다.

(4) FOR

<u>전치사 for의 의미</u>　이 전치사는 주어(A) for 목적어(O)에서 A와 O가 바뀌는 관계에 있다. 다음 그림에 두 영역이 있다. 영역1에서 A가 영역2로 가고, 영역2의 O는 영역1로 간다.

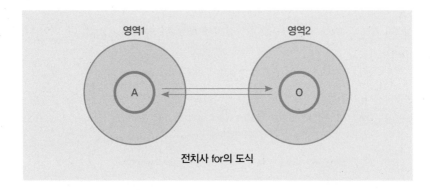

전치사 for의 도식

　다음에서는 형용사를 몇 가지로 나누어서 for의 뜻을 구체적으로 살펴보기로 하겠다.

<u>욕구형용사</u>　다음 주어(A)는 전치사 for의 목적어(O)를 얻고자 한다.

[a] He was desperate for a glass of water.
그는 물 한잔을 몹시 갈구했다.

[b] He is thirsty for the result.
그는 그 결과를 갈구한다.

<u>책임형용사</u>　다음 주어(A)는 전치사 for의 목적어(O)를 받아들이는 관계에 있다.

[a] You are accountable for what you have done.
너는 네가 한 일에 해명할 책임이 있다.

> **[b]** You are liable for all damage.
> 너는 모든 손상에 법적 책임이 있다.

감정형용사 다음 주어(A)는 전치사 for의 목적어(O) 때문에 어떤 감정을 갖는다.

> **[a]** He is alarmed for the safety of his brother.
> 그는 동생의 안전에 불안해한다.
>
> **[b]** She was apologetic for coming late.
> 그녀는 지각에 대해 미안해했다.

유명-무명형용사 다음에서 주어(A)는 전치사 for의 목적어(O) 때문에 유명-무명하다.

> **[a]** Koreans are distinguished for their diligence.
> 한국 사람들은 그들의 근면성으로 뛰어나다.
>
> **[b]** She is eminent for her virtues.
> 그녀는 미덕으로 빼어나다.

적합성 다음 주어(A)는 전치사 for의 목적어(O)에 적합하다.

> **[a]** The knife is convenient for general purposes.
> 그 칼은 일반용도로 편리하다.
>
> **[b]** A warm sunny day is ideal for a picnic.
> 따뜻하고 햇살이 비치는 날은 소풍에 이상적이다.

<u>의미상의 주어</u>　다음에서 전치사 for는 to−부정사의 과정을 받아들이는, 즉 감당하는 의미상의 주어가 된다.

> [a] It is important for us to help him.
> 우리가 그를 도와주는 것이 중요하다.
>
> [b] It will be impossible for them to succeed.
> 그들이 성공하는 것이 불가능할지 모르겠다.

(5) IN

<u>전치사 in의 의미</u>　이 전치사는 주어(A) in 목적어(O)에서 A는 O의 영역 안에 있다. 이것을 도식화하면 다음과 같다.

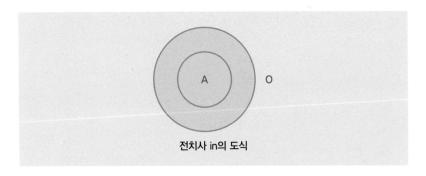

전치사 in의 도식

<u>공간관계</u>　다음 주어(A)는 전치사 in의 목적어(O) 영역 안에 있다.

> [a] You are present in my thoughts.
> 너는 내 생각 안에 존재한다.
>
> [b] carbon is present in many minerals.
> 탄소는 많은 광물질에 존재한다.

<u>적용 범위</u>　주어(A)의 특성은 전치사 in의 목적어(O)의 영역 안에 유효하다. 전

치사 in은 형용사가 적용되는 범위를 한정한다.

> [a] The book is rich in meaning.
> 그 책은 뜻이 많다.
>
> [b] He is wise in money matters.
> 그는 금전 문제에 있어서 현명하다.

<u>평가</u>　다음 주어(A)는 전치사 in의 목적어(O)의 영역에서 평가된다.

> [a] She is exact in keeping appointments.
> 그녀는 약속을 지키는데 정확하다.
>
> [b] You are right in your answer.
> 너는 대답이 옳다.

(6) OF

<u>전치사 of의 의미</u>　이 전치사는 주어(A) of 목적어(O)에서 A는 O의 떼려야 뗄 수 없는 관계에 있다. 이것을 도식화하면 다음과 같다.

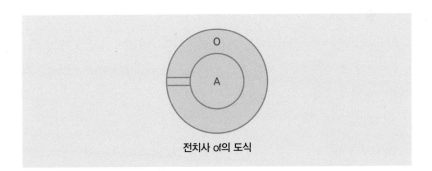

전치사 of의 도식

<u>내재적 관계</u>　다음 선행사(A)는 목적어(O)의 뗄 수 없는 부분이다.

[a] Act V of Macbeth
맥베스의 제5장

[b] the mayor of Seoul
서울 시장

[c] a dress of cotton
면 드레스

<u>내재적 속성</u>   다음 문장에서 of는 행위자를 도입하는데, 이때 행위자는 내재적 형용사와만 같이 쓰일 수 있다. 내재적 형용사는 어떤 사람이 일시적으로 갖는 성질이 아니라 타고난 속성이다. 이러한 형용사 가운데는 kind, smart, stupid, clever 등이 있다. 한편 일시적 상태를 나타내는 형용사 angry, excited, mad, wild 등은 of와 같이 쓰일 수 없다(다음 예문에서 ★ 표시한 것은 문법에 맞지 않는 문장이다).

[a] It was wise of John to go.
John이 가는 것은 현명했다.

[b] ★It was temporary of John to go.
John이 간 것은 일시적이었다.

temporary는 어느 사람의 영구적 속성을 나타내지 않으므로 of가 쓰이는 b의 구조에 쓰일 수 없다. 또한, of의 목적어는 반드시 유정적(animate)인 행위자라야 한다.

[a] It was wise of John to leave early.
John이 일찍 떠난 것은 현명한 일이다.

[b] ★It was wise of the bus to leave early.
버스가 빨리 떠난 것은 현명한 일이다.

[c] ★ It was foolish of Bob to be tall.
Bob이 키가 크길 바라는 것은 어리석은 일이다.

형용사에 따라서는 다음과 같이 두 가지로 쓰일 수 있다.

[a] It was nice of Tom to help us.
우리를 도와주다니 Tom은 친절했다.

[b] It was nice for Tom to help us.
Tom이 우리를 도와준 것은 친절한 일이었다.

a에서 nice는 Tom도 수식하고 나아가서 그가 우리를 돕는 행위도 수식한다. 그러나 b에서 nice가 수식하는 것은 Tom이 우리를 돕는 일뿐이다. 다음 문장에서 전치사 of와 내재적 형용사가 쓰인 예가 몇 개 더 제시되어 있다.

[a] It was stupid of him to go there alone.
그가 그 곳을 혼자 간 것은 어리석은 일이었다.

[b] It was wise of them not to go there.
그들이 그 곳에 가지 않은 것은 현명한 일이었다.

유무형용사 다음 주어(A)는 전치사 of의 목적어(O)가 있거나 없다.

[a] The room is bare of furniture.
그 방은 가구가 없다.

[b] The novelist is barren of creative spirit.
그 소설가는 창의적 정신이 없다.

<u>상태와 원인</u>　다음 주어(A)는 전치사 of의 목적어(O)의 내재적인 원인 때문에 몸이나 마음이 특정한 상태에 있다.

---

[a]　He is ill of a fever.
그는 열이 있어서 아프다.

[b]　I am tired of walking.
나는 걷기에 지쳤다.

[c]　I am weary of the same old song.
나는 똑같은 노래에 진력이 나 있다.

<u>의식 상태</u>　다음 주어(A)는 전치사 of의 목적어(O)를 의식한다.

---

[a]　We are cognizant of the truth.
우리는 그 진실을 인식하고 있다.

[b]　I am ignorant of his plan.
나는 그의 계획을 모르고 있다.

<u>마음의 태도</u>　다음 주어(A)는 전치사 of의 목적어(O)에 특정한 마음의 태도를 갖는다.

---

[a]　The nurse is very considerate of the patients.
그 간호사는 그 환자들을 매우 사려 깊게 대한다.

[b]　He is very critical of his friends.
그는 그의 친구들에 대해 매우 비판적이다.

<u>과정과 관련된 형용사</u>　다음 형용사와 같이 쓰인 전치사 of의 목적어는 형용사에 대응하는 타동사의 목적어에 해당한다.

[a] He expressed gratitude.

그는 감사를 표시했다.

[b] His look is expressive of gratitude.

그의 표정은 감사를 나타내고 있다.

[a] The amount includes the sales tax.

그 액수는 부가세를 포함한다.

[b] The amount is inclusive of the sales tax.

그 액수는 부가세를 포함한다.

속성과 관련된 형용사   다음에 쓰인 전치사 of의 목적어(O)는 wide나 short의 기준이 된다.

[a] The arrow was wide of the mark.

그 화살은 표적에서 멀리 떨어졌다.

[b] He stopped 10 meters short of the goal.

그는 목표 지점에서 10m 떨어진 곳에서 멈추었다.

감각과 관련된 형용사   다음 주어의 속성은 전치사 of의 목적어와 내재적 관계가 있다.

[a] He is deaf of an ear

그는 한 쪽 귀가 멀다.

[b] He is dull of hearing.

그는 잘 듣지를 못한다.

(7) ON

전치사 on의 의미   이 전치사는 주어(A) on 목적어(O)에서 A가 O 위에 닿아 있

는 관계를 나타낸다. 이런 관계가 성립하기 위해서는 A가 밑으로 힘을 가하고
O는 밑에서 떠받친다. 이것을 도식화하면 다음과 같다.

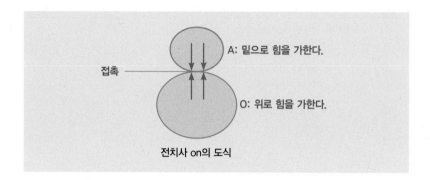

이 도식 가운데 선행사 A의 밑으로 가하는 힘이 부각되기도 하고 O의 위
로의 힘이 부각되기도 하며 접촉이 부각되기도 한다.

<u>의존관계</u>   다음 주어(A)는 전치사 on의 목적어(O)에 의존한다. 즉 O가 A를 떠
받치는 관계이다.

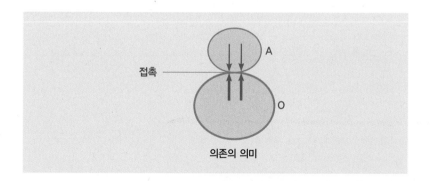

의존의 의미

[a] He is dependent on her.
     그는 그녀에게 의존하고 있다.

[b] He is reliant on his parents.
     그는 그의 부모에게 기대고 있다.

<u>영향관계</u>　다음 주어(A)는 전치사 on의 목적어(O)에 영향을 준다. 즉 A가 O
에 힘을 가하는 관계이다.

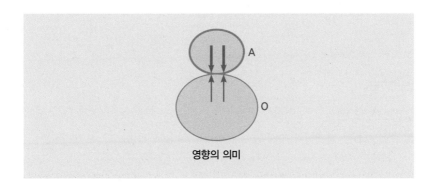

영향의 의미

[a]　You are rough on him in saying so.
　　그렇게 말함으로써 당신은 그를 거칠게 대한다.

[b]　He is severe on his employees.
　　그는 고용인들을 가혹하게 대한다.

<u>관련관계</u>　다음 주어(A)는 전치사 on의 목적어(O)에 접촉이 되어 있다. 이 접
촉은 관련의 의미로 풀이된다.

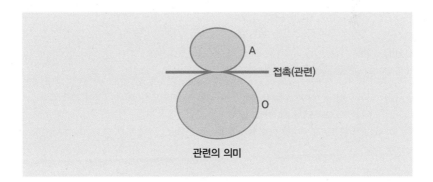

접촉(관련)

관련의 의미

[a] He is reticent on the event.
그는 그 사건에 대해 입을 열지 않는다.

[b] He is silent on the matter.
그는 그 일에 침묵한다.

(8) OVER

<u>전치사 over의 의미</u>   이 전치사는 주어(A) over 목적어(O)에서 A가 O의 위에 있고 O보다 큰 관계이다. 이것을 도식화하면 다음과 같다.

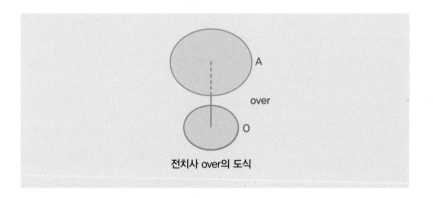

전치사 over의 도식

힘   다음 주어(A)는 전치사 over의 목적어(O)보다 우세하다.

[a] The idea is dominant over all of us.
그 생각은 우리 모두를 지배하고 있다.

[b] The new constitution should be paramount over all the other constitutions.
그 새 헌법은 모든 다른 헌법 위에 있어야 한다.

<u>감정이나 태도</u>   다음 주어(A)는 전치사 over의 목적어(O)에 지속적인 감정을 갖는다.

[a] He is earnest over his studies.
그는 그의 연구에 지속적으로 진지하다.

[b] She is sore at heart over the loss of her daughter.
그녀는 딸을 잃고 지속적으로 마음이 아프다.

(9) TO

전치사 to의 의미   이 전치사는 주어(A) to 목적어(O)에서 A가 O를 바라보는 관계이다. 이것을 도식화하면 다음과 같다.

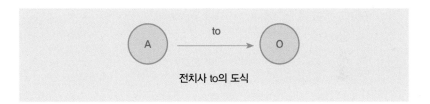

전치사 to의 도식

거리관계   다음 주어(A)는 전치사 to의 목적어(O)에 비추어 거리가 정해진다.

[a] Our school is adjacent to the park.
우리 학교는 공원에 가깝다.

[b] The field is contiguous to the village.
그 밭은 그 마을에 접해 있다.

지각관계   다음 주어(A)는 전치사 to의 목적어(O)를 의식하거나 지각한다.

[a] The man is insensitive to the traffic lights.
그 남자는 교통신호를 감지하지 못한다.

[b] They are awake to the danger.
그들은 그 위험을 의식하고 있다.

<u>태도</u>   다음 주어(A)는 전치사 to의 목적어(O)에 특정한 태도를 취한다.

[a] They are very affectionate to each other.
그들은 서로에게 매우 깊은 정을 준다.

[b] They are very courteous to the visitors.
그들은 손님들에게 매우 정중하다.

<u>비교</u>   다음 주어(A)는 전치사 to의 목적어(O)에 비추어 비교된다.

[a] My opinion is contrary to yours.
내 의견은 너의 의견에 반대이다.

[b] The heart is analogous to a pump.
심장은 펌프와 유사하다.

<u>평가자</u>   다음 주어(A)는 전치사 to의 목적어(O)에 비추어 평가된다.

[a] The meaning is still obscure to me.
그 의미는 아직 내게 분명하지 않다.

[b] His remark is obvious to me.
그의 말은 내게 분명했다.

<u>피영향</u>   다음 주어(A)는 전치사 to의 목적어(O)에 영향을 받는다.

[a] She is susceptible to colds.
그녀는 감기에 잘 걸린다.

[b] Prices are subject to change.
가격은 변동을 받을 수 있다.

<u>영향</u> 다음 주어(A)는 전치사 to의 목적어(O)에 영향을 준다.

[a] **It is annoying to me.**
그것은 나에게 성가시다.

[b] **His behavior is disgusting to all decent folk.**
그의 행동은 모두 예의를 지키는 사람에게 혐오감을 준다.

(10) WITH

<u>전치사 with의 의미</u> 이 전치사는 주어(A) with 목적어(O)에서 with는 어떤 인지영역 안에서 A와 O가 상호작용하는 관계를 나타낸다. 이것을 도식화하면 다음과 같다.

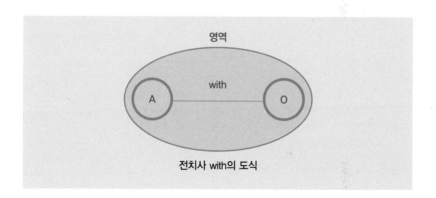

전치사 with의 도식

바깥 큰 원은 어떤 활동영역이나 인지영역을 나타내고, 이 안에 든 주어(A)와 목적어(O)는 상호작용하는 개체이다. 이렇게 상호작용하는 관계는 크게 다음과 같이 나누어 볼 수 있다.

<u>대인관계</u> 주어(A)는 전치사 with의 목적어(O)와 특정한 관계를 갖는다.

[a] He was quite frank with me.
그는 나에게 솔직했다.

[b] He was very patient with me.
그는 나에게 매우 참을성 있게 대했다.

<u>행동영역</u> 다음 주어(A)는 전치사 with의 목적어(O)를 사용하거나 관리한다.

[a] He is awkward with his hands.
그는 손을 쓰는데 서툴다.

[b] He is handy with a brush.
그는 붓을 잘 쓴다.

<u>감정영역</u> 다음 주어(A)는 전치사 with의 목적어(O)를 가지고 있어서 어떤 감정 상태에 있다.

[a] We are not concerned with the matter.
우리는 그 문제에 관심이 없다.

[b] He is content with his job.
그는 그의 직업에 만족하고 있다.

<u>육체영역</u> 다음 주어(A)는 전치사 with의 목적어(O) 때문에 어떤 특정한 신체 상태에 있다.

[a] He was faint with hunger and cold.
그는 굶주림과 추위로 기진맥진했다.

[b] He was flushed with exercise.
그는 운동으로 얼굴이 붉어졌다.

<u>비교·대조영역</u> 다음 주어(A)는 전치사 with의 목적어(O)와 비교된다.

[a] Your views are coincident with mine.
너의 견해는 나의 것과 일치한다.

[b] Your behavior is not congruous with your social status.
너의 행동은 너의 사회적 지위와 맞지가 않는다.

<u>장소</u> 다음 주어(A)는 전치사 with의 목적어(O)로 차 있다.

[a] The barn is abounding with rats.
그 곳간에는 쥐가 많다.

[b] The expedition is fraught with danger.
그 탐험여행은 위험이 많다.

2) 형용사와 to-부정사, 동명사

(1) 형용사와 to-부정사

형용사가 서술적으로 쓰일 때 to-부정사나 동명사와 같이 쓰일 수 있다. 먼저 to-부정사 구조를 형용사 종류에 따라 살펴보자.

<u>감정형용사</u> 주어는 어떤 감정 상태에 있고, 이 상태는 부정사의 과정으로 생긴다.

> [a] They were surprised to find all the doors closed.
> 그들은 모든 문들이 닫힌 것을 발견하고 놀랐다.
>
> [b] I'm annoyed to work late.
> 나는 늦게 일하게 되어서 짜증이 난다.

<u>태도형용사</u>   주어는 과정의 참여자이고, 형용사는 참여자가 과정에 대해서 갖는 태도를 나타낸다.

> [a] The official was reluctant to reveal the actual figures.
> 그 관리는 실제 수치를 밝히기를 꺼려했다.
>
> [b] We are willing to help you.
> 우리는 당신을 기꺼이 돕고자 한다.

<u>성향·능력형용사</u>   다음 형용사는 주어가 to-부정사의 과정으로 기울어지는 성향을 나타낸다.

> [a] He is liable to catch cold.
> 그는 감기에 걸리기 쉽다.
>
> [b] She is destined to be great.
> 그녀는 위대하기로 운명이 지어져 있다.

<u>이성형용사</u>   다음 형용사는 이성을 나타내는 형용사로서 주어는 이성에 따라서 부정사 과정을 이행하기도 하고, 하지 않기도 한다.

> [a] I wasn't stupid to go there.
> 나는 거기에 갈 만큼 멍청이가 아니었다.

> [b] They would be sensible to say 'yes', but probably won't.
>
> 그들은 "예"라고 대답할 만큼 분별력이 있겠지만 아마도 그렇게 하지 않을 것이다.

<u>확실성형용사</u>　다음에서 형용사는 사건의 확실성을 그린다. 즉 주어가 to-부정사의 과정이 확실히 일어날 것임을 화자가 판단한다.

> [a] He is certain to be elected.
>
> 당선이 확실하다.
>
> [b] He is sure to succeed.
>
> 그는 틀림없이 성공한다.

앞에서 he가 주어로 쓰였으나 이것은 참여자가 과정을 대신하는 환유적 표현이다. 그래서 이 문장은 다음과 같이도 표현될 수 있다.

> [a] It is certain that he will be elected.
>
> 그는 당선될 것이 확실하다.
>
> [b] It is sure that he will succeed.
>
> 그가 성공할 것이 확실하다.

<u>난이형용사</u>　다음에 쓰인 형용사는 과정을 이행하는데 난이성을 평가한다. 그리고 다음의 주어는 환유적으로 과정을 가리킨다. 그래서 여기서 주어는 그 자체가 쉬운 것이 아니라 그것을 읽기가 쉽다는 뜻이다.

> [a] The book is easy to translate.
>
> 그 책은 번역하기가 쉽다.

> **[b]** The poem is difficult to understand.
> 그 시는 이해하기 어렵다.
>
> **[c]** The work is hard to finish in a week
> 그 일은 일주일 안에 끝마치기가 힘들다.

앞의 문장은 다음과 같이 대명사 it을 써서 표현할 수 있다. 여기서 it은 to-부정사 과정을 가리킨다.

> **[a]** It is easy to translate the book.
> 그 책을 번역하기가 쉽다.
>
> **[b]** It is difficult to understand the poem.
> 시를 이해하기가 어렵다.
>
> **[c]** It is hard to finish the work in a week.
> 그 일을 일주일 안에 끝내기가 어렵다.

그래서 앞의 문장들은 다음과 같이 it의 자리에 to-부정사 구문이 올 수 있다.

> **[a]** To translate the book is easy.
> 그 책을 번역하기가 쉽다.
>
> **[b]** To understand the poem is difficult.
> 그 시를 이해하기가 어렵다.
>
> **[c]** To finish the work in a week is hard.
> 그 일을 일주일 안에 끝내기가 어렵다.

앞에서 살펴본 to-부정사는 의미상의 주어가 표시되어 있지 않다. 이 의미상의 주어는 전치사 for를 써서 표현된다.

> [a] It is easy for him to translate the book.
> 그가 그 책을 번역하기는 쉽다.
>
> [b] It is difficult for him to understand the poem.
> 그 시를 이해하기는 어렵다.
>
> [c] It is hard for her to finish the work in a week.
> 그녀가 그 일을 일주일 안에 끝내기는 어렵다.

<u>내재적 형용사</u>   의미상의 주어를 나타내는 또 한 가지 방법은 다음과 같이 전치사 of를 쓰는 것이다. 다음에 쓰인 형용사 foolish(바보스런), smart(똑똑한), bold(대담한), considerate(사려 깊은), generous(관대한), sweet(상냥한) 등은 사람의 내재적 성질을 나타내는 형용사이다. 이들 형용사는 행위자와 과정을 동시에 수식할 수 있다. 사람이나 과정만 수식하는 형용사는 이 구조에 쓰일 수 없다.

> [a] It is foolish of him to start smoking.
> 그가 담배를 시작한 것은 어리석은 일이다.
>
> [b] It is generous of him to help us out.
> 그가 우리를 도와준 것은 관대한 일이다. (그도 관대하고 우리를 도와준 일도 관대하다.)
>
> [c] It is considerate of him to help the old man cross the street.
> 그가 그 노인이 그 길을 건너가게 도와준 것은 사려 깊은 것이다. (그도 사려 깊고 도와준 일도 사려 깊다.)

(2) 형용사와 동명사
난이형용사는 동명사와 다음과 같이 쓰일 수 있다.

[a] Walking on the rope is not easy.
그 로프 줄 위를 걷기는 쉽지 않다.

[b] Understanding his poem is difficult.
그의 시를 이해하기가 어렵다.

[c] Working under the hot sun is hard.
뜨거운 햇볕 아래에서 일하기는 힘들다.

이 문장에서 동명사가 주어로 되어 있는데 이것은 다음과 같이 it으로 대치될 수 있다.

[a] It is not easy walking on the rope.
그 로프 줄 위를 걷는 것은 쉽지 않다. ·

[b] It is difficult understanding his poem.
그의 시를 이해하기가 어렵다.

[c] It is hard working under the hot sum.
뜨거운 햇볕 아래에서 일하기가 힘들다.

3) 형용사와 종속절

형용사와 같이 쓰이는 종속절에는 that-절과 의문사절이 있다. 먼저 that-절부터 살펴보자.

(1) 형용사와 that-절

<u>주장형용사</u>　다음에 쓰인 형용사는 주장을 나타내고 that-절은 주장의 내용이다.

[a] He was emphatic that he could not work with her.
그는 그 여자하고 같이 일할 수 없다고 강조했다.

> [b] She was quite explicit that the project must be stopped.
> 그녀는 그 기획 사업은 중단되어야 함을 매우 분명히 했다.

의식형용사   다음에 쓰인 형용사는 의식에 관련된 상태를 나타내고 that-절은 의식의 내용을 전달한다.

> [a] He became aware that people were looking at him.
> 그는 사람들이 그를 보고 있음을 의식하게 되었다.
>
> [b] I was vaguely conscious that I was being watched.
> 나는 감시당하고 있음을 어렴풋이 의식했다.
>
> [c] At that time I was ignorant I was being used.
> 그때에 나는 내가 이용당하고 있음을 몰랐다.

감정형용사   다음 문장에는 감정형용사가 쓰였고 that-절은 감정의 원인을 나타낸다.

> [a] I am surprised that they support you.
> 나는 그들이 당신을 지지함에 놀랐다.
>
> [b] I am absolutely horrified that this has happened.
> 나는 이 일이 일어난 것에 완전히 경악했다.

평가형용사   다음에 쓰인 형용사는 평가를 나타내고 이들은 that-절 내용에 평가를 한다.

> [a] It was unfortunate that it was so rainy.
> 비가 그처럼 오는 것은 불행한 일이었다.

> [b] It is strange that he should have said so.
> 그가 그렇게 말했다니 이상하다.

(2) 형용사와 의문사절

다음에 쓰인 형용사는 믿음이나 앎을 나타내고 이들의 내용은 의문사절로
표현된다.

> [a] They were uncertain whether they should start now
> or later.
> 그들은 그들이 지금 출발해야 하는지 나중에 해야 하는지 확실히 몰랐다.
>
> [b] I'm not ignorant whom I should meet first.
> 나는 누구를 먼저 만나야 하는지 모르는 것이 아니다.

다음 it은 의문사절을 가리키고, 형용사는 이들의 확실성 정도를 나타낸다.

> [a] It is not obvious when the general manager is to retire.
> 그 총지배인이 언제 은퇴할지 분명하지 않다.
>
> [b] It is questionable whether he would succeed.
> 그가 성공할지는 의문이다.

4) 형용사와 진행형

형용사는 상태를 나타내므로, 진행형과 쓰이지 않는다고 하지만 실제로 형용
사는 진행형에 자유롭게 쓰인다. 다음 문장을 비교하여 보자.

> [a] He is gentle.
> 그는 얌전하다.

[b] He is being gentle.

그는 얌전한 척 한다.

[a] He is clever.

그는 영리하다.

[b] He is being clever.

그는 영리한 체하다.

a에서는 be 동사가 쓰였고, b에서는 be be-ing의 진행형이 쓰였다. 이 두 문장 사이의 차이는 무엇일까? a는 사실을 묘사하고, b는 사실이 아니라 사실인 척 하는 상태를 가리킨다. 또 a는 영구적인 상태를 그리는 반면, b는 일시적인 상태를 가리킨다. 앞의 두 문장에 쓰인 be-ing은 playing으로 바꾸어 쓸 수 있다(예: He is playing kind/honest/gentle/clever).

5) 형용사와 명령문

형용사 가운데는 명령문에 쓰일 수 있는 것도 있고, 그렇지 않은 것도 있다. 다음 문장에서 a에 쓰이는 형용사는 명령문에 쓰일 수 있고, b에 쓰인 형용사는 명령문에 쓰일 수 없다. 이 두 종류의 형용사의 차이는 무엇일까? a에 쓰인 형용사가 나타내는 상태는 사람이 마음대로 할 수 있고, b에 쓰인 형용사는 사람들이 그렇게 할 수 없는 상태를 나타낸다.

[a] Please be considerate to others.

다른 사람을 배려해 주세요.

[b] ★ Be gloomy.

우울하시오.

③ 이 책의 특징

다음에서는 이 책에서 말하는 형용사의 정의, 의미와 구조, 의미의 연관성, 예문의 제시방법과 형용사의 선정에 대해 살펴보겠다.

1) 정의

각 형용사에는 일반 의미가 있고, 그 다음에는 구체적인 의미가 있다. 구체적인 의미는 피수식체의 성질에 의해 크게 좌우된다. 이러한 점을 반영하기 위해서 형용사 풀이는 다음 형식을 썼다.

'**피수식체는 …이고, 형용사는 이들이 …함을 나타낸다.**'라는 방법을 이용했다. 형용사 loose를 예로 살펴보자.

① 피수식체는 동물이고, loose는 이들이 묶여 있지 않음을 나타낸다.

[a] The dog is loose.
그 개가 풀려 있다.

② 피수식체는 머리카락이고, loose는 이들이 묶여지지 않아 흐트러져 있는 상태를 나타낸다.

[b] Her hair is hanging loose.
그녀의 머리는 흐트러져 내리고 있다.

③ 피수식체는 종이, 과일 등이고, loose는 이들이 묶이지 않아 낱장이나 낱개의 상태를 나타낸다.

[c] loose sheet / loose oranges
     낱장의 종이 / 낱개의 오렌지

④ 피수식체는 흙, 변 등이고, loose는 이들이 엉키지 않아 풀려 있는 상태를
   나타낸다.

[d] loose soil / loose bowl movement
     푸석푸석한 흙 / 설사

앞의 풀이 방식을 이용해서 은유, 환유, 사역의 전문 용어를 쓰지 않고 이
들 개념을 풀이에 포함시킬 수 있었다. 다음을 살펴보자.

[a] The entire class turned out for the game.
     그 학급 학생 전체가 그 경기를 보러나갔다.

여기서 피수식체는 집합체이고, entire는 이들 구성원 모두를 가리킨다
(환유).

[b] His mind seemed empty of ideas.
     그의 마음은 생각이 없는 것 같아 보였다.

b 문장에서 피수식체는 마음이고, empty는 이들 속이 비어 있음을 나타낸
다(은유: 마음은 그릇이다).

2) 의미와 구조

형용사 의미학습에 있어서 예문이 반드시 있어야 하는 것으로 생각된다. 왜냐하면 사전에 실린 뜻만으로 그 구조를 예측할 수 없기 때문이다. 형용사 particular를 예로 들어보자. 이 형용사는 '각별한', 또 '꼼꼼한'이라는 뜻을 갖는다. 첫 번째 뜻은 서술적으로 쓰일 수 없으나, 두 번째 뜻은 서술적으로 쓰일 수 있다.

[a] He paid particular attention to the boy.
그는 그 소년에게 각별한 주의를 기울였다. (한정)

[b]★ The boy is particular.
그 아이는 각별하다. (서술)

[a] He gave a particular description of the accident.
그는 그 사건의 꼼꼼한 묘사를 했다. (한정)

[b] He is particular about what he wears.
그는 입는 옷에 대해서 까다롭다. (서술)

이러한 용법은 뜻만 제시한다고 예측이 가능한 것이 아니다. 뜻에 해당하는 구조를 보여주기 위해서 이 책에서는 각 의미에 해당되는 예문을 적어도 2개 이상 실었다.

3) 의미의 연관성

기존 사전을 보면 한 형용사 밑에 여러 가지 뜻이 실려 있으나 그 뜻들 사이에 연관성이 드러나지 않는다. 이 책에서는 뜻들 사이의 연관성을 보여주는데 중점을 두고 있다. 형용사 plain을 사전에서 찾아보면 다음과 같이 여러가지의 뜻이 적혀 있다.

① 똑똑하게 보이는   ② 명백한   ③ 지나친

④ 솔직한   ⑤ 보통의   ⑥ 검소한
⑦ 수수한

plain의 뜻이 크게 7가지로 분류되어 있고 각 분류에는 또 여러 가지의 뜻
이 추가로 적혀 있다. 그러나 각 뜻과 뜻 사이의 유사성이나 공통성은 포착되
지 않는다. 이렇게 보면 plain이 여러 가지의 뜻을 갖는 것은 오로지 우연에
지나지 않는 것으로 보인다. 또 한 가지의 문제는 각 뜻의 쓰임의 용례가 없
기 때문에 이 형용사의 쓰임을 파악하기가 어렵다. 이 책에서는 한 형용사가
갖는 여러 뜻 사이에 관련성이 있음을 보여주는 데 중점을 두고 있다. 형용사
plain을 예로 살펴보겠다.

[a] a plain necktie
무늬가 없는 무지의 넥타이

[b] a plain dish
양념, 향료 등이 들어 있지 않은 담백한 요리

[c] a plain selfishness
아무것도 더해지지 않은 순전한 이기심

[d] a plain building
장식이 없는 수수한 건물

[e] a plain fact
지각이나 인식에 방해물이 없는 명백한 사실

[f] plain English
특수 용어가 안 쓰인 평이한 영어

[g] a plain Mr. Obama
직함이 없는 평범한 오바마

[h] a plain face
아름다움이 없는 얼굴

> **[i]   be plain with someone**
> 누구에게 거짓이 없이 솔직하다

앞에서 plain은 '무지의, 담백한, 순전한, 수수한, 평이한, 명백한, 보통의, 못 생긴, 솔직한'이란 뜻으로 풀이되어 있다. 주어진 뜻만 보면 이들 사이에는 공통점이 드러나지 않아서 이들을 한 낱말로 묶을 수 없는 것 같이 보인다. 그러나 이 뜻들을 자세히 살펴보면 공통점이 보인다. 즉 앞의 모든 뜻은 '어떤 바탕에 다른 것이 더해지지 않은 상태'를 나타낸다.

이것이 plain의 일반 의미이고 이 뜻에서 여러가지의 뜻이 피수식체의 성질에 따라서 차이가 난다. 다른 현상과 마찬가지로 언어 현상도 분석에 따라 규칙성이 드러날 수도 있고 그렇지 않을 수도 있다. 앞에서 살펴본 plain의 뜻은 예외적인 현상이 아니고 이 현상은 다른 형용사에서도 찾아볼 수 있다. 이 책에 실린 형용사는 이러한 시각에서 분석되었다.

4) 뜻에 따른 예문 제시

형용사는 동사만큼 쓰임은 복잡하지 않으나, 문장에 쓰일 때에는 규칙이 있다. 그러므로 영한사전에 실리는 뜻만으로 어느 주어진 형용사가 어떻게 쓰이는지 알 수가 없다. 한 예로 native의 한 뜻은 '토종의'라는 뜻이다. 이 형용사를 써서 '선인장은 사막지역에 토종이다'를 영어로 표현하고자 할 때, native의 뜻을 안다고 그 구조가 저절로 떠오르지 않는다. 이 형용사를 사용하는 다음과 같은 여러 가지 표현을 생각할 수 있다.

> **[a]   cactus are native to deserts.**
> 선인장은 사막의 토종식물이다.
>
> **[b]★ cactus are native for deserts.**

[c]★ Deserts are native to cactuses.

[d]★ Deserts are native for cactuses.

앞의 4가지 표현 가운데 a만이 문법에 맞다. 그러므로 형용사의 뜻을 안다고 해서 그 쓰임이 바로 파악되지 않는다. 이 책에서는 형용사의 어떤 주어진 뜻에 해당하는 예문을 적어도 2개 이상을 실어서 형용사를 바르게 쓰고 이해하는 데 도움을 주도록 노력했다.

5) 형용사의 선정

이 책에서는 영어 형용사 가운데 일부만을 다루고 있다. 영어 형용사는 그 수가 많기 때문에 다음과 같은 원칙을 가지고 선정을 했다. 첫째, 영어 형용사 가운데는 다른 품사에서 파생된 형용사와 그렇지 않은 형용사가 있다. 이 2가지의 형용사 가운데 파생 형용사는 가능한 한 넣지 않았다. 둘째, 비파생 형용사 가운데는 뜻이 많은 것도 있고 그렇지 않은 것도 있다. 이 책에는 가능한한 뜻이 많은 형용사를 선정했다. 이 기준에 따라서 이 책에서는 166개의 형용사가 풀이되어 있다.

ABUNDANT

이 형용사는 많음을 나타낸다.

1 피수식체는 새, 물고기, 강수량 등이고, abundant는 이들이 in의 영역에 많음을 나타낸다.

[a] Birds are abundant in tall vegetation.
새들은 키가 큰 식물들이 있는 곳에 많다.

[b] Fish are abundant in the lake.
물고기가 그 호수에 많다.

[c] Rainfall is abundant in this region.
강수량이 이 지역에서는 많다.

2 피수식체는 장소이고, abundant는 이들이 with의 목적어를 많이 가지고 있음을 나타낸다.

[a] The forest is abundant with oak trees.
그 숲은 참나무가 많다.

[b] The river is abundant with salmon.
그 강은 연어가 많다.

[c] The lake is abundant with fish.
그 호수는 물고기가 많다.

3 abundant는 한정적으로 쓰였다.

[a] Abundant rainfall made the land fertile.
많은 강수량이 그 땅을 비옥하게 했다.

[b] The abundant crops would feed the village through the winter.
풍부한 농작물이 그 마을 사람들을 겨울 내내 먹여 살릴 수 있다.

[c] The country has abundant supplies of gas and oil.
그 나라는 가스와 기름의 충분한 공급량을 갖고 있다.

[d] Food is in abundant supply in this country.
식량이 이 나라에서는 충분히 공급된다.

ALIVE

이 형용사는 생명체가 살아 있는 상태를 나타낸다.

1 피수식체는 생명체이고, alive는 이들이 살아 있음을 나타낸다.

[a] Doctors kept him alive on a life-support machine.
의사들은 그를 생명유지장치에 의존하여 살아 있게 했다.

[b] He is alive and well.
그는 살아 있고 건강하다.

[c] His mother is still alive.
그의 어머니는 아직도 살아계신다.

[d] They managed to stay alive.
그들은 그럭저럭 살아 있었다.

2 피수식체는 생명체이고, alive는 이들이 '생기가 있음'을 나타낸다.

[a] She came alive as she talked about her job.
그녀는 그녀의 직장에 대해 얘기할 때 활기를 띠었다.

[b] The city center comes alive at the week end.
그 도시의 중심지는 주말에 활기를 띤다.

[c] She felt intensively alive.
그녀는 강렬하게 생기를 느꼈다.

[d] She is alive with happiness.
그녀는 행복감으로 생기발랄하다.

3 피수식체는 과정이고, alive는 이들이 활기가 있음을 나타낸다.

[a] The debate is still kept alive.
그 토의는 여전히 논의 중이다.

[b] The game came alive in the second half.
그 게임은 후반에 활기를 띠었다.

4 피수식체는 장소이고, alive는 이곳에 생명체가 많이 있음을 나타낸다.

[a] The pond is alive with fish.
그 연못은 물고기로 우글거린다.

[b] The pool is alive with gold fish.
그 웅덩이는 금붕어로 우글거린다.

[c] The station is alive with rushing commuters.
그 역은 서두르는 통근자들로 붐빈다.

[d] The air was alive with insects.
공기는 벌레들로 우글거렸다.

5 피수식체는 기억, 생각, 희망, 신념 등이고, alive는 이들이 살아 있음을 나타낸다.

[a] Memories of the war are still very much alive.
그 전쟁의 기억은 여전히 매우 생생하다.

[b] The idea of marriage is still alive.
결혼의 그 생각은 아직도 생생하다.

[c] Their hopes are still alive.
그들의 희망은 아직도 살아 있다.

[d] They have kept the faith alive.
그들은 그 신념을 살아 있게 유지해 왔다.

6 피수식체는 전치사 to의 목적어를 의식한다.

[a] He is keenly alive to the emotions of others.
그는 다른 사람의 감정을 예민하게 의식한다.

[b] He was alive to changes going on around.
그는 주위에서 일어나는 변화에 민감했다.

[c] Schools must be alive to technological changes.
학교는 기술적 변화들에 민감해야 한다.

[d] We are alive to risks involved.
우리는 관련된 위험들을 의식하고 있다.

ALTERNATE

이 형용사는 교대되는 관계나 상태를 나타낸다.

1 피수식체는 기간, 층, 색깔, 시간 등이고, alternate는 이들이 번갈아 나타난다.

[a] The area goes through alternate periods of rain and drought.
그 지역은 우기와 건기의 시기를 번갈아간다.

[b] The bedrock is in alternate layers of rock and sand.
그 기반암은 돌과 모래층이 번갈아 있다.

[c] The walls are painted with alternate colors of yellow and green.
그 벽은 노란색과 초록색으로 번갈아 칠해져 있다.

[d] He experienced alternate bouts of depression and cheerfulness.
그는 우울과 유쾌의 시기를 번갈아가며 경험했다.

2 피수식체는 날이나 해의 복수형이고, alternate는 이들이 번갈아 일어남을 나타낸다.

[a] She works on alternate days of the week.
그녀는 한 주에 격일제로 일한다.

[b] Private cars are banned in the city on alternate days.
자가용들은 그 시에서는 격일제로 운행이 금지된다

[c] He works on alternate weekends.

그는 한 주씩 걸러서 주말에 일한다.

[d] They are going skiing in alternate years.

그들은 격년제로 스키 타러 가려고 한다.

③ 피수식체는 두 개체 A와 B가 교체한다.

[a] The flag has a pattern of alternate red and green stars.

그 깃발은 빨간색과 초록색의 별들이 번갈아 이루는 문양을 갖고 있다.

[b] Yesterday we had alternate sunshine and rain.

어제 날씨는 맑다가 비가 오다가를 번갈아 했다.

[c] The row has alternate squares and circles.

그 줄에는 사각형과 원이 번갈아가며 있다.

④ 피수식체는 암시된 개체와 교체될 수 있는 대안이다.

[a] We have to find an alternate route.

우리는 대안의 길을 찾아야 한다.

[b] We can't go home tonight because there are no alternate flights.

우리는 대안의 비행편이 없기 때문에 오늘밤에 집에 갈 수 없다.

[c] We have to have an alternate plan in case it rains.

우리는 비가 올 경우를 대비하여 대안의 계획을 갖고 있어야만 한다.

AMBITIOUS

이 형용사는 크게 바라는 마음을 나타낸다.

1 피수식체는 to-부정사가 가리키는 일을 몹시 하고 싶어 한다.

[a] He is so ambitious, and so determined to do it all.
그는 대단히 야심이 커서 그것을 다할 결심을 하고 있다.

[b] She was ambitious to get through college in three years.
그녀는 3년 안에 대학을 마칠 만큼 의욕적이었다.

[c] The senator is ambitious to be president.
그 상원의원은 대통령이 되고 싶은 야망이 있다.

2 ambitious는 전치사 for의 목적어가 성공하기를 바라는 마음을 갖는다.

[a] Mother are very ambitious for their children.
어머니들은 그들의 아이들이 크게 성공하기를 바란다.

[b] The father is highly ambitious for his son.
그 아버지는 그의 아들이 크게 성공하기를 크게 바란다.

[c] He is ambitious for money.
그는 돈에 대한 야망이 크다.

3 ambitious는 한정적으로 쓰였다.

[a] She is an ambitious woman politician.
그녀는 야망 있는 여성 정치가이다.

[b] The ambitious lawyer worked 16 hours a day.
그 야망이 큰 변호사는 하루에 16시간 일했다.

4 피수식체는 목표, 계획, 기획 사업, 뮤지컬 등이고, ambitious는 이들이 야심적임을 나타낸다.

[a] He set up a very ambitious goal.
그는 매우 야심적인 목표를 세웠다.

[b] She has an ambitious plan to lose ten pounds in one month.
그녀는 한 달 안에 10파운드를 줄이는 야심적인 계획을 가지고 있다.

[c] The ambitious project was carried out in 3 months.
그 야심적인 기획 사업은 3달 안에 수행되었다.

[d] His next production was a very ambitious musical.
그의 다음 연출은 매우 야심적인 뮤지컬이었다.

5 ambitious는 사람과 일을 동시에 수식한다.

[a] Isn't it ambitious of such a small boy to swim that river?
그렇게 작은 소년이 저 강을 헤엄치다니 대단한 일이 아니냐?

[b] It was ambitious of her to finish her novel in six months.
그녀가 자기 소설을 6개월 만에 끝낸 것은 대단한 일이었다.

AMPLE

이 형용사는 공간이 충분히 넓은 상태를 나타낸다.

1 피수식체는 부엌, 공간, 트렁크, 점원 등이고, ample은 이들 공간이 충분함을 나타낸다.

[a] The house has an ample kitchen for a large family.
그 집은 대가족을 위한 충분히 넓은 부엌 공간이 있다.

[b] They built an enormous stadium for ample space for large crowds.
그들은 많은 관중들을 수용할 넓은 공간을 제공하기 위하여 거대한 경기장을 지었다.

[c] The car has an ample trunk.
그 차는 충분히 넓은 트렁크가 있다.

[d] The house has an ample garden.
그 집은 충분히 넓은 정원이 있다.

2 피수식체는 액수나 양에 관한 것이고, ample은 이들이 어떤 목적에 충분함을 나타낸다.

[a] He receives an allowance ample for carfare and lunches.
그는 승차요금과 점심을 위한 충분한 용돈을 받는다.

[b] He earns an income ample for his needs.
그는 그의 필요에 충분한 수입을 번다.

[c] We bought ample food for the picnic.
우리는 야유회를 하기에 충분한 음식을 샀다.

[d] We have ample money for the journey.

우리는 그 여행을 위한 충분한 돈을 갖고 있다.

3 ample은 서술적으로 쓰였다.

[a] My allowance is ample for some books and lunches.

나의 용돈은 몇 권의 책값과 점심 값으로 충분하다.

[b] Our oil supply is ample enough for the winter.

우리의 기름 공급은 겨울을 보내기에 충분하다.

ANXIOUS

이 형용사는 애를 태우는 상태를 나타낸다.

1 피수식체는 사람이고, anxious는 이들이 걱정함을 나타낸다.

[a] He was anxious and depressed.
그는 걱정이 되어 의기소침했다.

[b] His silence makes me anxious.
그의 침묵은 나를 걱정하게 만든다.

[c] My mother gets a bit anxious when we don't return on time.
나의 어머니는 우리가 정각에 돌아오지 않으면 좀 걱정하신다.

2 피수식체는 전치사 about의 목적어에 대해 걱정을 한다.

[a] Students are naturally anxious about tests.
학생들은 자연히 시험에 대해 걱정한다.

[b] The children are anxious about returning to school.
그 아이들은 학교로 돌아가는 것에 대해 걱정한다.

[c] The farmers are anxious about the harvest.
그 농부들은 추수에 대해 걱정한다.

[d] He is anxious about her health.
그는 그녀의 건강에 대해 걱정한다.

3 피수식체는 힐긋보기, 표정 등이고, anxious는 이들이 걱정함을 나타
낸을 그린다.

[a] He flashed me an anxious glance.
그는 걱정스러운 눈으로 나를 힐긋보았다.

[b] He had an anxious expression in his face.
그는 얼굴에 걱정스러운 표정을 지었다.

4 피수식체는 시간이나 기간 등이고, anxious는 이들이 걱정을 자아냄
을 나타낸다.

[a] The president faces anxious hours before the votes
are counted tonight.
그 대통령은 오늘밤 개표가 되기 전에 애태우는 시간에 직면했다.

[b] There was an anxious couple of weeks waiting for the
test results.
시험 결과를 기다리는 동안 애를 태우는 몇 주가 있었다.

[c] There were a few anxious moments for Bill near the
end of the game.
경기가 끝날 즈음 Bill을 애태우는 몇 순간이 있었다.

5 두려움의 내용이 that-절로 표현된다.

[a] She was anxious that she should meet his father.
그녀는 자신이 그의 아버지를 만나게 될까봐 걱정했다.

[b] The examination was difficult, and he was anxious
that he may have failed it.
시험이 어려웠기 때문에 그는 낙제했을 것이라고 걱정했다.

[c] She is anxious that it might be cancer.
그녀는 그것이 암일 수 있다고 걱정한다.

6 애를 태운다는 뜻은 걱정과 함께 무엇을 갈망하는 뜻으로 확대된다.

[a] He is anxious for promotion.
그는 승진을 갈망하고 있다.

[b] They are anxious for reform.
그들은 개혁을 갈망하고 있다.

[c] I'm anxious for her to do as little as possible.
나는 그녀가 가능하면 일을 적게 하기를 갈망한다.

[d] I was anxious for them to meet you.
나는 그들이 너를 만나기를 갈망했다.

7 피수식체는 to-부정사가 가리키는 일을 하려고 마음을 쓴다.

[a] The country is anxious to establish a closer relationship with Turkey.
그 나라는 터키와 더 밀접한 관계를 세우기를 간절히 바란다.

[b] We are anxious to hear from him.
우리는 그의 소식을 듣기를 열망한다.

8 갈망의 내용이 that-절로 표현된다.

[a] He is anxious that there should be no delay.
그는 연착이 없기를 간절히 바랐다.

[b] I'm anxious that we should all understand one another.
나는 우리 모두가 서로 이해하기를 간절히 바란다.

[c] We are very anxious that you come to see us.
우리는 당신이 우리를 보러오기를 갈망한다.

APPARENT

이 형용사는 눈에 띄어서 잘 보이는 상태를 나타낸다.

1 apparent는 한정적으로 쓰였다.

[a] For no apparent reason, he felt himself getting nervous.
명백한 이유 없이 그는 자기 자신이 불안해지는 것을 느꼈다.

[b] She suddenly blushed for no apparent reason.
그녀는 갑자기 명백한 이유 없이 얼굴이 붉어졌다.

[c] There are two apparent discrepancies between the two reports.
그 두 보고서 사이에는 두 개의 명백한 불일치 점이 있다.

[d] There is no apparent connection between the two fires.
그 두 화재 사건 사이에는 명백한 관련이 없다.

2 피수식체는 불안, 당황, 불행, 건강 등이고, apparent는 이들이 겉으로 드러나서 명백함을 나타낸다.

[a] Her anxiety was apparent to everyone.
그녀의 불안은 모든 이에게 명백하게 보였다.

[b] Her embarrassment was apparent to me.
그녀의 당황함은 나에게 명백하게 보였다.

[c] Her unhappiness was apparent to us.
그녀의 불행함은 우리에게 명백하게 보였다.

[d] The child's poor health was apparent from his physical appearance.

그 아이의 좋지 않은 건강은 그의 신체적인 외양으로부터 명백했다.

❸ it은 that-절의 명제를 가리키고, apparent는 이들이 명백함을 나타 낸다.

[a] It is apparent that he wants to leave now.

그가 지금 떠나기를 원하는 것이 분명하다.

[b] It is becoming increasingly apparent that he could no longer look after himself.

그가 자신을 돌볼 수 없음이 점차 명백해지고 있다.

[c] It should be apparent to any reader that there are some inconsistencies.

몇 개의 모순이 있다는 점이 어떤 독자에게라도 명백할 것이다.

[d] It was apparent from her face that she was really upset.

그녀의 표정으로부터 그녀가 정말 속이 뒤집혔음이 명백했다.

❹ 피수식체는 향상, 여유, 무관심, 이유 등이고, apparent는 이들이 외견 상임을 나타낸다.

[a] The improvement in his health was only apparent.

그의 건강의 향상은 외견상뿐이었다.

[b] He won the tournament with apparent ease.

그는 겉으로는 여유 있게 토너먼트를 승리했다.

[c] I was shocked by her apparent lack of concern for the child.

나는 그 아이에 대한 그녀의 외견상의 무관심에 충격을 받았다.

[d] The apparent cause of the accident turned out not to be the real cause.

그 사고의 외견상의 이유는 진짜 이유가 아닌 것으로 드러났다.

AWAKE

이 형용사는 자지 않고 깨어 있는 상태를 나타낸다.

1 피수식체는 사람이고, awake는 이들이 깨어 있음을 나타낸다.

[a] He was awake all night.
그는 밤 내내 깨어 있었다.

[b] The noise kept everyone awake.
그 소음은 모두를 깨어 있게 했다.

[c] I was finding it hard to stay awake.
나는 깨어 있기가 어렵다는 것을 깨닫고 있었다.

[d] I lay awake worrying about my exams.
나는 내 시험에 대해 걱정하면서 깨어 있는 채로 누워 있었다.

2 피수식체는 의식상 깨어 있어서 전치사 to의 목적어를 인지한다.

[a] He was awake to the dangers of an unhealthy diet.
그는 건강에 해로운 식이요법의 위험에 대해 의식하고 있었다.

[b] The company is awake to the potential risk.
그 회사는 잠재적 위험성을 알고 있다.

[c] The world is awake to the dangers of nuclear weapons.
세계는 핵무기의 위험성을 의식하고 있다.

AWFUL

이 형용사는 지독히 좋지 않은 상태를 나타낸다.

1 피수식체는 맛, 모양 등이고, awful은 이들이 몹시 나쁨을 나타낸다.

[a] The wine tasted awful.
그 와인은 맛이 끔찍했다.

[b] The canned peaches tasted awful.
그 통조림 복숭아는 끔찍한 맛이 났다.

[c] You look awful, what's wrong?
아주 안 좋아 보이는데, 무슨 일 있습니까?

[d] The food at the restaurant is awful, but the service is excellent.
그 식당의 음식은 끔찍하지만, 서비스는 훌륭하다.

2 awful은 lot와 같이 쓰여서 양이 몹시 많음을 나타낸다.

[a] He knows an awful lot about art.
그는 예술에 대해 지독히 많이 알고 있다.

[b] I've got an awful lot of work to do.
나는 할 일이 지독히 많다.

[c] There were an awful lot of people standing there.
대단히 많은 사람들이 거기에 서 있었다.

3 awful은 한정적으로 쓰였다.

[a] He's an awful actor.
그는 지독히 나쁜 배우이다.

[b] She's got an awful boss.
그녀에게는 지독히 나쁜 상관이 있다.

[c] I was worried that something awful had happened.
나는 지독히 나쁜 무언가가 일어났다고 걱정했다.

[d] It was an awful risk to take.
그것은 취하기에 지독히 나쁜 위험이었다.

4 피수식체는 범죄, 무도한 짓, 말, 방법 등이고, awful은 이들이 심하게 나쁨을 나타낸다.

[a] Some of their offences are so awful, they would chill the blood.
그들은 피를 서늘하게 할 정도였다.

[b] They committed the most awful atrocities.
그들은 가장 극악무도한 짓들을 범했다.

[c] That's an awful thing to say.
그건 말하기 끔찍한 일이다.

[d] What an awful way to die!
죽는 방법치고는 지독히 나쁜 방법이구나!

5 피수식체는 전치사 at의 목적어를 잘하지 못한다.

[a] I am awful at remembering faces.
나는 얼굴을 기억하는 능력이 형편없다.

[b] I am awful at taking tests.
나는 시험 치는 데에는 엉망이다.

6 피수식체는 전치사 about의 목적어에 대해서 기분이 몹시 나쁘다.

[a] I feel awful about not inviting her.
나는 그녀를 초대하지 않는 것에 대해 기분이 좋지 않다.

[b] I felt awful about not being able to help.
나는 도와줄 수 없는 것 때문에 기분이 안 좋다.

[c] I feel awful about forgetting her birthday.
나는 그녀의 생일을 잊어버리는 데 대해서 기분이 몹시 나쁘다.

7 피수식체는 시간이고, awful은 시간 속에 일어나는 일들이 몹시 나쁨을 나타낸다.

[a] Monday was an awful day - everything went wrong.
월요일은 끔찍한 날이었다 - 모든 것이 잘못되었다.

[b] Last week was awful - It rained all the week.
지난주는 엉망이었다 - 일주일 내내 비가 왔다.

[c] We had a awful stillness before the tornado.
우리는 토네이도가 오기 전에 무서운 고요함을 겪었다.

AWKWARD

이 형용사는 거북한 상태를 나타낸다.

1 피수식체는 사람이고, awkward는 이들의 행동이 거북스러움을 나타낸다.

[a] She is an awkward dancer.
그녀는 서투른 댄서이다.

[b] Getting in and out of the water is awkward when you're wearing flippers.
물갈퀴를 신으면 물에 들어갔다가 나오는 것이 거북스럽다.

[c] He stood there, stiff and awkward in his uniform.
그는 제복을 입고 뻣뻣하고 거북스럽게 거기 서 있었다.

[d] He tried to dance, but he was so clumsy and awkward.
그는 춤을 추려고 노력했지만 너무 서투르고 거북스러웠다.

2 피수식체는 단계, 일, 질문, 신발 등이고, awkward는 이들을 다루거나 쓰기가 쉽지 않음을 나타낸다.

[a] The growing teenager went through an awkward stage.
성장하는 청소년은 다루기 곤란한 단계를 겪는다.

[b] She could make things very awkward if she wanted.
원한다면 그녀는 모든 일을 다루기 아주 힘들게 만들 수 있었다.

[c] Don't ask awkward questions.
난처한 질문은 하지 마세요.

[d] These are very awkward shoes.

이것은 매우 신기 어려운 신발이다.

3 awkward는 서술적으로 쓰였다.

[a] The box is very awkward for one person to carry.

그 상자는 한 사람이 옮기기에 너무 힘들다.

[b] The camera has a lot of small buttons, which makes it awkward to use.

그 카메라에 작은 버튼이 많이 있어서 사용하기 거북스럽게 만든다.

[c] The software is quite awkward to install.

그 소프트웨어는 설치하기 꽤 까다롭다.

4 피수식체는 상황, 정황 등이고, awkward는 이들이 거북스러움을 주는, 즉 불편한 상태를 나타낸다.

[a] There was an awkward silence.

어색한 침묵이 감돌았다.

[b] He was in an awkward situation.

그는 난처한 상황에 처해 있었다.

[c] The more she tried to get out of the situation, the more awkward it became.

그녀가 그 상황을 더 벗어나려고 하면 할수록 그 상황은 그만큼 더 어려워졌다.

[d] You've put me in an awkward position.

당신은 나를 난처한 입장에 처하게 만들었다.

5 피수식체는 환유적으로 마음이고, awkward는 이것이 거북스러운, 즉 어색한 상태를 나타낸다.

[a] He always feels awkward at parties.
그는 파티에서는 언제나 어색함을 느낀다.

[b] He felt awkward about asking to borrow more money.
그는 돈을 더 빌려달라고 부탁하는 것에 대해서 어색함을 느꼈다.

[c] I hope he's not going to be awkward about the money.
나는 그가 그 돈에 대해 거북해하지 않기를 바란다.

[d] I wish you'd stop being awkward about every thing.
나는 네가 모든 것에 대해 어색해하는 것을 멈췄으면 좋겠다.

6 피수식체는 시간이고, awkward는 이들이 난처함을 나타낸다.

[a] Have I come at an awkward time?
제가 불편한 시간에 왔습니까?

[b] He experienced an awkward moment when people interrupted him.
그는 사람들이 그의 말을 가로막았을 때 그는 어색한 순간을 겪었다.

[c] It was an awkward moment when the preacher fell in the church.
그 설교자가 교회 안에서 넘어졌을 때 그것은 어색한 순간이었다.

[d] They'd chosen an awkward moment to call - I had just got into the bath.
그들은 난처한 순간에 방문했다 - 나는 막 욕실에 들어가 있었다.

BARE

이 형용사는 있어야 할 것이 없는 상태를 나타낸다.

① 피수식체는 팔, 몸의 윗부분, 찬장, 선반 등이고, bare는 이들에 있어야 할 것이 없는 상태를 나타낸다.

[a] His arms were bare.
그의 팔은 맨살이 드러나 있었다.

[b] They were bare from the waist up.
그들은 허리 위로는 벗고 있었다.

[c] The cupboard was bare.
그 찬장이 텅 비어 있었다.

[d] The supermarket shelves became barer and barer.
그 슈퍼마켓의 진열대는 점점 비어 갔다.

② 피수식체는 있어야 할 것이 없고, 없는 것은 전치사 of의 목적어로 표현된다.

[a] The hill is bare of trees.
그 언덕에는 나무가 없다.

[b] The room is bare of furniture.
그 방에는 가구가 없다.

[c] The trees were bare of leaves.
그 나무들은 잎이 없다.

③ bare는 한정적으로 쓰였다.

[a] She worried about the splinters in her bare foot.
그녀는 맨발에 박힌 가시들을 걱정했다.

[b] He walked across the floor in bare foot.
그는 맨발로 마루를 가로질러 걸어갔다.

[c] He picked the stone with his bare hands.
그는 맨손으로 돌을 집었다.

④ 피수식체는 최소한의 옷, 필수품 등이고, bare는 이들이 그것뿐임을 나타낸다.

[a] She had brought the bare minimum of clothing.
그녀는 겨우 최소한의 옷가지만 가지고 왔다.

[b] He packed only the bare necessaries.
그는 간신히 최소한의 필수품만 꾸렸다.

BITTER

이 형용사는 쓴 맛을 나타낸다.

1 피수식체는 날씨나 한기이고, bitter는 이들이 지독한 상태를 나타낸다.

[a] It is really bitter out today.
오늘은 바깥이 정말 춥다.

[b] A bitter chill is coming over.
지독한 냉기가 다가오고 있다.

[c] A bitter wind is blowing from the north.
극심한 바람이 북쪽에서부터 불어오고 있다.

[d] I hate this bitter weather.
나는 이렇게 추운 날씨를 싫어한다.

2 피수식체는 음식이고, bitter는 이들의 맛이 쓴 상태를 나타낸다.

[a] The oriental doctor uses a bitter herb as medicines.
그 한의사는 쓴 약초를 약으로 쓴다.

[b] Black coffee leaves a bitter taste in the mouth.
블랙커피는 입에 쓴 맛을 남긴다.

[c] The fruit tasted bitter, like a lemon.
그 과일은 레몬처럼 쓴 맛이 났다.

[d] The medicine tasted bitter, and the child spat it out.
그 약은 써서 그 아이는 그것을 뱉어내었다.

3 피수식체는 전치사 about의 목적어에 대해 마음이 쓰리다.

[a] He is still bitter about losing the job.
그는 그 일자리를 잃은 것에 아직도 마음이 쓰라리다.

[b] I'm still bitter about the whole affair.
난 여전히 그 전체적인 사건에 대해 분개한다.

[c] She was bitter about the way she had been treated.
그녀는 자신이 취급당한 방식에 대해 마음이 쓰렸다.

[d] He became bitter about having to part with her.
그는 그녀와 헤어져야 하는 것에 대해 마음이 쓰려졌다.

4 bitter는 쓰라림을 자아내는 뜻으로 확대된다.

[a] The lawyer is dealing with a bitter divorce case.
그 변호사는 쓰라린 이혼 사건을 다루고 있다.

[b] He met with bitter opposition to his policies.
그는 자신의 정책에 대한 격렬한 반대에 직면했다.

[c] Her career ended in a bitter failure.
그녀의 경력은 쓰라린 실패로 끝났다.

[d] If he failed it would be a bitter disappointment to his parents.
그가 실패하면, 그것은 그의 부모님에게는 쓰라린 실망이 될 것이다.

BOLD

이 형용사는 대담한 성질을 나타낸다.

① 피수식체는 그림이나 글씨이고, bold는 이들이 굵고 진하게 그려져서 눈에 잘 띄는 상태를 나타낸다.

[a] He has a portrait painted with bold strokes.
그는 굵은 붓놀림으로 그려진 초상화를 갖고 있다.

[b] He likes to wear a shirt with bold patterns.
그는 뚜렷한 패턴이 있는 셔츠를 입는 것을 좋아한다.

[c] The glass windows have bold geometric shapes.
그 유리 창문들은 뚜렷한 기하학적 형상을 가지고 있다.

[d] He's name is written on the wall in bold black letters.
그의 이름은 굵고 검은 글씨로 벽에 쓰여 있다.

② 피수식체는 마음을 가리키고, bold는 이것이 대담함을 나타낸다.

[a] The general is a bold leader.
그 장군은 대담한 지도자이다.

[b] One bird was bold enough to come and peck crumbs from the table.
한 마리 새가 대담해져서 우리 곁에 와서 빵 부스러기를 식탁에서 쪼아 먹었다.

[c] It was very bold of you to support us before the boss.
사장님 앞에서 당신이 우리를 지지한 것은 매우 대담한 일이었다.

[d] It is bold of the child to talk back to his teacher.
선생님에게 말대꾸를 하다니 그 아이는 대담하다.

3 bold는 한정적으로 쓰였다.

[a] He proposed a bold solution to a perplexing problem.
그는 복잡한 문제에 과감한 해결책을 제안했다.

[b] Cutting in front of people in line was a bold action.
줄 서 있는 사람들 앞에서 새치기하는 것은 뻔뻔스러운 행동이었다.

[c] The CEO had to make a bold move to make progress.
그 CEO는 발전하기 위해 과감한 수단을 취해야 했다.

[d] It's a bold venture starting business these days.
요즘에 사업을 시작하는 것은 과감한 모험이다.

BRAVE

1 피수식체는 사람이고, brave는 이들이 위험을 두려워하지 않는 상태를 나타낸다.

[a] She is a brave little girl.
그녀는 용감한 어린 소녀이다.

[b] The brave little boy stood up to the bully.
그 용감한 어린 소년은 깡패에게 맞섰다.

[c] The brave patient faced a complex surgery.
그 용감한 환자는 복잡한 수술을 겁내지 않았다.

[d] The brave soldier ran forward and rescued his wounded comrade.
그 용감한 군인은 앞으로 뛰어나가서 부상당한 전우를 구했다.

2 brave는 용감한 행동과 행위자 양쪽을 모두 수식한다.

[a] It was very brave of you to stand up and speak in front of everyone.
일어나서 모든 사람 앞에서 연설을 하다니 당신은 참 용감했다.

[b] It is very brave of you to run such a risk.
그러한 위험을 무릅쓰다니 당신은 매우 용감하다.

[c] It was brave of him to enter the burning building.
불타는 건물에 들어가다니 그는 용감했다.

3 brave는 한정적으로 쓰였다.

[a] Her brave fight against cancer is an inspiration to us all.
암에 대항한 그녀의 용감한 싸움은 우리 모두에게 영감을 주었다.

[b] It was a brave decision to quit his job and start his own business.
그의 직장을 그만두고 자영업을 시작한 것은 용감한 결정이었다.

[c] The action will cause problems despite his brave talk.
그 행동은 그의 용감한 말에도 불구하고 문제를 일으킬 것이다.

[d] They made a brave attempt to recapture the city from the enemy.
그들은 그 도시를 적으로부터 탈환하기 위해 용감한 시도를 했다.

4 피수식체는 얼굴, 표정 등이고, brave는 이들이 두려움을 보이지 않는 상태를 나타낸다.

[a] Employees are putting on a brave face on yesterday's accident.
고용된 사람들은 어제의 사건에 대해 용감한 얼굴 표정을 짓고 있다.

[b] He was disappointed but tried to put on a brave face.
그는 실망했지만 용감한 얼굴을 보이고자 노력했다.

5 피수식체는 세계이고, brave는 이것이 '화려한' 또는 '멋짐'을 나타낸다.

[a] They introduced customers to the brave new world of Internet banking.
그들은 소비자들을 인터넷 뱅킹의 화려한 신세계에 소개했다.

[b] The brave new world of technology will make life easy.
기술의 화려한 신세계는 삶을 편하게 만들 것이다.

CAREFUL

이 형용사는 조심해서 주의를 기울이는 상태를 나타낸다.

1 피수식체는 사람이고, careful은 이들이 주의를 기울임을 나타낸다.

[a] Be careful! There's broken glass on the sidewalk.
조심해! 보도에 깨진 유리가 있다.

[b] Teachers have to be careful when they criticize pupils.
교사들은 학생들을 비판할 때 조심해야 한다.

[c] You can't be too careful when computer viruses are concerned.
여러분은 컴퓨터 바이러스가 관계되는 한 아무리 조심해도 지나치지 않는다.

2 피수식체는 전치사 about의 목적어에 관련된 것에 주의를 한다.

[a] You should be careful about talking of the rebels as heroes.
당신이 그 반군들을 영웅으로 이야기하는 것에 대해 주의해야 한다.

[b] The press should be very careful about the information.
그 신문사는 그 정보에 관해 매우 주의해야 한다.

[c] You should be careful about things you say.
당신은 당신이 말하는 것에 대해 조심해야 한다.

3 피수식체는 전치사 of의 목적어 자체를 주의한다.

[a] Be careful of the traffic.
차들을 조심하라.

[b] He's in a really foul mood so be careful of what you say to him.
그는 매우 언짢은 상태에 있으므로 당신이 그에게 말하는 것을 주의하시오.

[c] You should be careful of others' feelings.
당신은 다른 사람의 감정에 주의해야 한다.

4 피수식체는 주의를 해서 to-부정사가 가리키는 일을 한다.

[a] Be careful to take all your belongings.
너의 모든 소지품들을 갖고 가도록 주의해라.

[b] He was careful to keep out of sight.
그는 주의해서 시야에서 벗어나 있었다.

[c] I was careful not to say anything to the boss.
나는 조심해서 상사에게 아무 말도 하지 않았다.

5 피수식체는 전치사 with의 목적어를 사용하는 데 주의한다.

[a] Please be careful with the plate.
그 접시를 조심해 주십시오.

[b] She's very careful with money.
그녀는 돈에 굉장히 주의를 기울인다.

[c] The industries should be more careful with natural resources.
그 산업은 천연 자원을 사용하는 데 더 많은 주의를 기울여야 한다.

⑥ careful은 한정적으로 쓰였다.

[a] After careful consideration, we are going to give the award to Bill.
고려 끝에 우리는 Bill에게 상을 줄 예정이다.

[b] It is a very careful piece of work.
이것은 굉장히 공들인 작품이다.

[c] Take a careful look at this picture and tell me who is in it.
그 사진을 주의 깊게 보고 그 속에 누가 있는지 나에게 말해 주세요.

⑦ 피수식체는 주의를 해서 that-절의 사실이 일어나거나 일어나지 않도록 한다.

[a] Be careful that the medicine is kept away from children.
그 약이 어린이들 손에 닿지 않도록 조심하시오.

[b] Be careful you don't bump your head.
머리를 부딪치지 않도록 주의해라.

[c] Parents should be careful that they don't frighten their children.
부모님들은 아이들에게 겁을 주지 않도록 주의해야 한다.

[d] We were very careful that he didn't find that out.
우리는 그가 그것을 알아내지 않도록 매우 조심했다.

⑧ 피수식체는 의문사절의 내용에 주의를 기울인다.

[a] Be careful how you handle the knife.
그 칼을 다루는 방법에 주의해라.

[b] You ought to be careful who you let into the building.
당신은 누구를 그 빌딩으로 들여보내야 할지 주의해야 할 것이다.

[c] Be careful what you eat in the country
여러분은 그 나라에서 먹는 것에 주의하시오.

CASUAL

이 형용사는 주의를 크게 기울이지 않는 상태를 나타낸다.

1 피수식체는 사람이고, casual은 이들이 관심을 보이지 않는 상태를 나타낸다.

[a] She tried to sound casual, but her excitement is obvious.
그녀는 무심하게 보이려고 노력했으나 그녀의 흥분은 명백하다.

[b] It is difficult for me to be casual about anything.
내가 어떤 일에도 무심하기는 어렵다.

[c] She was very casual about being late for work.
그녀는 직장에 지각하는 것에 대해 별로 신경 쓰지 않았다.

2 casual은 한정적으로 쓰였다.

[a] He has a casual attitude towards his work.
그는 그의 일에 대해서는 무심한 태도를 가진다.

[b] Some people mistook his casual behavior as rudeness.
어떤 사람들은 그의 격식 없는 행동을 무례함으로 오해했다.

[c] On our way back from the park, we paid our friend a casual visit.
공원에서 돌아오는 길에, 우리는 친구를 격식 없이 방문했다.

③ 피수식체는 보거나 살피는 일이고, casual은 이들에 주의가 크게 들어 가지 않음을 나타낸다.

[a] She gave me a casual look but didn't recognize me.
그녀는 나를 힐긋봐서 나를 인식하지 못했다.

[b] She gave the note a casual glance and threw it away.
그녀는 쪽지를 슬쩍 보고 그것을 던져 버렸다.

[c] The boss made only casual checks of my work.
그 상사는 나의 작업을 즉석에서 슬쩍 검토했다.

④ 피수식체는 옷이고, casual은 이들이 평상시에 입는 것임을 나타낸다.

[a] She dressed in casual clothes for the picnic.
그녀는 소풍에 맞는 편안한 옷을 입었다.

[b] We can wear casual clothes in the restaurant.
우리는 그 식당에서는 평상복을 입을 수 있다.

⑤ 피수식체는 노동자이고, casual은 이들이 임시직임을 나타낸다.

[a] It is becoming increasingly expensive to hire casual workers.
임시직 노동자들을 고용하는 비용이 점점 늘고 있다.

[b] They employ casual labor to pick the fruit.
그들은 과일을 따기 위해서 임시 노동자를 고용한다.

[c] The work force is mainly unskilled and casual.
그 노동인력은 주로 기술이 없고 임시적이다.

CERTAIN

이 형용사는 확실한 또는 의심할 수 없는 증거에 기반을 둔 확신을 나타낸다.

1 피수식체는 사람이고, 전치사 about의 목적어에 대해서 확신을 갖는다.

[a] Are you certain about his ability to do the work?
당신은 그 일을 할 수 있는 그의 능력에 대해 확신합니까?

[b] Can you be certain about the time you left?
당신이 떠난 시간에 대해 확신할 수 있습니까?

[c] Never eat a wild plant unless you are certain about what it is.
당신이 그 야생식물이 무엇인지 확신할 때까지 그것을 절대 먹지 마시오.

2 피수식체는 사람이고, 전치사 of의 목적어에 확신을 갖는다.

[a] He appears to be so certain of the facts.
그는 그 사실들을 매우 확신하고 있는 것처럼 보인다.

[b] He was not certain of how the bomb was triggered.
그는 어떻게 그 폭탄이 점화되었는지 확실히 몰랐다.

[c] I've never been certain of anything in my whole life.
나는 평생 동안 어떤 것도 확신해 본 적이 없다.

3 피수식체는 사람이고, that-절의 명제를 확신한다.

[a] Are you certain that you gave him the right number?
당신이 그에게 맞는 번호를 준 것을 확신합니까?

[b] I feel certain that I gave him the correct address.
나는 그에게 바른 주소를 준 것이 확실하다고 느낀다.

[c] I feel certain that you're doing the right thing.
나는 네가 올바른 일을 하고 있음이 확실하다고 느낀다.

4 피수식체는 사람이고, 의문사절의 내용을 확실히 안다.

[a] I am certain who is going to see my brother.
나는 누가 내 동생을 만날 예정인지 확실히 안다.

[b] He is certain when the next bus comes.
그는 다음 버스가 언제 오는지 확실히 안다.

[c] I wasn't certain which train they are arriving on.
나는 그들이 어느 기차를 타고 올지 확실히 몰랐다.

[d] I am certain where he came from.
나는 그가 어디에서 왔는지 안다.

5 A certain은 화자가 무엇의 정체를 확실히 알고 있으나 구태여 밝히고 싶지 않을 때 쓰는 표현이다.

[a] A certain person is stealing cookies from the kitchen.
어떤 사람이 과자를 부엌에서 훔쳐 나오고 있다.

[b] I had lunch with a certain Bill Thomas.
나는 Bill Thomas라고 하는 어떤 사람과 점심을 먹었다.

[c] I met a certain friend of yours yesterday.
나는 너의 친구 중 어떤 한 친구를 어제 만났다.

6 피수식체는 복수이고, certain은 화자가 이들의 정체를 확실히 알고 있으나 구태여 밝히고 싶지 않을 때 쓰는 표현이다.

[a] certain basic rules must be obeyed.
어떤 기본적인 규칙들은 준수되어야 한다.

[b] certain households will not be affected.
어떤 가정들은 영향을 받지 않을 것이다.

[c] certain members of the government are not happy with the present situation.
정부의 어떤 인사들은 현재의 상황에 만족하지 않다.

7 피수식체는 정도이고, A certain은 정도가 적지만 확실함을 나타낸다.

[a] A certain amount of progress has been made.
어느 정도의 진전이 이루어졌다.

[b] I like modern art to a certain degree.
나는 현대미술을 어느 정도까지는 좋아한다.

[c] She has a certain charm about her.
그녀는 어느 정도의 매력을 지니고 있다.

8 it은 that-절의 명제를 가리키고, certain은 이것이 확실함을 나타낸다.

[a] It is more or less certain that they will cancel the flight
그들이 비행편을 취소할 것이 어느 정도 확실하다.

[b] It is virtually certain that he will win the medal.
그가 그 훈장을 획득할 것이 실제적으로 확실하다.

[c] It now seems certain that he will loose his license.
그가 그의 면허를 잃을 것이 이제 확실하게 보인다.

9 it은 의문사절이고, certain은 이것이 확실함을 가리킨다.

[a] It is not certain whether he'll be fit to travel yet.
그가 여행을 할 만큼 건강한지 아닌지는 아직 확실하지 않다.

[b] It is certain who will be the next president.
누가 다음 대통령이 될지 확실하다.

[c] It is certain why he failed.
그가 왜 실패했는지 확실하다.

[d] It is certain how they won the game.
그들이 그 경기를 어떻게 이겼는지가 확실하다.

10 it은 to-부정사 과정이고, certain은 이들이 확실히 일어남을 나타낸다.

[a] It is certain to rain.
확실히 비가 올 것이다.

[b] Jane is certain to be late because traffic is so heavy.
Jane은 교통이 너무 복잡해서 지각할 것이 확실하다.

[c] She seems certain to get the job.
그녀는 그 일자리를 얻을 것이 확실해 보인다.

11 certain은 한정적이고, 이것은 피수식체가 필연적임을 나타낸다.

[a] If he jumps off the bridge, he goes to a certain death.
만약 그가 다리에서 뛰어 내리면 그는 확실히 죽을 것이다.

[b] She went into the final tennis match facing certain defeat.
그녀는 정구 경기의 결승전에 들어갔으나 패배가 확실했다.

[c] The scandal means certain defeat for the party in the election.
그 추문은 선거에서 그 정당에 확실한 패배를 뜻한다.

CIRCULAR

1 피수식체는 둥근 모양을 갖는다.

[a] The freeway follows a circular route around the city.
그 고속도로는 그 도시 주위를 따라 둥글게 되어 있다.

[b] There's a circular bus route around the town.
그 마을을 도는 순환 버스길이 있다.

[c] The carpenter need a special saw to make a circular hole.
그 목수는 동그란 구멍을 만들기 위한 특수 톱이 필요하다.

[d] The food is served on a circular tray.
그 음식은 둥근 쟁반 위에 제공된다.

2 피수식체는 움직임이고, circular는 이것이 원형을 그림을 나타낸다.

[a] He joined a circular tour of the island.
그는 그 섬의 회유 여행에 참여했다.

[b] The dancers made circular movements.
그 무용수들은 원형으로 돌았다.

[c] Place your hands on your shoulders, move your elbows up, back, and down in a circular motion.
당신의 손을 어깨 위에 올려놓고, 팔꿈치를 위로, 뒤로, 아래로 움직이는 원형 동작을 하시오.

[d] The circular way of approaching the subject will give us no result.

그 주제를 접근하는 우회적인 방법은 우리에게 어떤 결과도 주지 못할 것이다.

③ 피수식체는 논쟁이나 토론이고, circular는 이들이 제자리에 돌아오는 순환적임을 나타낸다.

[a] These are very circular arguments which get us nowhere.

이것은 우리를 제자리에 있게 하는 매우 순환적 논쟁이다.

[b] His circular argument persuaded no one.

그의 순환 논법은 아무도 설득시키지 못했다.

[c] They are now tired of a circular discussion.

그들은 이제 순환적인 토론에 지쳐 있다.

CLUMSY

1 피수식체는 사람이고, 이들의 행동이 서투름을 나타낸다.

[a] He's too clumsy to be a dancer.
그는 댄서가 되기에 너무 둔하다.

[b] He is so clumsy that he always bumps into people.
그는 너무 둔해서 언제나 사람들과 부딪힌다.

[c] I feel so clumsy when I'm ice-skating.
빙상 스케이트를 탈 때 나는 너무 둔하다.

[d] That's the third glass you've smashed this week. You're so clumsy.
이것이 이번 주에 네가 세 번째로 깨뜨린 유리잔이다. 너는 너무 둔하다.

2 clumsy는 과정과 사람을 동시에 수식한다.

[a] I spilled your coffee - Sorry that was clumsy of me.
제가 당신의 커피를 엎질렀군요 – 미안합니다. 제가 서툴렀어요.

[b] Look! You've just knocked the mug again Sorry-how clumsy of me.
봐요! 당신은 또 내 머그잔을 쳤어요 – 미안합니다. 제가 너무 서툴렀어요.

3 피수식체는 손가락, 문, 휴대폰, 중형 오토바이 등이고, clumsy는 이들을 쓰기가 불편함을 나타낸다.

[a] His clumsy fingers couldn't tie the knot.
그의 둔한 손가락은 그 매듭을 맬 수 없었다.

[b] The clumsy gate kept scraping the ground.
그 뻑뻑한 대문이 땅을 계속 긁었다.

[c] The first mobile phone was heavy and clumsy to use.
첫 휴대폰은 무겁고 다루기 힘들었다.

[d] The heavy motorcycle was clumsy on the road.
그 중형 오토바이는 길에서 다루기 힘들었다.

4 피수식체는 말이나 행동이고, clumsy는 이들이 어설픔을 나타낸다.

[a] His clumsy remark made her laugh.
그의 서투른 말이 그녀를 웃게 했다.

[b] She made a clumsy attempt to apologize.
그녀는 사과하려고 어설픈 시도를 했다.

[c] He made a clumsy attempt to comfort her.
그는 그녀를 위로하려는 어설픈 시도를 했다.

[d] His choice of words was clumsy.
그의 단어 선택은 어설프다.

COHERENT

이 형용사는 앞뒤가 맞아서 잘 연결되는 상태를 나타낸다.

1 피수식체는 정책, 계획 등이고, coherent는 이들을 이루는 부분들이 일관성이 있음을 나타낸다.

[a] His policy is perfectly coherent.
그의 정책은 완벽하게 일관성이 있다.

[b] Taken together, the reports are fully coherent.
전체를 보면 그 보고서는 완전히 일관성이 있다.

[c] The federal housing program is not coherent.
그 연방 정부의 주택 계획은 일관성이 없다.

[d] His version of the accident was coherent.
그 사고에 대한 그의 얘기는 일관성이 있었다.

2 피수식체는 말이고, coherent는 말의 앞뒤가 일관성이 있음을 나타낸다.

[a] After all the whisky, I could not be coherent.
많은 위스키를 마셔서, 나는 일관성 있게 말할 수 없었다.

[b] She was hysterical and screaming - she was not coherent.
그녀는 신경질이 나서 소리를 지르고 있었다 - 그녀는 횡설수설했다.

[c] When she calmed down, she was more coherent.
그녀가 진정되었을 때, 그녀의 말은 좀 더 조리가 있었다.

[d] He was hardly coherent after the accident.
그는 그 사고 후에 말에 일관성이 거의 없었다.

COMMON

이 형용사는 흔한 상태를 나타낸다.

1 피수식체는 사람이나 개체이고, common은 이들이 보통임을 나타낸다.

[a] He was a common soldier.
그는 병사였다.

[b] Bob studies hard but he's just a common student.
Bob은 열심히 공부하지만 단지 평범한 학생이다.

[c] Common salt is made up of 40% solution, and 60% chloride.
보통 소금은 40%의 용액과 60%의 염화물로 구성되어 있다.

[d] The common people go to work and raise families.
평범한 사람들은 일을 하고 가족을 부양한다.

2 피수식체는 사고, 감기, 지진 등이고, common은 이들이 흔히 자주 일어남을 나타낸다.

[a] Car accidents are common occurrence.
차 사고는 자주 일어나는 사건이다.

[b] Colds are common in winter months.
감기는 겨울철에 자주 있다.

[c] Earthquakes are not common in Korea.
지진은 한국에서는 자주 발생하지 않는다.

3 it은 to-부정사의 과정을 가리키고, common은 이들이 흔히 일어나는 일임을 나타낸다.

[a] It is common for new fathers to get jealous of the babies.
갓 아버지가 된 사람들이 아기들을 질투하게 되는 것은 흔히 일어나는 일이다.

[b] It is quite common for couples to dress alike.
부부들이 비슷하게 옷을 입는 것은 아주 흔한 일이다.

[c] It is quite common for him to talk in his sleep.
그가 잠꼬대하는 것은 흔한 일이다.

[d] It is quite common for the women to look after the household money.
부인들이 집안 돈을 관리하는 것은 매우 흔한 일이다.

4 피수식체는 여우, 심장병, 가정, 유학 등이고, common은 이들이 흔함을 나타낸다.

[a] Foxes are not common any more.
여우는 더 이상 흔하지 않다.

[b] Heart disease is one of the commonest causes of death.
심장병은 가장 흔한 사망 원인의 하나이다.

[c] It is common but false assumption that all mentally ill people are violent.
정신병 환자들은 폭력적이라는 것은 흔하지만 잘못된 가정이다.

[d] Sending kids away to school was common practice among the upper classes.
아이들을 멀리 있는 학교로 보내는 것은 상류 계층 사이에서는 흔히 있는 관행이다.

5 피수식체는 사람의 태도나 말씨이고, common은 이들이 저속함을 나타낸다.

[a] He's very common, and doesn't know how to eat properly.
그는 너무 저속해서 어떻게 해야 제대로 먹는지 모른다.

[b] She is very common – she needs to be taught some manners.
그녀는 너무 품위가 없어서 예절 교육을 받을 필요가 있다.

[c] The way she speaks is very common.
그녀의 말하는 방식은 굉장히 저속하다.

[d] Her language was incredibly common.
그녀의 언어는 믿을 수 없을 정도로 저속하다.

6 피수식체는 적, 신념, 지식, 언어 등이고, common은 이들을 여러 사람이 가짐을 나타낸다.

[a] The allies worked to defeat a common enemy.
그 동맹국들은 공동의 적을 패배시키기 위해 함께 일했다.

[b] Both parties share a common belief in the law-and-order policy.
두 정당은 법과 질서 정책에 대한 공동의 신념을 갖고 있다.

[c] It is common knowledge that swimming is one of the best forms of exercise.
수영이 운동의 가장 좋은 형태 중에 하나라는 것은 누구나 아는 지식이다.

[d] They have a common language – English.
그들은 공통의 언어, 즉 영어를 쓴다.

7 피수식체는 선, 대의, 무역 정책 등이고, common은 이들이 공동의 것임을 나타낸다.

[a] Do they think that they are acting for the common good?
그들은 그들 자신이 공동선을 위해 행동하고 있다고 생각하나?

[b] In the 1940s the U.S. made a common cause with the Soviet Union against Nazi Germany.
1940년대에 미국은 나치 독일에 대항하여 소련과 공통의 대의를 만들었다.

[c] Member states also agreed to pursue a common trade policy.
회원국들은 또한 공통의 무역 정책을 추구하기로 합의했다.

8 피수식체는 전치사 to의 목적어에 공통 요소이다.

[a] English has some features common to all languages.
영어는 모든 언어에 공통적인 몇 개의 특징들을 갖고 있다.

[b] These characteristics are common to both animals.
이러한 특성들은 두 동물에게 공통적이다.

[c] These problems are common to all societies.
이 문제들은 모든 사회에 공통된다.

[d] This is a theme that is common to all her novels.
이것은 그녀의 모든 소설에 공통적인 주제이다.

COMPLETE

이 형용사는 모든 조건을 갖추어서 완전한 상태를 나타낸다.

1 피수식체는 바보, 변화, 낭비, 놀람 등이고, complete는 이들이 모든 특성을 갖추어서 완전함을 나타낸다.

[a] The man is a complete fool.
그 남자는 완전한 바보이다.

[b] I need a complete change.
나는 완전한 변화가 필요하다.

[c] The meeting was a complete waste of time.
그 모임은 완전한 시간 허비였다.

[d] The news came as a complete surprise.
그 뉴스는 완전한 놀라움으로 다가왔다.

2 피수식체는 회전, 점검 등이고, complete는 이들이 완전함을 나타낸다.

[a] The earth made a complete orbit of the sun.
지구는 태양을 한 바퀴 완전히 돌았다.

[b] The system needs a complete overhaul.
그 시스템은 완전한 점검이 필요하다.

3 complete는 서술적으로 쓰였다.

[a] A similar project in Seoul is almost complete.
유사한 프로젝트가 서울에서도 거의 완결되어 있다.

[b] Repair of the bridge is now complete.
그 다리의 보수는 이제 완성되어 있다.

④ 피수식체는 집합체이고, complete는 이들의 구성원이 다 갖추어져 있는 상태를 나타낸다.

[a] We gave him the complete works of Shakespeare.
우리는 그에게 셰익스피어 전집을 주었다.

[b] He gave me a complete set of golf clubs.
그는 나에게 완비한 골프채 한 벌을 주었다.

[c] He has a complete collection of Elvis Presley records.
그는 Elvis Presley의 레코드 전집을 갖고 있다.

[d] Her collection is now complete.
그녀의 소장품은 이제 완벽하다.

⑤ 피수식체는 전치사 with의 목적어와 함께 모든 것이 갖추어진다.

[a] All our machines come complete with a two-year service guarantee.
우리의 모든 기계는 2년 서비스 보증으로 완벽해진다.

[b] Our family is feel complete with our dog.
우리 가족은 우리 개가 있어서 완전하다.

[c] The diary comes complete with a gold-colored ball point pen.
그 일기장은 금을 입힌 볼펜과 함께 나온다.

[d] The furniture comes complete with tools and instructions.
그 가구는 도구와 사용 설명서가 있어야 완전하다.

CONFIDENT

1 피수식체는 사람이고, confident는 이들이 자신감을 갖는 상태를 나타낸다.

[a] Despite his disabilities, he is very confident.
장애에도 불구하고 그는 매우 자신만만하다.

[b] He is confident in his ability to do the job well.
그는 그 일을 잘 할 수 있는 능력에 자신만만하다.

[c] He is very confident when he speaks in public.
그는 그가 대중 앞에서 연설할 때 매우 자신만만하다.

2 피수식체는 사람이고, 전치사 about의 목적어에 자신감을 갖는다.

[a] He is very confident about himself and his abilities.
그는 자신과 자신의 능력에 대해 많은 자신감을 갖는다.

[b] I feel quite confident about my future.
나는 나의 미래에 대해 꽤 자신이 있다.

[c] I was starting to feel more confident about the exams.
나는 그 시험에 대해 더 많은 자신감을 느끼기 시작하고 있었다.

3 피수식체는 사람이고, 전치사 of의 목적어를 확신한다.

[a] He appeared relaxed and confident of winning the prize.
그는 느긋했고 상을 받을 확신이 있는 것처럼 보였다.

[b] The team feels confident of winning.
그 팀은 이길 수 있는 확신을 느낀다.

[c] We are confident of victory.
우리는 승리를 확신한다.

4 피수식체는 that-절의 내용을 확신한다.

[a] He's confident that next year's sales will be excellent.
그는 내년 판매가 매우 좋을 것이라는 확신을 하고 있다.

[b] He is highly confident that there will be no problem this time.
그는 이번에는 아무런 문제가 없을 것이라는 것을 크게 확신한다.

[c] I am confident that you will get the job.
나는 네가 그 일자리를 구할 것이라는 것을 확신한다.

5 피수식체는 말이나 표현이고, confident는 이들이 자신감을 보이는 상태를 나타낸다.

[a] He gave a confident answer to the question.
그는 그 질문에 자신 있는 답을 했다.

[b] He gave her a confident smile.
그는 그녀에게 자신감 있는 미소를 보였다.

[c] He made a confident prediction that business will improve.
그는 사업이 잘 될 것이라는 자신 있는 예언을 했다.

CONSTANT

이 형용사는 변함이 없는 상태를 나타낸다.

1 피수식체는 관심, 전화, 유지 등이고, constant는 이들이 변화 없이 지속됨을 나타낸다.

[a] Health has been a constant concern for us.
건강은 우리들에게 변함없는 관심사가 되어 오고 있다.

[b] He was bothered by constant phone calls.
그는 끊임없는 전화 때문에 귀찮았다.

[c] The machine needs constant maintenance.
그 기계는 끊임없는 유지를 필요로 한다.

2 피수식체는 속도, 압력, 온도 등이고, constant는 이들이 변화 없는 일정한 상태를 나타낸다.

[a] The average speed of the wind remained constant.
바람의 평균 속도는 일정하게 남아 있었다.

[b] Air pressure must be kept constant.
공기압력은 일정하게 유지되어야만 한다.

[c] A thermostat kept the temperature constant.
자동 온도 조절 장치는 온도를 일정하게 유지했다.

3 피수식체는 연속적이고, constant는 이들이 끊임없이 일어남을 나타낸다.

[a] Please stop tormenting me with constant questions.
끊임없는 질문들로 나를 괴롭히는 것을 멈춰 주세요.

[b] He is under constant attack in the newspaper.
그는 신문상에서 끊임없는 공격을 당하고 있다.

[c] There was a constant flow of visitors to the house.
그 집으로 끊임없는 방문객의 흐름이 있었다.

[d] The machines are in constant use.
그 기계는 끊임없이 사용된다.

4 피수식체는 문제, 두통, 소음 등이고, constant는 이들이 끊임없이 지속됨을 나타낸다.

[a] For 15 years, I have had a constant problem with a bad back.
15년 동안, 나는 나의 아픈 등의 문제를 끊임없이 겪어오고 있다.

[b] I've had a constant headache for three days.
나는 3일 동안 끊임없는 두통을 겪고 있다.

[c] I can't sleep because of the constant noise of cars and trucks.
나는 자동차와 트럭의 끊임없는 소음 때문에 잠을 잘 수가 없다.

5 constant는 한정적으로 쓰였다.

[a] His constant companion is his dog.
그의 충실한 동료는 그의 개이다.

[b] He was a constant friend during all the turmoil.
그는 모든 소란 속에서 변함없는 친구였다.

CROOKED

이 형용사는 구부러진 상태를 나타낸다.

① 피수식체는 모양을 갖는 개체이고, crooked는 이들이 구부러진 상태에 있음을 나타낸다.

[a] His nose is crooked.
그의 코는 삐뚤어져 있다.

[b] The electrician straightened the crooked wires.
그 전기기사는 구부러진 배선을 곧게 했다.

[c] The picture on the wall is crooked.
그 벽에 걸린 그림은 삐뚤어져 있다.

[d] You have to drive slowly on these crooked country roads.
당신은 이런 구부러진 시골 길에서는 천천히 운전해야 한다.

② 피수식체는 사람이나 사람 사이의 거래이고, crooked는 부정직함을 나타낸다.

[a] The bank president turned out to be crooked.
그 은행장은 부정직하다고 밝혀졌다.

[b] The crooked accountant was caught embezzling funds.
그 부정한 회계사는 기금을 횡령하다가 잡혔다.

[c] The whole deal was crooked, and he lost all his money.
모든 거래가 사기여서 그는 모든 돈을 잃었다.

CROSS

이 형용사는 마음이 언짢은 상태를 나타낸다.

1 피수식체는 사람이고, cross는 기분이 좋지 않음을 나타낸다.

[a] I felt cross because I didn't sleep well.
나는 잠을 잘못 잤기 때문에 기분이 언짢다.

[b] Mom was really cross when I broke the window again.
엄마는 내가 그 창문을 다시 깼을 때 정말 짜증을 내셨다.

[c] Please don't get cross. Let me explain.
짜증내지 마세요. 제가 설명할게요.

[d] She's very cross today - She complains about everything.
그녀는 오늘 시무룩하다 - 그녀는 모든 일에 불평을 한다.

2 피수식체는 전치사 with의 목적어에 짜증을 낸다.

[a] I'm cross with her for lying.
나는 그녀가 거짓말을 하기 때문에 그녀에게 짜증이 나 있다.

[b] I was cross with him for being late.
나는 그가 지각을 하기 때문에 그에게 짜증이 났다.

CRUDE

이 형용사는 정제되지 않은 자연 상태를 나타낸다.

① 피수식체는 철강, 기름, 자료 등이고, crude는 이들이 정제되지 않은 상태를 나타낸다.

[a] I million tons of crude steel are needed.
100만 톤의 가공되지 않은 철이 필요하다.

[b] Crude oil has to be refined before it is used.
원유는 사용되기 전에 정제되어야 한다.

[c] The computer will analyse the crude data and give us a report.
그 컴퓨터가 처리되지 않은 데이터를 분석해서 우리에게 보고할 것이다.

② 피수식체는 기구, 도구 등이고, crude는 이들이 다듬어지지 않은 상태를 나타낸다.

[a] The field hospital used crude surgical methods.
그 야전병원은 조잡한 외과적 방법들을 사용한다.

[b] He had a crude weapon.
그는 조잡한 무기를 가졌다.

[c] He lives in a cabin with crude chairs and a table made of unpainted wood.
그는 칠이 되지 않는 나무로 만들어진 조잡한 의자와 식탁이 있는 통나무집에 살고 있다.

[d] The archeologist unearthed some crude tools.
그 고고학자는 몇 개의 조잡한 도구를 발굴했다.

3 피수식체는 말이나 태도를 가리키고, crude는 이들이 다듬어지지 않은, 즉 세련되지 않은 상태를 나타낸다.

[a] Don't be so crude, especially in front of the children.
특히 그 아이들 앞에서는 너무 거칠게 행동하지 말라.

[b] I wish he weren't so crude.
나는 그가 너무 저속하지 않았으면 좋겠다.

[c] Must you be quite so rude?
당신은 그렇게 무례해야 합니까?

[d] Stop telling us your crude jokes.
우리들에게 너의 저속한 농담을 그만해라.

CURIOUS

이 형용사는 알고 싶어 하는 상태를 나타낸다.

1 피수식체는 마음을 가리키고, 전치사 about이나 as to의 목적어를 알고 싶어 한다.

[a] Babies are curious about everything around them.
아기들은 주위의 모든 것에 대해 호기심을 갖는다.

[b] They were curious about the people who lived upstairs.
그들은 위층에 사는 사람들에 대해 알고 싶어 했다.

[c] Everyone is curious as to why Mark is leaving.
모두 왜 Mark가 떠나는지 알고 싶어 했다.

[d] They are curious neighbors, peeking out the windows.
그들은 호기심이 많은 이웃이어서, 창문으로 빼꼼히 내다본다.

2 피수식체는 호기심이 많아서 to-부정사의 과정을 하고 싶어 한다.

[a] I am curious to know why she came back.
나는 그녀가 왜 돌아왔는지 알고 싶다.

[b] I am curious to see what she says.
나는 그녀가 무슨 말을 하는지 알고 싶다.

[c] The baby is curious to know how the clock works.
그 애기는 호기심이 있어서 시계가 어떻게 가는지 알고 싶어 한다.

[d] I am curious to know how he speaks English so well.
나는 그가 어떻게 영어를 그렇게 잘 하는지 알고 싶다.

3 it은 that-절의 명제를 가리키고, curious는 명제 내용이 호기심을 자아냄을 나타낸다.

[a] It is curious Phil hasn't phoned yet.
Phil이 아직 전화하지 않은 것이 이상하다.

[b] It is curious that he did not return.
그가 돌아오지 않은 것이 궁금하다.

[c] It is curious that you did not receive any of my letters.
당신이 내 편지를 한 통도 받지 않은 것이 이상하다.

[d] It is curious that you never mentioned it before.
네가 전에는 그것을 언급하지 않았던 것이 이상하다.

4 curious는 한정적으로 쓰였다.

[a] A curious thing happened to me.
이상한 일이 나에게 일어났다.

[b] He felt a curious mixture of happiness and fear.
그는 행복과 두려움이 뒤섞인 묘한 감정을 느꼈다.

[c] It was a curious feeling as though we were floating in the air.
그것은 마치 우리가 공중에 떠다니는 듯한 묘한 느낌이었다.

[d] She shot him a curious look.
그녀는 그에게 이상한 시선을 갑자기 보냈다.

DANGEROUS

이 형용사는 위험을 주는 상태를 나타낸다.

1 피수식체는 남자, 뱀, 악어 등이고, dangerous는 이들이 위험을 주는 상태를 나타낸다.

[a] The man looked dangerous.
그 남자는 위험하게 보였다.

[b] The snake is dangerous.
뱀은 위험하다.

[c] The crocodile is a dangerous animal.
악어는 위험한 동물이다.

2 피수식체는 교차로, 도로, 입장 등이고, dangerous는 이들이 위험을 주는 상태를 나타낸다.

[a] The intersection is very dangerous.
그 교차로는 매우 위험하다.

[b] The road is dangerous, so drive carefully.
그 길은 위험하니까 조심스럽게 운전해라.

[c] We'd be on dangerous ground if we asked about race.
우리가 인종에 대해 물으면 우리는 위험한 입장에 있게 될 것이다.

③ 피수식체는 물체나 물질이고, dangerous는 전치사 to나 for의 목적어에 위험하다.

[a] The paint is dangerous to people and animals.
그 페인트는 사람과 동물에게 위험하다.

[b] These chemicals are dangerous to humans.
이 화학물질은 인간에게 위험하다.

[c] The small toy is dangerous for little babies.
그 작은 장난감은 어린 아기들에게 위험하다.

[d] The traffic here is very dangerous for children.
여기 차량들은 아이들에게 매우 위험하다.

④ it은 to-부정사의 과정이고, dangerous는 이들이 위험함을 나타낸다.

[a] It can be dangerous to gamble in Las Vegas.
라스베이거스에서 도박을 하는 것은 위험할 수 있다.

[b] It is dangerous to go too near the edge of the cliff.
그 벼랑의 가장 자리로 너무 가까이 가는 것은 위험하다.

[c] It is dangerous to jump to early conclusions.
서둘러서 결론에 이르는 것은 위험하다.

⑤ 피수식체는 동명사 과정이고, dangerous는 이들이 위험함을 그린다.

[a] Driving fast on this crooked road is dangerous.
이 굽은 길에서 빨리 운전하는 것은 위험하다.

[b] Mining is a dangerous occupation.
채굴은 위험한 직업이다.

[c] Smoking is dangerous to your health.
흡연은 건강에 위험을 준다.

DECENT

1 피수식체는 행동이고, decent는 이들이 주어진 상황에 적절함을 나타낸다.

[a] After such rudeness, the chairman should do the decent thing and apologize publicly.
그렇게 무례한 행동을 한 뒤에 의장은 적절한 행동을 하고 공개적으로 사과해야 한다.

[b] Holding the door open for others is a decent thing to do.
다른 사람들을 위해 문을 잡아주는 것이 예의바른 행동이다.

[c] It is not decent to pry into other people's business.
다른 사람들의 일을 꼬치꼬치 캐묻는 것은 예의바르지 않다.

[d] That was the only decent thing I could do in the situation.
그것은 내가 그 상황에서 할 수 있는 단 하나의 적절한 행동이었다.

2 피수식체는 사람이고, decent는 이들이 법에 따라 행동함을 나타낸다.

[a] Decent citizens have nothing to fear from this legislation.
법을 잘 지키는 시민은 이 입법을 두려워할 필요가 없다.

[b] Decent people abide by the law.
품위 있는 사람들은 그 법을 준수한다.

[c] Decent working people are frustrated at the level of crime in the cities.

선량한 노동자들은 그 도시들의 범죄 수준에 좌절한다.

[d] I decided her boyfriend is a decent guy.

나는 그녀의 남자 친구가 선량한 사람이라고 결정을 했다.

3 피수식체는 숙식, 술집, 생활수준 등이고, decent는 이들이 괜찮은 수준에 있음을 나타낸다.

[a] It's not hard to find a decent bed and breakfast in this area.

이 지역에서 버젓한 조반 제공 숙박을 찾는 것은 어렵지 않다.

[b] We found a decent room and dinner for a low price.

우리는 저렴하면서 꽤 좋은 방과 저녁 식사를 할 수 있는 곳을 찾았다.

[c] There is a decent pub in the village.

그 마을에 버젓한 술집이 있다.

[d] Everyone is entitled to a decent standard of living.

모든 사람이 남부럽잖은 생활수준을 누릴 자격이 주어진다.

4 피수식체는 직유나 환유적으로 입는 것이고, decent는 이들이 품격에 맞음을 나타낸다.

[a] Are you decent?

옷은 제대로 입으셨나요?

[b] Don't look! I'm not decent.

보지 마세요! 옷을 안 입었어요.

[c] Don't walk around in your underwear. Put on some decent clothes.

속옷을 입고 돌아다니지 마세요. 말쑥한 복장을 입으세요.

[d] Haven't you got a decent pair of shoes?

품격 있는 신발을 가지고 있나요?

DEFINITE

이 형용사는 경계가 분명한 상태를 나타낸다.

1 피수식체는 대답, 변화, 증명, 개선 등이고, definite는 이들이 뚜렷함을 나타낸다.

[a] It is too soon to give any definite answers.
어떤 확정적인 대답을 주기엔 너무 이르다.

[b] He saw a definite change in his son.
그는 그의 아들에게서 분명한 변화를 보았다.

[c] We didn't have any definite proof.
우리에게는 아무런 뚜렷한 증명도 없었다.

[d] There has already been a definite improvement.
이미 뚜렷한 개선이 있었다.

2 피수식체는 시간이고, definite는 이것이 정확한 것임을 나타낸다.

[a] We have to set a definite date for the meeting.
우리는 그 모임의 확정적인 날짜를 정해야 한다.

[b] Do you have a definite time for their arrival?
당신은 그들이 도착하는 확실한 시간을 아십니까?

3 피수식체는 마음을 가리키고, definite는 이것이 전치사 about의 목적에 뚜렷한 생각을 가지고 있음을 나타낸다.

[a] She was very definite about how she felt.
그녀는 자신이 어떻게 느끼는 지에 대해서 매우 명확했다.

[b] He was very definite about it.
그는 그것에 대해 매우 분명했다.

[c] She was very definite about her intention to travel Asian countries.
그녀는 아시아 나라들을 여행하려는 의도에 대해서 매우 분명했다.

[d] She is not definite about resigning from the post.
그녀는 그 직위를 그만두는 것에 대해서 분명하지 않다.

4 it은 that-절의 명제를 가리키고, definite는 이들이 확실함을 나타낸다.

[a] It is definite that he will be the new chairman.
그가 새로운 의장이 될 것이 확실하다.

[b] Is it definite that he is leaving?
그가 떠나는 것이 확실합니까?

[c] You're coming on Saturday. That's definite now, is it?
당신은 토요일에 올 것입니다. 그건 확정적이지요?

DELICATE

이 형용사는 여리고 가냘픈 상태를 나타낸다.

1 피수식체는 껍질, 손, 꽃 등이고, delicate는 이들이 약하거나 가냘픈 상태를 나타낸다.

[a] Peaches have delicate skins which are easily bruised.
복숭아는 쉽게 흠이 생기는 연한 껍질을 갖고 있다.

[b] She extended her delicate hand.
그녀는 우아한 손을 뻗쳤다.

[c] The delicate blossoms resemble lace.
그 가냘픈 꽃은 레이스를 닮았다.

2 피수식체는 몸이나 마음을 가리키고, delicate는 이들이 매우 연약함을 나타낸다.

[a] He felt delicate after a long journey.
그는 긴 여행을 한 후로 허약해진 것을 느꼈다.

[b] His health has always been delicate.
그의 건강은 항상 병약한 상태였다.

[c] This is a violent movie not for the delicate viewers.
이것은 비위가 약한 관객들에게는 맞지 않는 폭력적인 영화이다.

3 피수식체는 모양에 관한 것이고, delicate는 이들이 정교하거나 섬세함을 나타낸다.

[a] The china has a delicate pattern of leaves.
그 자기는 정교한 잎의 문양을 갖고 있다.

[b] The frost has created delicate patterns on the window.
서리가 그 창문 위에 정교한 무늬를 만들어냈다.

4 피수식체는 기계나 도구이고, delicate는 이들이 정교한 상태를 나타낸다.

[a] The delicate equipment helps to predict what the weather will be like.
그 정교한 장비는 날씨가 어떻게 될지를 예측하는 데 도움을 준다.

[b] The instrument is so delicate it can detect earthquakes thousands of miles away.
그 도구가 너무나 정교해서 수천 마일이나 떨어진 지진을 감지할 수 있다.

[c] The eye is one of the most delicate organs of the body.
눈은 신체에서 가장 정밀한 기관 중의 하나이다.

5 피수식체는 주의, 단계, 쟁점 등이고, delicate는 이들이 조심스럽게 다루어져야 함을 나타낸다.

[a] I need to speak to you about a delicate matter.
나는 당신에게 세심한 주의가 필요한 일에 대해 말할 필요가 있다.

[b] The pay negotiations have reached a delicate stage.
임금 협상은 다루기 어려운 단계에 도달했다.

[c] This book deals with the delicate issue of adoption.
이 책은 입양의 다루기 어려운 논점을 다룬다.

6 피수식체는 냄새, 소리, 색채 등이고, delicate는 이들이 은은함을 나타낸다.

[a] The coffee has a delicate smell.
그 커피는 은은한 냄새가 난다.

[b] We heard a delicate sound of small bells.
우리는 작은 종들의 은은한 소리를 들었다.

[c] The picture is a river scene painted in delicate watercolors.
그 그림은 은은한 수채화법으로 그려진 강의 경치이다.

7 피수식체는 사람이고, 전치사 with의 목적어를 다치지 않게 하려고 노력한다.

[a] I have to be very delicate with my wife when discussing money.
나는 돈에 관해 논의할 때 아내에게 매우 신중해야 한다.

[b] He has to be delicate with his girlfriend.
그는 여자 친구에게 조심성 있게 행동해야 한다.

8 피수식체는 움직임이고, delicate는 이들이 섬세함을 나타낸다.

[a] Each motion must be delicate and precise.
각각의 움직임은 정교하고 정확해야 한다.

[b] The delicate operation took more than two hours.
그 정교한 수술은 2시간 이상이나 걸렸다.

DESPERATE

이 형용사는 위험을 무릅써야 하는 절박한 상태를 나타낸다.

1 피수식체는 사람이고, desperate는 이들이 절망적인 상태에 있음을 나타낸다.

[a] Somewhere out there was a desperate man, cold and hungry.
바깥 어딘가에 춥고 배고픈 절박한 남자가 있었다.

[b] The desperate criminal broke out of jail.
그 절박한 범인은 감옥을 탈출했다.

[c] I'd had no news for a month and was desperate with anxiety.
나는 한 달 동안 소식을 받지 못해서 걱정으로 죽을 지경이었다.

2 피수식체는 전치사 for의 목적어를 얻고자 필사적이다.

[a] He is desperate for a job.
그는 일자리를 얻고자 필사적이다.

[b] She is desperate for money.
그녀는 돈을 구하기 위해 필사적이다.

[c] They are desperate for food.
그들은 식량을 얻기 위해 필사적이다.

3 피수식체는 부정사가 가리키는 일을 몹시 하고 싶어 한다.

[a] By that age they are desperate to leave school.

그 나이가 되면 그들은 학교를 떠나기를 몹시 원한다.

[b] She was desperate to have a friend.

그녀는 친구를 사귀기를 무척 원했다.

[c] They have been married for two years and Jane is desperate to have a family.

그들은 결혼한지 2년이 되어서 Jane은 아기 갖기를 무척 원한다.

4 피수식체는 조치, 투쟁, 시도 등이고, desperate는 이들이 필사적임을 나타낸다.

[a] He took desperate measures.

그는 필사적인 조치를 취했다.

[b] I heard sounds of desperate struggle above my room.

나는 내 방 위에서 필사적으로 싸우는 소리를 들었다.

[c] She clung to an edge in a desperate attempt to save herself.

그녀는 스스로를 구하기 위한 필사적인 시도로 한 모서리에 매달렸다.

5 피수식체는 상황, 필요, 부족 등이고, desperate는 이들이 절박함을 나타낸다.

[a] The people trapped in the cave were in a desperate situation.

그 동굴에 갇힌 사람들은 절박한 상황에 놓여 있었다.

[b] The children were in desperate need of love and attention.

그 아이들은 사랑과 관심이 절박하게 필요했다.

[c] They face a desperate shortage of clean water.

그들은 깨끗한 물의 절박한 부족 상태에 직면하고 있다.

DIFFERENT

이 형용사는 서로 다른 상태를 나타낸다.

1 피수식체는 복수이고, different는 이들이 서로 다름을 나타낸다.

[a] Different members of the party complimented her on her speech.
그 당의 여러 구성원들이 그녀의 연설을 두고 그녀를 칭찬했다.

[b] Different people told me the same story.
여러 사람들이 나에게 같은 이야기를 들려줬다.

[c] He took the photo from three different angles.
그는 그 사진을 세 개의 다른 각도에서 찍었다.

[d] I looked up the word in three different dictionaries.
나는 그 단어를 세 개의 다른 사전에서 찾아보았다.

2 피수식체는 from의 목적어와 다르다.

[a] American English is different from British English.
미국의 영어는 영국의 영어와 다르다.

[b] Her hat is different from yours.
그녀의 모자는 당신의 것과 다르다.

[c] His two sons are very different from each other.
그의 두 아들들은 서로 아주 다르다.

[d] This job is different from what I used to have.
이 직업은 내가 가져왔던 직업과는 다르다.

3 different 기준은 명시되지 않았으나 화맥이나 문맥으로부터 추리될 수 있다.

[a] He is different now that he is in college.

그는 이제 대학에 다니기 때문에(입학 전과) 다르다.

[b] He said he'd lost some weight, but I don't think he looked any different.

그는 몸무게가 좀 빠졌다고 말했지만 그는 조금도 다르게 보이지 않는다고 나는 생각한다.

[c] Her new glasses make her look completely different.

그녀의 새 안경이 그녀를 완전히 다르게 보이도록 한다.

4 different의 기준은 평균적이거나 정상적인 것이다. 이러한 기준과 다름은 특이함을 나타낸다.

[a] Did you enjoy the play? - Yes, it certainly was different.

당신은 그 연극을 즐겼습니까? - 네, 그것은 확실히 특이하더군요.

[b] His new jacket is certainly different, but I can't imagine wearing it myself.

그의 새 재킷은 확실히 특이하지만 내가 그것을 입는 것은 상상할 수 없다.

[c] I agree that he is different, but I like him.

나는 그가 별나다는 것에 동의하지만 그래도 그를 좋아한다.

[d] I wanted something a little different so I painted the wall green.

나는 좀 색다른 것을 원했기 때문에 그 벽을 초록색으로 칠했다.

DIRECT

이 형용사는 중간 지점을 거치지 않는 직접적인 관계를 나타낸다.

1 피수식체는 길이고, direct는 이들이 직선적임을 나타낸다.

[a] I'd like to fly to New York by the most direct route.
나는 가장 빠른 직항으로 뉴욕에 날아가고 싶다.

[b] Instead of taking the direct route home, she drove along the country roads.
집으로 가는 직선 경로를 택하는 대신 그녀는 시골길을 따라 운전했다.

[c] We took a direct route across the field to the road.
우리는 벌판을 가로지르는 직선 길로 큰 길에 이르렀다.

2 피수식체는 열차, 비행기, 전화 등이고, 이들이 중간지점을 거치지 않음을 나타낸다.

[a] That's a direct train to Busan.
그것은 부산까지 직행하는 열차이다.

[b] We can get a direct flight to Los Angeles.
우리는 로스앤젤레스까지 직행 비행기를 탈 수 있다.

[c] He made a direct phone call to Korea.
그는 한국으로 직접 전화를 걸었다.

3 피수식체는 결과, 연결, 영향 등이고, direct는 이들이 원인과 직접적인 관계에 있음을 나타낸다.

[a] 20 people died as a direct result of the explosion.
20명의 사람들이 그 폭발의 직접적인 결과로 죽었다.

[b] Companies have closed as a direct result of the new law.
회사들은 그 새로운 법의 직접적인 결과로서 문을 닫았다.

[c] Their study has found a direct link between crime and poverty.
그들의 연구는 범죄와 가난 사이의 직접적인 연결고리를 찾아냈다.

[d] Cutbacks in defence spending will have a direct impact on 30,000 jobs.
방위비용 삭감은 3만 개의 일자리에 직접적인 영향을 줄 것이다.

4 피수식체는 접근, 햇빛, 포격 등이고, direct는 이들이 직접적임을 나타낸다.

[a] Only a few of us have direct access to the file.
우리들 중 몇 명만이 그 서류에 직접적으로 접근을 한다.

[b] Plant it in a shady position away from the direct sunlight.
직사광선을 피해 그늘진 위치에 그것을 심어라.

[c] The building had taken a direct hit and was completely destroyed.
그 건물은 직격탄을 맞고 완전히 파괴되었다.

5 피수식체는 말이나 태도를 가리키고, direct는 이들이 에두르지 않음을 나타낸다.

[a] I like his direct manner.
나는 그의 솔직한 태도가 좋다.

[b] I want you to be as direct as possible.
나는 네가 가능한 한 솔직하기를 원한다.

[c] It's best to be direct when talking with your boss.
당신의 상관과 이야기할 때는 솔직한 게 가장 좋다.

[d] The students appreciated the professor's direct comments.
그 학생들은 교수님의 솔직한 평을 감사히 여겼다.

DISTANT

이 형용사는 거리가 먼 상태를 나타낸다.

① 피수식체는 산봉우리, 주, 지평선, 섬 등이고, distant는 어느 기준에서 이들이 멀리 떨어져 있음을 나타낸다.

[a] We could clearly see a distant peak.
우리는 먼 산봉우리를 분명하게 볼 수 있었다.

[b] My parents live in a distant state and I rarely see them.
나의 부모님은 멀리 떨어져 있는 주에 사셔서 나는 그들을 거의 보지 못한다.

[c] The mountains rolled away to a distant horizon.
그 산들은 먼 지평선까지 뻗쳐 있었다.

[d] He enjoyed traveling to the distant islands.
그는 멀리 있는 섬으로의 여행을 즐겼다.

② distant는 거리를 나타내고, 기준점은 전치사 from으로 표현된다.

[a] The highway is 10 miles distant from the house.
그 고속도로는 집에서 10마일 떨어져 있다.

[b] Our house is 5 miles distant from the terminal.
우리 집은 터미널에서 5마일 떨어져 있다.

[c] The airport is five miles distant.
그 공항은 5마일 떨어져 있다.

3 피수식체는 여행, 탐험 등이고, distant는 이들이 먼 곳까지 감을 나타낸다.

[a] They finished a distant journey of several months.
그들은 몇 달에 걸친 장거리 여행을 마쳤다.

[b] They are conducting distant space explorations.
그들은 먼 우주 탐험을 수행하고 있다.

4 피수식체는 친척이고, distant는 이들 사이의 거리가 멂을 나타낸다.

[a] He's a distant cousin of mine.
그는 나의 먼 사촌이다.

[b] The two boys are distant relatives.
그 두 소년들은 먼 친척이다.

5 피수식체는 사람이고, distant는 이들의 마음이 멀어져 있는 상태를 나타낸다.

[a] Susan seems a little distant since she got a promotion at work.
Susan은 그녀가 직장에서 승진을 한 이후로 조금 거리를 두는 것 같았다.

[b] After the quarrel, she remained cold and distant.
말다툼 후에, 그녀는 냉담하고 거리를 둔 채로 있었다.

[c] She was so distant, and I thought she was angry.
그녀는 너무 쌀쌀맞아서, 나는 그녀가 화가 났다고 생각했다.

[d] Jane has a distant way of talking about her life.
Jane은 자신의 삶에 대해 객관적으로 말하는 버릇이 있다.

6 피수식체는 태도, 목소리, 고갯짓 등이고, distant는 이들이 소원함을 자아냄을 나타낸다.

[a] Her distant manner chilled me.
그녀의 거리를 두는 태도는 나를 오싹하게 했다.

[b] In a cold and distant voice, he told me to pack and leave.
차갑고 쌀쌀맞은 목소리로, 그는 나에게 짐을 싸서 떠나라고 말했다.

[c] I only gave him a distant nod.
나는 그에게 쌀쌀맞은 고갯짓을 했다.

7 피수식체는 시점이고, distant는 이들이 미래나 과거로 멀리 떨어져 있음을 나타낸다.

[a] At some point in the distant future, I would like to have my own house.
먼 미래의 어느 시점에서 나는 내 집을 갖고 싶다.

[b] That's a name out of the distant past.
그것은 먼 과거에서 온 이름이다.

8 distant는 치수 형용사로 쓰여서 시간거리를 나타낸다.

[a] The elections are two months distant.
선거는 두 달 떨어져 있다(두 달 남았다).

[b] Christmas is only one week distant.
크리스마스가 겨우 한 주 남았다.

9 피수식체는 기억, 희망, 가능성, 꿈 등이고, distant는 이들이 멀리 떨어져 있는 듯 아득하고 희미한 상태를 나타낸다.

[a] That lovely summer on the Rocky Mountains already felt like a distant memory.
록키 산맥에서 보낸 아름다운 그 여름은 이미 아득한 기억처럼 느껴졌다.

[b] Peace was just a distant hope.
평화는 단지 아득한 희망일 뿐이다.

[c] Real disarmament is a distant possibility.
실제 군축은 아득한 가능성이다.

[d] This is no longer a distant dream.
이것은 더 이상 실현 불가능한 꿈이 아니다.

10 피수식체는 전치사 from의 목적어와 멀리 떨어져 있다. 즉 서로 다르다.

[a] Their life seemed utterly distant from his own.
그들의 삶은 완전히 그의 삶으로 부터 동떨어져 보였다.

[b] His idea is quite distant from mine.
그의 생각은 내 생각과 아주 다르다.

DISTINCT

이 형용사는 뚜렷이 구별되는 상태를 나타낸다.

1 피수식체는 전치사 from의 목적어와 분명하게 구분된다.

[a] God is distinct from "gods."
하느님은 신들과 분명히 다르다.

[b] The Korean temperament is distinct from the Japanese.
한국인의 기질은 일본인과 뚜렷이 구분된다.

[c] His business life is distinct from his social life.
그의 사업 생활은 그의 사교 생활과 뚜렷이 구분된다.

[d] The two concepts are distinct from each other.
그 두 개념은 서로 분명히 다르다.

2 피수식체는 양수(dual)이고, distinct는 이들이 뚜렷이 구분됨을 나타낸다.

[a] Asian and African elephants are distinct species.
아시아와 아프리카의 코끼리들은 서로 다른 종이다.

[b] The twins have distinct personalities.
그 쌍둥이는 뚜렷이 다른 성격을 가지고 있다.

[c] We discussed the issue on two distinct occasions.
우리는 그 쟁점을 2개의 서로 다른 시기에 논의했다.

[d] They were classified into two distinct groups.
그들은 뚜렷이 다른 2개의 무리로 분류되었다.

3 피수식체는 지시, 기억, 인상, 영상 등이고, distinct는 이들이 뚜렷함을 나타낸다.

[a] He left distinct instructions as to what we had to do.
그는 우리가 무엇을 해야 하는 지에 관한 뚜렷한 지시를 했다.

[b] I have a distinct memory of my grandma sitting in the rocking chair.
나는 흔들의자에 앉아 계셨던 할머니에 대해 뚜렷한 기억을 갖고 있다.

[c] I got the distinct impression that you don't like her very much.
나는 네가 그녀를 매우 많이 좋아하지 않는다는 명확한 인상을 받았다.

[d] The image of her face is still distinct in my mind.
그녀의 얼굴 영상은 여전히 내 마음에 뚜렷하다.

DIVINE

이 형용사는 신에 관련된 뜻을 갖는다.

1 피수식체는 행위나 행동이고, divine은 이것이 신에 의한 것임을 나타낸다.

[a] Perhaps it was divine intervention that saved him.
그를 살린 것은 아마도 신의 개입이었다.

[b] The bible describes the creation of the world as a divine act.
성서는 세상의 창조를 신의 행위로 기술한다.

[c] The queen believed that her power to rule was a divine right.
그 여왕은 그녀의 통치 권력은 신에게서 주어진 권리라고 믿었다.

2 divine은 거룩하거나 신선한 뜻으로 확대된다.

[a] The emperor was considered the nation's divine spiritual leader.
그 황제는 민족의 신성한 정신적 지도자로 간주되었다.

[b] Divine music flowed from her violin.
거룩한 음악이 그녀의 바이올린에서 흘러나왔다.

[c] Oh, what a divine vacation we had.
오, 얼마나 멋진 휴가인가!

DIZZY

이 형용사는 어지러운 상태를 나타낸다.

1 피수식체는 사람이고, dizzy는 이들이 어지러움을 느끼는 상태를 나타낸다.

[a] I felt dizzy and had to sit down.
나는 어지러움을 느껴서 앉아야 했다.

[b] He felt dizzy in the hot sun.
그는 뜨거운 햇볕 아래서 어지러움을 느꼈다.

[c] The children ran in a circle until they were dizzy.
그 어린 아이들은 어지러울 때까지 빙빙 돌았다.

2 피수식체는 높이, 자리, 속도 등이고, dizzy는 이들이 어지러움을 일으키는 상태를 나타낸다.

[a] I escalated to the dizzy height of the one hundredth floor.
나는 100층의 어지러운 높이까지 올라갔다.

[b] She has reached the dizzy height of fame and success.
그녀는 명성과 성공의 어지러운 높은 자리에 이르렀다.

[c] Who could have predicted the dizzy pace of change in this country?
누가 이 나라에서 변화의 어지러운 속도를 예측할 수 있었겠는가?

③ 피수식체는 시간이고, dizzy는 시간 속에 매우 많은 일이 일어나서 어지러움을 일으키는 상태를 나타낸다.

[a] After a few dizzy days, things came down at the office.
며칠 어지러운 날이 지나고 난 다음 사무실의 사정이 조용해졌다.

[b] The dizzy periods have stopped completely.
그 어지러운 기간이 완전히 끝났다.

[c] I suffer from dizzy spells.
나는 현기증의 시기를 겪고 있다.

④ 피수식체는 전치사 from의 목적어 때문에 어지럽다.

[a] I felt dizzy from the spin.
나는 빙빙 돌아서 어지러움을 느꼈다.

[b] I am dizzy from jogging for long.
나는 조깅을 너무 오래해서 어지럽다.

⑤ 피수식체는 사람이고, dizzy는 이들의 마음이 안정이 안 된 상태를 나타낸다.

[a] She changes her mind constantly - She's just a dizzy person.
그 여자는 마음을 늘 바꾸기 때문에 - 그녀는 안정성이 없는 여자이다.

[a] The rapid social changes make the people dizzy.
그 급속한 사회 변화들은 그 나라 사람들을 들떠 있게 만든다.

DOUBLE

이 형용사는 두 배의 관계를 나타낸다.

1 피수식체는 주문, 겹, 임금, 숫자 등이고, double는 이들이 두 배임을 나타낸다.

[a] I'd like a double order of mashed potatoes.
나는 으깬 감자를 곱빼기로 주문했다.

[b] Place the bacon on a double layer of paper towel.
그 베이컨을 두 겹의 종이 타월 위에 놓아라.

[c] The workers receive double pay for working on Sunday.
그 노동자들은 일요일에는 일한 대가로 두 배의 돈을 받는다.

[d] The number of food-poisoning cases in the class is already in double figures.
학급에서 식중독 환자 수는 벌써 두 자리 수이다.

2 피수식체는 생활, 비극, 전공, 선 등이고, double은 이들이 이중임을 나타낸다.

[a] He led a double life, working by day, and studying by night.
그는 낮에는 일하고 밤에는 공부하면서 이중 삶을 살았다.

[b] He suffered a double tragedy, losing both parents within a few days of each other.
그는 이중 비극을 겪었다. 양친을 며칠을 사이에 두고 차례로 잃었다.

[c] She's doing a double major in political science and economics.

그녀는 정치학과 경제학의 이중 전공을 하고 있다.

[d] You must never park on a double yellow line.

너는 이중 황색 선에는 절대 주차해서는 안 된다.

3 피수식체는 포개질 수 있는 것이고, double은 이들이 포개짐을 나타낸다.

[a] Fold the blanket double.

담요를 두 겹이 되도록 접어라.

[b] He was bent double.

그는 완전히 꼬부라졌다.

DOUBTFUL

이 형용사는 의심을 갖는 상태를 나타낸다.

1 피수식체는 사람이고, doubtful은 의심을 갖는 상태를 나타낸다.

[a] We are doubtful about the weather for tomorrow.
우리는 내일의 일기예보에 대해 의심을 갖는다.

[b] I am doubtful about the truth of her story.
나는 그녀 얘기의 진실성에 대해 의심을 한다.

[c] He is doubtful about my willingness to help him.
그는 그를 돕겠다는 나의 의향에 대해서 의심한다.

[d] She is doubtful about the success of the operation.
그녀는 그 수술의 성공에 대해 의심을 한다.

2 피수식체는 전치사 about의 목적어에 확신을 갖지 못한다.

[a] At first we were doubtful about employing Tom.
처음에 우리는 Tom을 채용하는 것에 대해 망설였다.

[b] He was doubtful about accepting extra work.
그는 과외의 일을 맡는 데 대해 망설였다.

[c] I am doubtful about going abroad.
나는 해외 나가는 것에 대해 망설였다.

[d] She's still doubtful about investing her money with them.
그녀는 아직도 자신의 돈을 그들에게 투자하는 것에 대해서 망설이고 있다.

③ 피수식체는 전치사 of의 목적어를 확신하지 못한다.

[a] He was doubtful of the accuracy of the results.
그는 그 결과의 정확성을 의심했다.

[b] I'm doubtful of our chances of winning.
나는 우리가 이길 가능성을 의심한다.

[c] Rose was doubtful of the whole idea.
Rose는 그 생각 전체를 의심했다.

[d] I'm a bit doubtful of the statistics he has given us.
나는 그가 우리에게 준 통계를 약간 의심한다.

④ 피수식체는 that이나 의문사가 이끄는 절의 내용을 의심한다.

[a] The board was doubtful that his estimates were realistic.
그 임원진은 그의 견적이 현실성이 있는지를 의심했다.

[b] He is doubtful that she will notice the difference.
그는 그녀가 그 차이를 인지할 지를 의심스러워 한다.

[c] I'm doubtful whether he will agree to do this.
나는 그가 이 일을 하기를 동의할지 의심스럽다.

[d] I'm doubtful whether I have made a right decision.
나는 내가 올바른 결정을 내렸는지 확실히 모르겠다.

⑤ 피수식체는 진정성, 정확성, 서류, 증거 등이고, doubtful는 이들이 의심을 자아내는 상태를 나타낸다.

[a] Her sincerity is doubtful.
그녀의 진정성이 의심스럽다.

[b] The accuracy of that information is doubtful.

그 정보의 정확성이 의심스럽다.

[c] The document looks a bit doubtful.

그 서류는 조금 의심스러워 보인다.

[d] The evidence is doubtful.

그 증거는 의심스럽다.

6 피수식체는 전망이나 미래이고, doubtful은 이들이 불확실함을 나타낸다.

[a] The project has a doubtful future.

그 기획사업은 전망이 불확실하다.

[b] Prospects for a lasting peace remain doubtful.

지속적인 평화의 전망은 여전히 불확실하게 남아 있다.

[c] The company's prospects are starting to look more doubtful.

그 회사의 전망은 더욱 불확실해 보이기 시작하고 있다.

[d] The future is too doubtful for us to make plans.

미래는 우리가 계획들을 세우기에는 너무 불확실하다.

7 피수식체는 평판, 상황, 품질, 특권 등이고, doubtful은 이들이 의심을 자아내는 상태를 나타낸다.

[a] He is a man of doubtful reputation.

그는 미심쩍은 평판을 가진 사람이다.

[b] He died in doubtful circumstances.

그는 미심쩍은 상황에서 죽었다.

[c] He is selling something of a doubtful quality.

그는 미심쩍은 품질의 무언가를 팔고 있다.

[d] He was given the doubtful privilege of leading the troops.
그는 그 부대를 이끄는 의아스러운 특권이 주어졌다.

8 it은 의문사 whether-절이 나타내는 선택을 가리키고, doubtful은 이 것이 확실성이 없음을 나타낸다.

[a] It's doubtful whether he has found out the secret.
그가 그 비밀을 알아냈는지 의심스럽다.

[b] It's doubtful whether the car will last another year.
그 자동차가 내년 한 해 더 견딜지 의심스럽다.

[c] It is doubtful whether he would pass the exam.
그가 그 시험에 합격할지 의심스럽다.

[d] It is doubtful whether the budget will be passed before the election.
그 예산이 선거 전에 통과될지 의심스럽다.

9 it은 that-절의 명제를 가리키고, doubtful은 이들이 의심을 자아냄을 가리킨다.

[a] It is doubtful I'll finish the work on time.
내가 그 일을 제 때에 마칠 수 있을지 의심스럽다.

[b] It is doubtful that the voters will approve the bill.
그 유권자들이 그 법안을 승인할지 의심스럽다.

[c] It now seems doubtful that the missing airman will ever be found.
그 실종 비행사가 언제라도 발견될 수 있을지는 지금 의심스러워 보인다.

DUBIOUS

이 형용사는 반신반의하는 상태를 나타낸다.

1 피수식체는 사람이고, about의 목적어에 대해서 반신반의한다.

[a] He was dubious about the results, and repeated the experiments.
그는 결과에 대해 반신반의해서 그 실험을 반복했다.

[b] I'm dubious about the safety of my car's airbags.
나는 내 차의 에어백의 안정성에 대해 반신반의한다.

[c] I am dubious about his claims to have cured the people of the cancer.
나는 사람들의 암을 치료했다는 그의 주장에 대해 확신이 없다.

2 피수식체는 of의 목적어를 반신반의한다.

[a] I am dubious of the outcome.
나는 그 결과를 반신반의한다.

[b] I am dubious of her ability to finish the work in time.
나는 그 일을 시간 내에 마칠 수 있는 그녀의 능력에 대해 반신반의한다.

[c] I am dubious of trusting you.
나는 너를 신임하는 것에 확신이 없다.

3 피수식체는 that-절의 내용을 반신반의한다.

[a] I am dubious that the new stove will improve my cooking.
나는 새 화덕이 나의 요리를 낫게 할 것이라는 것에 확신이 없다.

[b] I am dubious that my parents would pardon me.
나는 내 부모님이 나를 용서하리라고 확신이 생기지 않는다.

[c] The senator is dubious that he will be reelected.
그 상원의원은 자신이 재선될 것을 반신반의한다.

❹ 피수식체는 설명, 재정 문제, 자원자 등이고, dubious는 이들이 의심을 자아냄을 그린다.

[a] It was a dubious account of what has happened.
그것은 일어난 일에 대한 의심쩍은 진술이었다.

[b] He failed to explain his dubious personal finances.
그는 의심쩍은 자신의 재정에 대해 설명하지 못했다.

[c] The manager decided not to hire the dubious applicant.
그 지배인은 의심쩍은 지원자를 뽑지 않기로 결정했다.

❺ dubious는 서술적으로 쓰였다.

[a] The claims sounded rather dubious.
그 주장은 약간 의심쩍게 들렸다.

[b] The story seemed a bit dubious.
그 이야기는 약간 의심쩍게 보였다.

❻ 피수식체는 사람이고, dubious는 의심스러운, 즉 수상함을 그린다.

[a] He's a person of dubious character.
그는 수상한 인격을 지닌 사람이다.

[b] He has been associated with some dubious characters.
그는 몇 명의 수상한 인물들과 교제해 왔다.

DUMB

이 형용사는 말을 못하는 상태를 나타낸다.

1 피수식체는 사람이고, dumb은 말을 할 수 없는 상태를 나타낸다.

[a] The child was born dumb.
그 아이는 벙어리로 태어났다.

[b] The man is deaf and dumb.
그 남자는 귀머거리에 벙어리이다.

[c] Helen Keller became blind, deaf, and dumb after a childhood illness.
Helen Keller는 어린 시절에 병을 앓은 뒤에 눈이 멀고, 귀가 멀어 말을 못하게 되었다.

2 dumb은 실제 벙어리는 아니지만 일시적으로 말을 못하는 상태를 나타낸다.

[a] Don't play dumb with me.
나에게 벙어리인 체하지 말라.

[b] I was struck dumb by the sight of hanging.
나는 교수형을 보고는 갑자기 말문이 막혔다.

[c] She sat dumb with dismay at the news.
그녀는 그 소식에 경악해서 말을 못하고 앉았었다.

3 피수식체는 동물이고, dumb은 이들이 말을 못하는 상태를 나타낸다.

[a] The dolphin may be dumb, but it seems to want to communicate.
돌고래는 말을 못하지만, 의사를 소통하기 원하는 것 같았다.

[b] Even intelligent animals are dumb.
심지어 지능이 있는 동물 조차도 말을 못한다.

[c] Animals are dumb creatures.
동물은 말을 할 수 없는 창조물이다.

4 피수식체는 사람이고, dumb은 이들이 벙어리같이 바보스런 상태를 나타낸다.

[a] He's too dumb to succeed.
그는 너무 우둔해서 성공할 수 없다.

[b] She's so dumb she can't even use her answering machine.
그녀는 너무 바보라서 자신의 자동응답기도 사용할 수 없다.

5 피수식체는 생각, 자동차, 질문 등이고, dumb은 이들이 멍청이 같음을 나타낸다.

[a] That's another of your dumb ideas.
그것은 또 다른 너의 바보스러운 생각의 하나이다.

[b] I can't get my dumb car to start.
나는 이 멍청이 같은 차의 시동을 걸 수 없다.

[c] What a dumb question!
그런 바보 같은 질문이라니!

ENTIRE

이 형용사는 빠짐이 없는 전체를 나타낸다.

1 피수식체는 통닭, 건물, 공장, 마을 등이고, entire는 이들의 전체를 나타낸다.

[a] He ate the entire chicken for dinner.
그는 통닭 한 마리를 저녁으로 먹었다.

[b] He owns the entire building.
그는 그 전체 건물을 소유한다.

[c] The entire factory is destroyed.
그 전체 공장이 파괴되었다.

[d] The entire village was destroyed.
그 마을 사람 전체가 멸망했다.

2 피수식체는 주의나 합의이고, entire는 이들의 전체를 가리킨다.

[a] He gave his entire attention to the task.
그의 모든 주의를 그는 그 일에 기울이고 있다.

[b] There is entire agreement between the two sides.
그 쌍방 간에 완전한 합의가 있다.

3 피수식체는 집합체이고, entire는 이들의 구성원이 빠짐이 없는 전체를 나타낸다.

[a] The entire class turned out for the game.
전체 학급 학생들이 그 경기를 보러 나왔다.

[b] The entire family was staring at the man.
그 가족 전체가 그 남자를 응시하고 있었다.

[c] The entire world must take notice of something like this.
온 세상 사람들이 이와 같은 것을 주시해야 한다.

[d] They got an entire set of silver cutlery as a wedding gift.
그들은 은붙이의 완전한 한 벌을 결혼 선물로 받았다.

4 피수식체는 시간 단위이고, entire는 이 기간에 빈틈이 없음을 나타낸다.

[a] She spent the entire day in the garage.
그녀는 차고에서 온 종일 보냈다.

[b] We spent the entire afternoon gossipping.
우리는 오후 내내 잡담하면서 보냈다.

[c] He'd spent the entire journey asleep.
그는 여정 내내 졸면서 보냈다.

[d] His entire career was spent in the army.
그의 전 경력은 군대에서 보내졌다.

EQUAL

이 형용사는 동등한 상태를 나타낸다.

1 피수식체는 복수이고, equal은 이들이 같음을 나타낸다.

[a] All citizens are equal before the law.
모든 시민은 법 앞에 평등하다.

[b] All men and women are equal.
모든 남자와 여자들은 동등하다.

[c] Are both sides equal?
두 면의 크기가 같습니까?

[d] The cars are equal in prices.
그 차들은 가격이 같다.

2 피수식체는 전치사 to의 목적어와 동등하다.

[a] A pound is roughly equal to 500 grams.
1파운드는 약 500g이다.

[b] The museum's collection is equal to any in Europe.
그 박물관의 소장품은 유럽에 있는 어떤 것과도 동등하다.

[c] Two plus two is equal to four.
둘 더하기 둘은 넷과 같다.

3 피수식체는 능력을 가리키고, 전치사 to의 목적어와 같다는 것은 이것을 감당할 수 있다는 뜻이다.

[a] After her long illness, she didn't feel equal to the journey.
· 오랜 병고를 겪고 나서 그녀는 그 긴 여행을 감당할 수 없다고 느꼈다.

[b] He was equal to the task.
그는 그 일을 감당할 수 있었다.

[c] He proved equal to the challenge.
그는 그 도전을 감당할 수 있음을 보여주었다.

[d] This is a difficult problem, but I think he is equal to it.
이것은 어려운 문제이지만 나는 그가 그것을 풀 수 있다고 생각한다.

4 피수식체는 몫, 접근, 기회, 권리 등이고, equal은 이들이 동등함을 나타낸다.

[a] Each partner will receive an equal share of the profits.
각 동업자들은 이익의 동등한 몫을 받을 것이다.

[b] Every one should have equal access to health care service.
모든 사람은 건강 도움 서비스에 동등한 접근 자격을 가져야 한다.

[c] Every player has an equal chance to win.
각 경기자는 이길 수 있는 동일한 기회를 갖는다.

[d] He supported equal right for all citizens.
그는 모든 시민에게 동등한 권리를 지지했다.

EXACT

1 피수식체는 말, 묘사, 반대 등이고, exact는 이들이 실제와 같음을 나타 낸다.

[a] I don't remember the exact words.
나는 그 정확한 낱말을 기억할 수가 없다.

[b] She gave me an exact description of the attacker.
그녀는 나에게 그 공격자의 정확한 묘사를 해 주었다.

[c] She is the exact opposite of her sister in character.
그 여자는 그녀의 동생과 성격 면에서 정확한 반대이다.

2 피수식체는 수나 양이고, exact는 이들이 사실과 완전히 일치함을 나타 낸다.

[a] The exact distance is 2,350 meters.
정확한 거리는 2,350m이다.

[b] The exact number of protest calls has not been revealed.
항의 전화의 정확한 횟수는 알려지지 않았다.

[c] You need exact change for the bus.
당신은 버스를 타는 데 정확한 액수의 동전이 필요하다.

③ 피수식체는 짝이고, exact는 이들이 정확히 일치함을 나타낸다.

[a] The colors were an exact match.
그 색깔들은 정확한 짝을 이루었다.

[b] This is the exact color I was looking for.
이것은 내가 찾고 있는 바로 그 색깔이다.

[c] This is an exact yellow that I wanted to produce.
이것이 내가 만들어 내고 싶었던 바로 그 노란색이다.

④ 피수식체는 시점이고, exact는 이들이 다른 시점과 맞음을 나타낸다.

[a] He came into the room at the exact moment I mentioned his name.
그는 내가 그의 이름을 언급한 바로 그때 그 방에 들어왔다.

[b] It was a meeting some time in June - I can't remember the exact date.
그것은 6월 어느 날에 있었던 모임이었는데 – 나는 정확한 날짜를 기억할 수 없다.

[c] We need to know the exact time the incident occurred.
우리는 그 사건이 일어난 정확한 시간을 알 필요가 있다.

⑤ 피수식체는 과학, 학문, 도구 등이고, exact는 이들이 정밀함을 필요로 함을 나타낸다.

[a] Assessing insurance risk can never be an exact science.
보험 위험을 산정하는 것은 정확한 과학일 수 없다.

[b] Astrology cannot be described as an exact science.
점성술은 정확한 과학으로 묘사될 수 없다.

[c] To do the work, you need an exact instrument.
그 일을 하기 위해서 너는 정확한 도구가 필요하다.

EXCLUSIVE

이 형용사는 무엇을 제외한 상태를 나타낸다.

1 피수식체는 사용, 권리, 계약 등이고, exclusive는 이들이 어느 개인이나 집단의 전용임을 나타낸다.

[a] The road is for the exclusive use of the residents.
그 길은 주민들의 독점 사용을 위해 있다.

[b] Our company has the exclusive rights to distribute the products.
우리 회사는 그 생산물 유통을 위한 독점권을 갖고 있다.

[c] The author has an exclusive contract with the publisher.
그 저자는 그 출판사와 독점 계약을 갖고 있다.

2 피수식체는 식당, 교외, 가게 등이고, exclusive는 이들이 부자나 특권층만이 사용함을 나타낸다.

[a] The newly married couple ate at the exclusive restaurant.
새로 결혼한 그 부부는 특권층이 이용하는 식당에서 식사했다.

[b] Bel Air is an exclusive suburb of Los Angeles.
벨 에어는 로스앤젤레스의 부자들만 사는 교외이다.

[c] I buy all my clothes at an exclusive men's store.
나는 나의 모든 옷을 특권 계층의 남자 옷가게에서만 산다.

3 피수식체는 대립되는 두 개체나 개념이고, exclusive는 이들이 서로 배타적임을 나타낸다.

[a] Good and bad are not mutually exclusive.
선과 악은 서로 배타적이 아니다.

[b] The two options are not mutually exclusive.
그 두 선택 사항은 서로 배타적이 아니다.

[c] Lesbianism and motherhood are not mutually exclusive.
여성 동성애와 모성은 서로 배타적이 아니다.

4 피수식체는 전치사 to의 목적어에 유일하게 적용된다.

[a] The offer is exclusive to the readers of the newspaper.
그 제안은 그 신문의 독자들에게만 국한된다.

[b] These birds are exclusive to Korea.
이 새들은 한국에만 있다.

5 피수식체는 가격, 비용, 식사비 등이고, exclusive는 이들에 전치사 of의 목적어가 포함되지 않음을 나타낸다.

[a] Our prices are exclusive of sales tax.
우리의 가격은 판매세를 뺀 가격이다.

[b] The cost is exclusive of shipping and handling.
그 비용은 운송과 취급료를 제외한 것이다.

[c] The hotel charges $150 a day exclusive of meals.
그 호텔은 식사료를 빼고 하루에 150달러를 요구한다.

FAINT

이 형용사는 희미한 상태를 나타낸다.

1 피수식체는 윤곽, 미소, 주름살, 햇살 등이고, faint는 이들이 희미함을 나타낸다.

[a] A faint outline of the cliffs loomed through the mist.
그 절벽의 희미한 윤곽이 엷은 안개 속을 통해 어렴풋이 나타났다.

[b] A faint smile crossed his face.
가냘픈 미소가 그의 얼굴을 스쳐 지났다.

[c] He could see faint lines in her face.
그는 그녀의 얼굴에 희미한 주름살을 볼 수 있었다.

[d] I stayed up until I saw the faint rays of the rising sun.
나는 떠오르는 태양의 희미한 광선을 볼 때까지 깨어 있었다.

2 피수식체는 목소리나 소리 같은 청각적 자극이고, faint는 이들이 약함을 나타낸다.

[a] Their voices grew fainter as they walked down the stairs.
그들의 목소리는 그들이 계단을 내려가면서 희미해졌다.

[b] There was a faint edge of menace in his voice.
그의 목소리에는 희미하게 위협적인 날카로움이 있었다.

[c] He heard a faint sound in the distance.
그는 멀리서 희미한 소리를 들었다.

3 피수식체는 호흡, 외침, 향, 냄새 등과 관련되고, faint는 이들의 자극이 약함을 나타낸다.

[a] His breathing became faint.
그의 호흡이 약해졌다.

[b] We heard a faint cry for help.
우리는 도움을 구하는 희미한 외침을 들었다.

[c] The wine carried a faint scent of woodsmoke.
그 포도주는 약한 나무 훈연의 향을 지녔다.

[d] This soap has a faint smell of perfume.
이 비누는 약한 향수 냄새가 난다.

4 피수식체는 감정, 기억, 의심, 생각 등이고 faint는 이들이 정도가 약함을 나타낸다.

[a] His remark aroused a faint feeling of shame.
그의 말은 약한 수치감을 불러일으켰다.

[b] The photos awakened faint memories of my childhood.
그 사진들은 내 어린 시절에 대한 희미한 기억을 일깨웠다.

[c] I have a faint suspicion that you may be right.
나는 네가 옳을지도 모른다는 희미한 의심을 갖는다.

[d] I haven't the faintest idea what you're talking about.
나는 네가 무엇에 대해 말하는지 희미한 생각조차도 없다.

5 피수식체는 저항, 칭찬, 시도, 마음 등이고, faint는 이들이 약함을 나타낸다.

[a] He put up a faint show of resistance.
그는 저항을 약하게 보여주었다.

[b] She expressed faint praise.

그녀는 희미한 칭찬을 표현했다.

[c] She made a faint attempt at a smile.

그녀는 미소 지으려고 살짝 시도해 보았다.

[d] Faint heart never won fair lady.

마음이 약한 사람이 미인을 얻은 적이 없다.

6 다음 피수식체는 사람이고, faint는 이들이 기운이 없어서 어질어질한 상태에 있음을 나타낸다.

[a] After working for hours in the sun, we began to feel faint.

태양 아래서 몇 시간 동안 일한 뒤에 우리는 어질어질해지기 시작했다.

[b] He is feeling faint with hunger and fatigue.

그는 배고픔과 피로로 현기증을 느끼고 있다.

[c] I feel faint from the heat.

나는 열 때문에 어질어질하다.

[d] I need to sit down. I am a little faint.

나는 앉아야겠다. 조금 어질어질하다.

FAIR

이 형용사는 중간 정도의 상태를 나타낸다.

1 피수식체는 평가와 관계가 있고, fair는 이것이 수, 우, 미, 양, 가의 척도에서 미에 해당된다.

[a] His grades are just fair.
그의 학점은 단지 보통 정도에 지나지 않는다.

[b] His health is fair.
그의 건강은 보통이다.

[c] His knowledge of Korean is fair.
그의 한국어 지식은 보통이다.

[d] Films are rated on a scale of poor, fair, good, and excellent.
영화는 불량, 보통, 좋음, 그리고 우수의 척도로 평가된다.

2 피수식체는 수나 양이고, fair는 이것이 너무 많거나 적지 않은 중간 정도를 나타낸다.

[a] We've had a fair amount of rain this week. (=large)
우리는 상당한 양의 비를 이번 주에 가졌다.

[b] We had travelled a fair way by lunch time.
우리는 상당한 거리를 점심 때까지 걸었다.

[c] A fair number of people came along.
상당한 수의 사람들이 따라왔다.

[d] We have a fair number of applicants.
우리는 상당한 수의 지원자를 받았다.

3 피수식체는 가격, 거래, 임금, 재판 등이고, fair는 이들이 너무 많지도 적지도 않은 공정한 정도를 나타낸다.

[a] I thought it was a fair price.
나는 그것이 공정한 가격이었다고 생각했다.

[b] The couple felt they have got a fair deal on the car.
그 부부는 그 자동차에서 공정한 거래를 했다고 느꼈다.

[c] What all the workers want is a fair wage for the work that they do.
모든 노동자들이 원하는 것은 그들이 하는 일에 대한 공정한 임금이다.

[d] Everyone has a right to a fair trial.
모든 사람은 공정한 재판을 받을 권리가 있다.

4 fair는 서술적으로 쓰였다.

[a] That's not fair. His piece is bigger than mine.
그것은 공평하지 않다. 그의 몫이 나의 것보다 크다.

[b] The judge's decision is fair to both sides.
그 심판관의 판정은 양쪽에 공평하다.

[c] Why do I have to do all the dish washing? It's not fair.
왜 내가 설거지를 모두 해야 하는가? 그건 공평하지 않다.

[d] Teachers should be fair in grading test papers.
선생님들은 시험지를 채점하는 데 공정해야 한다.

5 피수식체는 전치사 with의 목적어와 공정하다.

[a] She's fair with all her employees.
그녀는 모든 고용인들에게 공평하다.

[b] She is strict but fair with her students.
그녀는 엄격하지만 학생들에게는 공정하다.

6 it은 to-부정사 과정을 가리키고, fair는 이것이 공정함을 나타낸다.

[a] It is fair to say that they are pleased with your offer.
그들이 당신의 제의에 만족하고 있다고 말하는 것은 공평한 일이다.

[b] It isn't fair to her not to tell her the truth.
그 여자에게 그 진실을 말해주지 않는 것은 그녀에게 불공평한 일이다.

[c] It seems fair to give them a second chance.
그들에게 기회를 한 번 더 주는 것이 공평하게 여겨진다.

7 피수식체는 to-부정사가 가리키는 과정이고, 이것이 전치사 on의 목적어에 불리하다.

[a] It's not fair on the students to change the schedule.
그 계획표를 바꾸는 것은 그 학생들에게 공평하지 못하다.

[b] It's not fair on him to attack his personal life in this way.
그의 사생활을 이런 식으로 공격하는 것은 그에게 공평한 일이 아니다.

[c] It's not fair on me to blame me for everything.
나에게 모든 죄를 덮어씌우는 것은 내게 공평한 일이 아니다.

[d] It's not fair on Tom to make him do all the work.
Tom으로 하여금 그 모든 일을 하게 하는 것은 공평하지 않다.

8 it은 that-절의 명제를 가리키고, fair는 이들이 공평함을 그린다.

[a] It's not fair that she's allowed to go and I'm not.
그녀는 가도록 허락되고 나는 안 되는 것은 불공평하다.

[b] It's only fair that everyone has access to the same information.
모든 사람이 같은 정보에 접근할 수 있음은 공평하다.

[c] It is only fair that I should pay half of the cost.
내가 그 비용의 절반만을 내는 것은 아주 당연하다.

[d] It seems only fair that you should give us something in return.
네가 우리들에게 대가로 무엇을 주어야 함은 매우 당연하게 보인다.

9 fair는 머리카락의 경우 옅은 갈색을, 피부의 경우 흰색을 나타낸다.

[a] Fair skin usually sunburns easily.
흰 피부는 보통 햇볕에 잘 탄다.

[b] My sister is dark, and my brother is fair.
나의 누이는 피부가 검고 내 남동생은 피부가 희다.

[c] She got fair hair and blue eyes.
그녀의 머리는 옅은 갈색이고 눈은 푸른색이다.

[d] Since Bill is fair, we keep him out of the sun.
Bill의 피부가 하얗기 때문에 우리는 그를 햇빛을 피하게 한다.

10 피수식체는 기후이고, fair는 날씨가 맑고 바람이 없는 상태를 그린다.

[a] It would be generally fair and warm for at least the four days.
날씨가 적어도 나흘 동안은 전반적으로 맑고 따뜻할 것이다.

[b] That morning, the weather was fair, and the air was warm.

그날 아침 기후는 맑고 기온은 따뜻했다.

[c] we are having fair weather this week.

우리는 이번 주에 맑은 날씨를 가질 것이다.

[d] we're hoping for fair weather for the game tomorrow.

우리는 내일 경기를 위해서 맑은 날을 희망한다.

11 피수식체는 내기, 추측 등이고, fair는 이들의 실현 가능성이 상당함을 나타낸다.

[a] It's a fair bet that he won't turn up.

그가 나타나지 않을 것이라는 것은 좋은 추측이다.

[b] I can make fair guesses.

나는 상당히 좋은 추측을 할 수 있다.

[c] I have a fair idea of what you want.

나는 네가 무엇을 원하는지에 대한 상당히 좋은 생각을 가지고 있다.

[d] There's a fair chance of winning the election.

그 선거를 이길 수 있는 상당히 좋은 가능성이 있다.

FATAL

이 형용사는 생명을 빼앗아갈 수 있는 상태를 나타낸다.

1 피수식체는 질병, 상태, 출산, 가스 등이고, fatal은 이들이 치명적임을 나타낸다.

[a] German measles can be fatal.
독일의 홍역은 치명적일 수 있다.

[b] If it is not treated immediately the condition can be fatal.
만약 즉각적으로 치료하지 않으면 그 상태는 치명적일 수 있다.

[c] In the 19th century, child birth proved fatal.
19세기에 아기 출산은 치명적이었다.

[d] The gas can be fatal inhaled in large quantities.
그 가스는 대량으로 흡입할 경우 치명적일 수 있다.

2 fatal은 한정적으로 쓰였다.

[a] He made a fatal mistake halfway through the match.
그는 경기 중반에 치명적인 실수를 저질렀다.

[b] He made the fatal error of believing what she said.
그는 그녀가 말한 것을 믿는 치명적인 오류를 범했다.

[c] The fatal day is near.
운명의 날이 다다랐다.

[d] There was one fatal flaw in his argument.

그의 논쟁에는 하나의 치명적인 결함이 있었다.

3 it은 to-부정사의 과정을 가리키고, fatal은 이들이 치명적임을 나타낸다.

[a] It is fatal to try and stop them now.

그것을 지금 중단시키려고 노력하는 것은 치명적일 수 있다.

[b] It is always fatal to stay up late before an exam.

시험 전날에 밤늦게까지 공부하는 것은 항상 치명적이다.

FINAL

이 형용사는 마지막 부분을 나타낸다.

1 피수식체는 줄, 부분, 단계 등이고, final은 이들이 연속물의 마지막 부분을 나타낸다.

[a] He sat in the final row of the plane.
그는 비행기의 마지막 줄에 앉았다.

[b] I'd like to return to the final point you made.
나는 네가 말한 마지막 부분에 돌아가고 싶다.

[c] The drug is now in the final stage of testing.
그 약은 지금 실험의 마지막 단계에 있다.

2 피수식체는 생산품, 결과, 패배 등이고, final은 이들이 일련의 과정의 마지막 부분임을 나타낸다.

[a] Changes to the production processes will not affect the final product.
생산 과정의 변화들은 최종 산물에 영향을 미치지 않을 것이다.

[b] No one could have predicted the final outcome.
아무도 최종 결과를 예측할 수 없었을 것이다.

[c] They fought many battles before their final defeat.
그들은 최후 패배를 하기까지 많은 전투를 했다.

③ 피수식체는 시도, 질문, 경쟁자 등이고, final은 이들에 앞서 여러 개가 있었음을 나타낸다.

[a] They made one final attempt to rescue the trapped miners.
그들은 광산에 갇힌 광부를 구조하기 위한 마지막 시도를 했다.

[b] We have time for one final question.
우리는 마지막 질문 하나를 받을 시간이 있다.

[c] John was the final contestant.
John이 마지막 경쟁자였다.

④ 피수식체는 분석, 결정, 제안 등이고, final은 이들이 마지막이어서 바꿀 수 없는 상태를 나타낸다.

[a] In the final analysis, drug companies are going to profit from this new policy.
최종 분석에 의하면 제약회사들이 이 새로운 정책으로부터 이익을 얻게 되어 있다.

[b] The final decision rests with the client.
최종 결정은 의뢰인에게 있다.

[c] I'll give you $200, and that's my final offer.
나는 너에게 200달러를 주겠다. 그것이 나의 마지막 제안이다.

⑤ final은 서술적으로 쓰였다.

[a] I won't go, and that's final.
나는 가지 않을 것이고, 그것이 마지막이다.

[b] My decision is final - Don't ask me again.
내 결정은 최종적이다 - 나에게 다시 묻지 마라.

FIRM

이 형용사는 단단한 상태를 나타낸다.

1 피수식체는 댐, 땅, 근육, 사다리 등이고, firm은 이들이 단단함을 나타낸다.

[a] A dam 10 miles upriver from the city held firm during the earthquake.
그 도시에서 상류로 10마일 떨어져 있는 댐은 지진에도 튼튼하게 잘 견뎌냈다.

[b] The ground beneath our feet is firm, and not too muddy.
우리 발 밑 땅은 단단하고 너무 질척거리지 않는다.

[c] His muscles are firm from exercise.
그의 근육은 운동을 해서 단단하다.

[d] The ladder felt strong and firm.
그 사다리는 튼튼하고 단단하게 느껴졌다.

2 피수식체는 한정적으로 쓰였다.

[a] Put the ladder on firm ground.
그 사다리를 단단한 땅에 놓아라.

[b] The bridge provided a firm platform for the bungee jumpers.
그 다리는 번지 점퍼를 위한 탄탄한 점프대를 제공했다.

[c] The house is built on a firm foundation.
그 집은 탄탄한 기반 위에 지어졌다.

[d] He sleeps on a firm mattress.

그는 단단한 매트리스 위에서 잔다.

3 피수식체는 압력이나 손에 쥐는 과정과 관계가 있고, firm은 단단함을 나타낸다.

[a] constant firm pressure will eventually stop the bleeding.

지속적이고 강한 압박이 결국 출혈을 멈추게 할 것이다.

[b] He took a firm grip of my arm.

그는 내 팔을 꽉 잡았다.

[c] Keep a firm hold of the rail.

난간을 꽉 붙잡아라.

[d] She gave him a firm handshake.

그녀는 그에게 힘찬 악수를 했다.

4 피수식체는 가격, 환율, 대답, 결정 등이고, firm은 이들이 변동이 없는 고정된 상태를 나타낸다.

[a] The price on that item is firm.

그 물품의 가격은 고정되어 있다.

[b] The won is still firm against the dollar.

원화는 미 달러화에 대해 고정되어 있다.

[c] His answer is firm.

그의 대답은 확고하다.

[d] His decision is firm, and will not be changed.

그의 결정은 확고해서 변경되지 않을 것이다.

5 피수식체는 전치사 about의 목적어에 확고한 마음을 갖는다.

[a] Both sides are firm about their demands.
양측은 각자의 요구에 있어서 확고하다.

[b] She was quite firm about not coming.
그녀는 돌아오지 않는 점에 매우 확고했다.

[c] The manager is firm about being absent from work.
그 지배인은 결근에 대해 단호하다.

6 피수식체는 전치사 with의 목적어에게 단호한 태도를 갖는다.

[a] You need to be firm with your son.
당신은 당신 아들에게 단호해야 할 필요가 있다.

[b] The professor is firm with his students.
그 교수님은 학생들에게 단호하다.

FOREIGN

이 형용사는 본래적이 아닌 상태를 나타낸다.

1 피수식체는 자동차, 과일 등이고, foreign은 이들이 외국 것임을 나타낸다.

[a] He drives a foreign car.
그는 외국산 자동차를 운전한다.

[b] The oranges are foreign produce.
그 오렌지는 외국산이다.

[c] This country imports a great variety of foreign goods.
이 나라는 굉장히 다양한 외국 상품들을 수입한다.

2 피수식체는 사람이고, foreign은 이들이 외국인임을 나타낸다.

[a] I can't understand what he says - he must be foreign.
나는 그가 말하는 것을 이해할 수 없다 - 그는 외국에서 왔음이 틀림없다.

[b] In that city, a quarter of the population is foreign.
그 도시는 인구의 1/4이 외국에서 왔다.

[c] You could tell she is foreign by the way she dressed.
너는 그녀가 옷 입는 것을 보면 그녀가 외국인임을 알 수 있을 것이다.

[d] He is a foreign correspondent of the Times.
그는 〈타임〉의 외국 특파원이다.

3 피수식체는 나라, 투자, 정세, 휴가 등이고, foreign은 이들이 외국과 관련됨을 나타낸다.

[a] He's visited many foreign countries and learned several foreign languages.
그는 많은 외국을 방문했으며, 몇 개의 외국어를 배웠다.

[b] It is the largest ever foreign investment.
그것은 가장 큰 해외 투자이다.

[c] This section of the newspaper deals with foreign affairs.
신문의 이 부분은 해외 정세를 다룬다.

[d] She was on her first foreign holidays without her parents.
그녀는 부모 없이 첫 해외휴가를 보냈다.

4 피수식체는 물질이나 물체이고, foreign은 이들이 다른 개체에 들어가 있는 상태를 나타낸다.

[a] Tears help to protect the eyes from potentially harmful foreign bodies.
눈물은 눈을 잠재적으로 유해한 이질로부터 보호하는 데 도움을 준다.

[b] The patient's immune system would reject the transplanted organ as a foreign object.
환자의 면역체계는 이식된 장기를 이물질로 거부할 것이다.

[c] The swelling on his foot is caused by a foreign body in it.
그의 발의 붓기는 발에 들어간 이물질에 의해 생겼다.

[d] There's foreign matter in my soup.
내 수프에 이물질이 있다.

5 피수식체는 to의 목적어에 이질적이거나 관계가 없는 상태이다.

[a] Being late is foreign to him.
지각은 그에게 맞지 않는다.

[b] Dishonesty is foreign to his nature.
부정직함은 그의 천성에 맞지 않는 것이다.

[c] That matter is foreign to our discussion.
그 문제는 우리의 토의에 맞지 않는 것이다.

[d] The notion of price competition is foreign to the natives.
가격경쟁의 생각은 토착민에게는 낯설다.

FRANK

이 형용사는 솔직한 상태를 나타낸다.

1 피수식체는 사람이고, frank는 이들의 마음이 솔직함을 나타낸다.

[a] I am going to be frank and tell you that you need to lose weight.
나는 솔직하게 네가 체중을 줄여야 할 필요가 있다고 말하겠다.

[b] If I may be frank, I don't think your book is good.
내가 솔직히 말한다면, 당신의 책은 좋지 않다고 생각한다.

[c] To be frank, I don't like the paintings at all.
솔직하게 말하자면, 나는 그 그림들이 전혀 마음에 들지 않는다.

2 피수식체는 전치사 about의 목적어에 대해서 솔직하다.

[a] He was frank about his relationship with the woman.
그는 그 여성과의 관계에 대해서 솔직했다.

[b] The rock star was frank about his drug problems.
그 록 스타는 마약 문제에 대해 솔직했다.

3 피수식체는 전치사 with의 목적어에게 솔직하다.

[a] To be frank with you, I think you have little chance of passing the test.
당신에게 솔직히 말하자면 나는 당신이 시험을 통과할 가능성이 거의 없다고 생각한다.

[b] We've always tried to be frank with you.

우리는 항상 너에게 솔직하게 대하도록 노력해왔다.

[c] My client has been less than frank with me.

나의 의뢰인은 나에게 완전히 솔직하지 않았다.

4 피수식체는 언급, 연설, 충고, 의견 교환 등이고, frank는 이들이 솔직함을 나타낸다.

[a] He made several frank remarks about the quality of her work.

그는 그녀의 작품의 질에 대해 몇 가지 솔직한 견해들을 말했다.

[b] In an unusually frank speech, he acknowledged the gravity of the economic situation.

평상시와는 달리 솔직한 연설에서 그는 경제 상황의 심각성을 인정했다.

[c] The magazine gives frank advice about sex and romance.

그 잡지는 싱과 로맨스에 대한 솔직한 조언을 한다.

[d] There followed a frank exchange of views.

이어서 의견의 솔직한 교환이 따랐다.

FREQUENT

이 형용사는 자주 일어나는 상태를 나타낸다.

1 피수식체는 접촉, 여행, 파티, 논쟁 등이고, frequent는 이들이 자주 일어남을 나타낸다.

[a] I try to maintain frequent contact with my friends in Korea.
나는 한국에 있는 친구들과 잦은 연락을 유지하도록 노력한다.

[b] He made frequent trips to Seoul.
그는 서울을 자주 여행했다.

[c] My neighbor's frequent parties are annoying.
내 이웃들의 잦은 파티들은 나를 짜증나게 한다.

[d] The couple's frequent arguments led to a divorce.
그 부부의 잦은 말싸움이 이혼으로 이끌었다.

2 frequent는 서술적으로 쓰였다.

[a] Gunshots are so frequent in the neighborhood.
총성이 그 동네에서는 자주 들린다.

[b] Her headaches became frequent.
그녀의 두통은 잦아졌다.

[c] His calls became less frequent.
그로부터의 전화 통화는 뜸해졌다.

[d] The attacks were increasingly frequent and serious.
그 공격들은 점차 잦아지고 심각해졌다.

3 피수식체는 이용자이고, frequent는 이들이 무엇을 자주 이용함을 나타낸다.

[a] He has become a frequent visitor.
그는 자주 오는 방문객이 되었다.

[b] He is a frequent visitor to our house.
그는 우리 집에 자주 오는 방문객이다.

[c] The market is offering a discount to frequent shoppers.
그 가게는 자주 오는 고객들에게 할인을 제공하고 있다.

FUNNY

이 형용사는 웃음을 자아내도록 재미있는 상태를 나타낸다.

① 피수식체는 사람의 말 또는 행동 등이고, funny는 이들이 웃음을 자아냄을 나타낸다.

[a] Everything she says strikes me funny.
그녀가 말하는 모든 것은 나에게 웃기는 것으로 들린다.

[b] He could be funny when he wanted to.
그는 원한다면 언제든지 웃길 수 있었다.

[c] I don't think the joke is funny at all.
나는 그 농담이 전혀 안 웃기다고 생각한다.

② 피수식체는 아이디어, 이야기, 농담 등이고, funny는 웃음을 자아내도록 재미있는 상태를 나타낸다.

[a] Children get some funny ideas sometimes.
아이들은 가끔 웃기는 아이디어를 내곤 한다.

[b] I heard a quite funny story today.
나는 오늘 상당히 웃긴 이야기를 들었다.

[c] He saw the funny side of my joke.
그는 내 농담의 웃기는 면을 이해했다.

③ 피수식체는 의심, 냄새, 소리 등이고, funny는 이들이 이상한 느낌을 주는 상태를 그린다.

[a] I have a funny suspicion that he is lying.
나는 그가 거짓말하고 있다는 이상한 의심을 갖고 있다.

[b] There's a funny smell coming from his room.
그의 방으로부터 이상한 냄새가 나고 있다.

[c] What can that funny noise be?
그 이상한 소리는 무엇일까?

④ it은 that-절의 명제를 가리키고, funny는 이들이 이상함을 나타낸다.

[a] It's funny that I can't remember where I left my shoes.
나는 신발을 어디에다 두었는지 기억할 수 없는 것이 이상하다.

[b] It's funny that Jim always disappears when there's work to be done.
할 일이 있을 때마다 Jim이 사라진다는 사실이 이상하다

[c] It is funny that she left so suddenly.
그녀가 그렇게 갑자기 떠났음이 이상하다.

⑤ funny는 복합어(-thing)의 뒤에 쓰여서 이들을 수식한다.

[a] Do you think there's something funny about his business proposal?
그의 사업제안에 무언가 수상한 점이 있다고 생각합니까?

[b] Don't try anything funny with me.
나에게 수상한 행동을 하지 마라.

[c] Nothing funny was going on.
아무런 수상한 일이 벌어지지지 않고 있다.

6 피수식체는 사람의 몸이나 마음이고, funny는 이들이 이상함을 나타낸다.

[a] He felt funny so he sat down for a minute.
그는 몸에 이상을 느껴서 잠시 앉았다.

[b] I don't know if it was something I ate, but I feel a bit funny.
내가 먹은 것 때문일지 모르지만, 나는 속이 조금 이상하다.

[c] I was feeling funny and thought I might faint.
나는 몸에 이상을 느껴 기절하리라고 생각했다.

7 피수식체는 기계류 등이고, funny는 이들이 이상함을 나타낸다.

[a] My computer is going funny.
내 컴퓨터가 고장나고 있다.

[b] The telephone's gone funny.
전화기가 고장났다.

[c] The washing machine is going funny.
세탁기가 고장나고 있다.

GENERAL

이 형용사는 전반적인 상태를 나타낸다.

1 피수식체는 방법, 생각, 과목 등이고, general은 이들이 구체적이 아니라 일반적임을 나타낸다.

[a] He introduced the subject in a general way.
그는 그 주제를 일반적인 방법으로 소개했다.

[b] He gave me a general idea of the work.
그는 나에게 그 업무에 대한 개략적인 내용을 알려주었다.

[c] Bill took general courses, before he chose history as a major.
Bill은 전공을 역사로 선택하기 전에 일반 과목을 이수했다.

2 피수식체는 비, 날씨, 수준, 동의 등이고, general은 이들이 전반적임을 나타낸다.

[a] Rain will become general overnight.
비가 밤 동안 전국적으로 내릴 것이다.

[b] The bad weather has been fairly general.
나쁜 날씨가 거의 전국적으로 지속되고 있다.

[c] There are a few intelligent ones, but the general standard is low.
몇몇 머리 좋은 사람들이 있으나, 전반적인 수준은 낮다.

[d] There was general agreement that the plan was too
expensive.

그 계획은 비용이 너무 비싸다는 전반적인 동의가 있었다.

③ 피수식체는 가게나 상품, 일 등이고, general은 전문적인 것과 대조되
는 일반적임을 나타낸다.

[a] He runs a general store in the village.

그는 마을에서 잡화점을 운영하고 있다.

[b] The store carried general merchandise.

그 가게는 일반 상품들을 판매했다.

[c] I spend about 10 hours a week doing general cooking
and cleaning.

나는 일반적인 요리 및 청소를 하기 위해 일주일에 10시간 정도를 쓴다.

④ 피수식체는 믿음, 선, 이익 등이고, general은 이들이 일반인이 가지거
나 쓰는 것임을 나타낸다.

[a] contrary to the general belief, the tomato is actually
a fruit.

일반 사람들이 믿는 바와는 달리 토마토는 실제 과일이다.

[b] He works for the general good.

그는 일반 대중의 선을 위해 일한다.

[c] It is in the general interest to invest in public
transportation.

대중 교통시설에 투자하는 것은 일반 대중의 이익이다.

GUILTY

이 형용사는 죄가 있는 상태를 나타낸다.

1 피수식체는 전치사 to의 목적어에 대해 유죄이다.

[a] He pleaded guilty to all charges.
그는 모든 고발에 대해 유죄를 인정했다.

[b] He pleaded guilty to causing bodily harm.
그는 신체적 위해를 야기한 혐의를 인정했다.

[c] He pleaded guilty to two charges of theft.
그는 두 절도 고발에 유죄를 인정했다.

2 피수식체는 전치사 of의 목적어를 소홀히 하는 잘못이 있다.

[a] Politicians are guilty of ignoring this problem.
정치가들은 이 문제를 무시한 잘못이 있다.

[b] He is guilty of serious professional misconduct.
그는 심각한 전문직의 비행을 저지른 죄가 있다.

[c] He is guilty of a gross error of judgment.
그는 판단의 심각한 오류를 범한 죄가 있다.

[d] The government is guilty of much talk and little action.
그 정부는 말은 많고 행동은 거의 하지 않는 잘못을 저지르고 있다.

3 피수식체는 전치사 about이나 at의 목적어에 대해 죄책감을 느낀다.

[a] She feels guilty about not visiting her father when he was ill.
그녀는 아버지가 아플 때 찾아보지 못한 것에 대해 죄책감을 느낀다.

[b] I still feel guilty about things I said to my mother when I was a teenager.
나는 내가 사춘기 때 엄마에게 말한 모든 일에 대해 아직도 죄책감을 느낀다.

[c] I feel guilty at leaving all this to you.
나는 이 모든 것을 너에게 맡겨서 죄책감을 느낀다.

[d] I feel guilty at forgetting her birthday.
나는 그녀의 생일을 잊어버린 것 때문에 죄책감을 느낀다.

4 피수식체는 표정이고, guilty는 이들이 죄책감을 보임을 그린다.

[a] She must have done something wrong - She's looking so guilty.
그녀는 무언가 잘못했음에 틀림없다 - 그녀는 죄 지은 모습을 보이고 있다.

[b] She has a guilty look on her face.
그녀는 얼굴에 죄 지은 표정을 짓고 있다.

HANDY

이 형용사는 손과 관련된 뜻을 갖는다.

1 피수식체는 사람이고, handy는 이들이 손재주가 있음을 나타낸다.

[a] A carpenter must be handy with tools.
목수는 도구를 잘 다룰 수 있어야 한다.

[b] He is handy with a screw driver.
그는 나사돌리개를 잘 쓴다.

[c] My sister is handy - she fixes broken things in the house.
내 여동생은 손재주가 좋다 - 그녀는 집에서 고장난 물건들을 수리한다.

2 피수식체는 전치사 at의 목적어가 가리키는 일에 손재주가 있다.

[a] He was handy at repairing things.
그는 물건들을 수리하는 데 솜씨가 좋았다.

[b] He is handy at woodworking.
그는 나무세공에 손재주가 있다.

3 피수식체는 기구, 참고서 등이고, handy는 이들이 쓰기가 편함을 나타낸다.

[a] He bought a handy little gadget for peeling potatoes.
그는 감자를 벗기는 편리한 작은 기구를 샀다.

[b] Scissors are a handy tool to have in the kitchen.
가위는 주방에 두면 사용하기 편리한 도구이다.

[c] This is a handy reference book.
이것은 편리한 참고서이다.

4 handy는 서술적으로 쓰였다.

[a] It's always handy to have a couple of spare batteries.
두 개의 여분의 배터리를 가지는 것은 항상 편리하다.

[b] A notebook computer is very handy.
노트북 컴퓨터는 매우 편리하다.

[c] credit cards is handy - you don't have to carry a large amount of money.
신용카드는 편리하다 - 너는 많은 양의 돈을 가지고 다니지 않아도 된다.

[d] Don't throw away the boxes because they will be handy for storing things.
그 상자들은 물건을 저장하는 데 편리할 수도 있으니까 버리지 말라.

5 피수식체는 알약, 이발가위 등이고, handy는 이들이 손에 닿을 수 있을 정도로 가까운 위치에 있음을 나타낸다.

[a] keep your pills handy just in case you feel seasick.
네가 뱃멀미할지 모르니까 너의 알약을 가까이 가지고 있어라.

[b] I always kept a pair of hair-cutting scissors handy.
나는 항상 머리 자르는 가위 한 벌을 가까이 두었다.

[c] The neighborhood is handy to the local school.
이 동네는 그 지역 학교에 가깝다.

6 피수식체는 장소이고, handy는 이 장소가 편리함을 나타낸다.

[a] That's a handy place for the telephone.
    거기는 전화를 놓기에 편리한 장소이다.

[b] Our neighbors used the handy shortcut across our
    backyard to the park.
    우리 이웃들은 우리 뒤뜰을 가로질러 공원에 가는 편리한 지름길을 이용했다.

7 피수식체는 전치사 with의 목적어를 잘 다룬다.

[a] He is handy with a hammer.
    그는 망치를 잘 다룬다.

[b] The chef is handy with knives.
    그 주방장은 칼을 잘 다룬다.

8 피수식체는 전치사 for의 목적어에 편리하다.

[a] This dictionary is handy for pocket.
    이 사전은 호주머니용으로 편리하다.

[b] The house is quite handy for the shops.
    집은 그 상점에 꽤 가깝다.

HARSH

이 형용사는 거친 상태를 나타낸다.

1 피수식체는 옷감, 수건, 비누 등이고, harsh는 이들이 거침을 나타낸다.

[a] The T-shirt felt harsh against my sunburned back.
그 티셔츠는 햇볕에 탄 내 등을 쓰리게 했다.

[b] The harsh towel irritated my skin.
그 거친 수건이 내 피부를 따갑게 했다.

[c] The soap is too harsh for my skin.
그 비누는 내 피부에 너무 세다.

2 피수식체는 빛, 색깔, 무대조명, 햇빛 등이고, harsh는 이들이 너무 강해서 눈에 거슬림을 나타낸다.

[a] The harsh glare of a naked light bulb bothered us.
백열전구의 강한 빛이 우리를 괴롭혔다.

[b] The harsh colors of the wallpaper hurt my eyes.
그 벽지의 강한 색깔들이 내 눈을 상하게 한다.

[c] The stage lighting is harsh.
그 무대조명이 너무 강하다.

[d] They stepped out into the harsh sunlight.
그들은 강한 햇빛 속으로 발을 내디뎠다.

3 피수식체는 소리이고, harsh는 이들이 귀에 거슬림을 나타낸다.

[a] Her harsh voice got on my nerves.
그녀의 귀에 거슬리는 목소리는 내 신경을 건드렸다.

[b] It is a pity that he has such a loud and harsh voice.
그가 저렇게 크고 거친 목소리를 갖다니 유감이다.

4 피수식체는 법, 벌, 선고, 정학 등이고, 이들은 전치사 on의 목적어에 가혹함을 나타낸다.

[a] The law has been harsher on the poor.
그 법은 가난한 이들에게 더 엄격해왔다.

[b] The punishment is too harsh on him.
그 벌은 그에게 너무 가혹하다.

[c] The sentence is too harsh on the boys.
그 선고는 그 소년들에게 너무 가혹하다.

[d] They suspended him. That seemed to be pretty harsh.
그들은 그를 정학시켰다. 그것은 꽤 심하게 여겨졌다.

5 피수식체는 말, 비평 등이고, harsh는 이들이 심함을 나타낸다.

[a] He had some harsh words about his brother.
그는 그의 형에 대해 몇 마디 거친 말을 했다.

[b] The movie received harsh criticism from the press.
그 영화는 언론에서 혹평을 받았다.

6 피수식체는 현실, 상태, 환경, 기후 등이고, harsh는 이들이 혹독함을 나타낸다.

[a] He began to experience the harsh realities of adult life.
그는 성인으로서 삶의 혹독한 현실을 경험하기 시작했다.

[b] The harsh conditions of poverty existed for most people at that time.
가난의 혹독한 상태는 그 당시 대부분 사람들에게 있었다.

[c] The animals survive even in the harsh environment of the desert.
그 동물들은 사막의 혹독한 환경 속에서도 살아남는다.

[d] The weather grew harsh.
날씨가 혹독해졌다.

7 피수식체는 전치사 with의 목적어에게 가혹하다.

[a] Don't be so harsh with her.
그녀에게 너무 혹독하게 하지마라.

[b] The police are harsh with the robber.
그 경찰은 그 강도를 혹독하게 다루었다.

[c] The father is harsh with the children.
그 아버지는 아이들을 가혹하게 다룬다.

HOLLOW

이 형용사는 속이 빈 상태를 나타낸다.

1 피수식체는 입체적 개체이고, hollow는 속이 빈 상태를 나타낸다.

[a] When the tree was cut down, we found that it had a hollow trunk.
그 나무가 잘렸을 때. 우리는 나무둥치가 속이 비었음을 알았다.

[b] The walls are made of hollow concrete blocks.
그 벽은 속이 빈 콘크리트 벽돌로 만들어진다.

[c] A basketball is hollow, but the baseball is not.
농구공은 속이 비어 있지만 야구공은 그렇지 않다.

[d] The pillars look solid, but in fact they are hollow.
그 기둥들은 속이 차 있어 보이지만. 사실은 비어 있다.

2 피수식체는 평면적이고, hollow는 이 부분의 일부가 꺼진 것을 나타낸다.

[a] A puddle always forms in the hollow spot in the backyard.
웅덩이는 뒤뜰에 있는 푹 꺼진 곳에 항상 만들어진다.

[b] After the rains, the trail had several hollow stretches.
비 온 후에, 그 오솔길에 몇 개의 움푹 파인 구역이 있었다.

[c] She had hollow cheeks from not eating enough.
그녀는 충분히 먹지 않아서 볼이 쏙 들어갔다.

[d] He had hollow eyes from lack of sleep.

그는 잠이 부족해서 눈이 움푹 꺼졌다.

3 피수식체는 소리이고, hollow는 이들이 낮게 울림을 나타낸다.

[a] There was a hollow sound of far-off thunder.

멀리서 낮은 천둥소리가 들렸다.

[b] We heard a hollow groan.

우리는 낮은 신음소리를 들었다.

[c] The hollow sound of a large bell filled the valley.

큰 종의 낮은 소리가 계곡을 채웠다.

[d] He gave a hollow laugh.

그는 감정이 없는 낮은 소리로 웃었다.

4 피수식체는 맹세, 약속, 논거 등이고, hollow는 이들에 내용이 없는 공허한 상태를 나타낸다.

[a] He spits out hollow oaths.

그는 공허한 맹세들을 내뱉는다.

[b] They were hollow promise made by politicians.

그것들은 정치인에 의해 만들어진 공허한 약속들이었다.

[c] The president's election promise now seem increasingly hollow.

그 대통령의 선거공약들은 지금 더욱 더 공허하게 들린다.

[d] His arguments are hollow.

그의 논의는 논점이 없었다.

5 피수식체는 휴전, 승리, 기쁨, 전시 등이고, hollow는 이들에 실속이 없음을 나타낸다.

[a] They made a hollow truce with the enemy.
그들은 적과 속 빈 휴전을 했다.

[b] They won a hollow victory.
그들은 얻은 것이 없는 승리를 했다.

[c] After his mother died, the holidays brought only hollow joy.
그의 어머니가 죽은 후에, 휴일은 단지 속 빈 즐거움을 가져왔다.

[d] He is good at making a hollow display of friendship.
그는 우정의 속 빈 표시를 만드는 것을 잘한다.

HOSTILE

이 형용사는 적의가 있는 상태를 나타낸다.

1 피수식체는 군대, 군사, 고양이, 10대 청소년 등이고, hostile은 이들이
적의가 있음을 나타낸다.

[a] The city is encircled by a hostile army.
그 시는 적군에 포위되어 있다.

[b] The island is controlled by hostile forces.
그 섬은 적군부대에 의해 지배되고 있다.

[c] The hostile cat hissed whenever I came near.
그 적의에 찬 고양이는 내가 근처에 올 때마다 스~ 소리를 냈다.

[d] The hostile teenagers argued with their parents.
반항하는 10대들은 그들의 부모들과 다투었다.

2 hostile은 서술적으로 쓰였다.

[a] The tribes in the hills are very hostile.
그 산 속의 부족들은 매우 비우호적이다.

[b] Drinking made him hostile.
음주가 그를 적의적으로 만든다.

[c] You can't blame her for being so hostile after the way
you treated her.
당신은 그 여자를 그렇게 취급한 후에 그녀가 그렇게 비호의적인 것에 대해 비난할 수
없다.

[d] The world's trading environment is likely to become increasingly hostile.

세계 무역 환경은 점차 적의적으로 될 것 같다.

3 피수식체는 지형, 영역, 나라, 야영지 등이고, hostile은 이곳에 적군이 있음을 나타낸다.

[a] The tanks moved over the hostile terrain.

그 탱크들은 적지로 지나갔다.

[b] The army invaded the hostile territory.

그 군대는 적군의 영역으로 침입했다.

[c] The president refused to negotiate with the leader of the hostile country.

그 대통령은 적국의 지도자와 협상을 거부했다.

[d] The soldiers searched for the hostile army's camp.

그 병사들은 적군의 야영지를 수색했다.

4 피수식체는 전치사 to의 목적어에 적의나 반의를 갖는다.

[a] I am not hostile to the idea of change.

나는 변화의 생각에 적대적이 아니다.

[b] She was openly hostile to him.

그녀는 공공연하게 그에게 적대적이었다.

[c] The local community was hostile to plans for a highway.

그 지역공동체는 고속도로 계획에 적대적이었다.

[d] The senator is hostile to our proposal.

그 상원의원은 우리의 제안에 적대적이다.

5 피수식체는 태도, 응시, 반응 등이고, hostile은 이들이 적의를 나타냄을 그린다.

[a] He is well known for his hostile attitude toward labor unions.
그는 노동조합에 대한 적의적인 태도 때문에 잘 알려져 있다.

[b] Her friendly greeting was met by a hostile stare.
그녀의 친절한 인사는 적의에 찬 응시를 받았다.

[c] His speech met with a hostile reception.
그의 연설은 적의에 찬 환영을 맞았다.

[d] The appearance of more police provoked a hostile reaction.
더 많은 경찰의 출현은 적의에 찬 반응을 불러일으켰다.

HUMBLE

이 형용사는 낮음을 나타낸다.

1 피수식체는 사람이나 태생이고, humble은 이들이 낮음을 나타낸다.

[a] His parents were humble peasants.
그의 부모는 보잘 것 없는 농부였다.

[b] He started his career as a humble fisherman.
그는 자신의 경력을 보잘 것 없는 어부로 시작했다.

[c] He came to power from humble circumstances.
그는 보잘 것 없는 환경으로부터 권좌에까지 왔다.

[d] He rose from humble origins to become prime minister.
그는 보잘 것 없는 태생으로부터 수상 자리에 올랐다.

2 피수식체는 고무줄, 감자, 식당 등이고, humble은 이들이 보잘 것 없음을 나타낸다.

[a] It was a humble rubber band that got the machine going again.
그 기계가 다시 돌아가게 하는 것은 하찮은 고무 밴드였다.

[b] The humble potato is the most versatile vegetable.
그 하찮은 감자가 가장 유용한 채소이다.

[c] There are restaurants, both humble and expensive.
값이 싼 식당과 비싼 식당들이 모두 있다.

③ 피수식체는 마음이나 태도를 가리키고, humble은 이들이 겸손함을 나타낸다.

[a] Jane is too humble to boast her successes.
Jane은 너무 겸손해서 자신의 성공을 자랑하지 못한다.

[b] Be humble enough to learn from your own mistakes.
자신의 실수로부터 배울 만큼 겸손해라.

[c] She is a great athlete but humble about her accomplishments.
그녀는 위대한 운동선수이지만 자신의 성취에 대해 겸손하다.

④ 피수식체는 전치사 about의 목적어에 대해서 겸손하다.

[a] He is humble about his success.
그는 그의 성공에 대해 겸손하다.

[b] The novelist was humble about the prize.
그 소설가는 그 상에 대해서 겸손했다.

IMMEDIATE

이 형용사는 한 개체가 중간 개체 없이 다른 개체에 접해 있는 상태를 나타낸다.

1 피수식체는 장소이고, immediate는 이것이 무엇에 직접 인접해 있음을 나타낸다.

[a] Guards are posted in the immediate neighborhood of the palace.
경호원들은 궁전의 바로 인접한 구역에 배치됐다.

[b] No one was found in the immediate vicinity.
어떤 사람도 바로 인접한 부근에서는 발견되지 않았다.

[c] It is a thriving shopping center for the people who live in the immediate area.
그것은 인접한 지역에 사는 사람들을 위한 번화한 쇼핑센터이다.

[d] The boss is standing on her immediate right.
그 사장은 그녀의 바로 오른쪽에 서 있다.

2 피수식체는 조직체 안의 자리이고, immediate는 이 자리가 다른 자리와 바로 맞닿아 있음을 나타낸다.

[a] He works lonely with his immediate superior.
그는 그의 직속상관과 외롭게 일한다.

[b] My immediate predecessor in the job is in Hong Kong now.
직장에서 나의 바로 앞 선임자는 지금 홍콩에 있다.

[c] My immediate family consists of my wife and my son.
나의 직계가족은 아내와 아들로 구성되어 있다.

3 피수식체는 해야 하는 일이고, immediate는 이들이 현재와 맞닿아 있음을 나타낸다.

[a] Our immediate plans are to sell the house.
우리의 급한 계획은 그 집을 파는 것이다.

[b] Let's try to solve the most immediate problem.
지금 당장 직면해 있는 문제부터 풀도록 노력합시다.

[c] We must take care of our immediate needs.
우리는 우리의 당장의 필요들을 처리해야만 한다.

[d] He took immediate action to avert catastrophe.
그는 큰 재앙을 막기 위해 즉각적인 조치를 취했다.

4 피수식체는 원인이고, immediate는 이것이 결과와 맞닿아 있음을 나타낸다.

[a] The evidence has no immediate bearing on the case.
그 증거는 그 사건에 직접적인 관계는 없다.

[b] The effects of global warming is immediate and potentially catastrophic.
지구 온난화의 효과는 직접적이고 잠재적으로 재앙수준이다.

[c] Heart failure was the immediate cause of death.
심장 마비는 죽음의 직접적인 원인이었다.

INCIDENTAL

이 형용사는 부수적으로나 우발적으로 일어나는 상태를 나타낸다.

1 피수식체는 전치사 to의 목적어에 부수적이다.

[a] Drinking too much is almost incidental to bartending.
술을 많이 마시는 것은 바텐더 일을 하는데 거의 부수적이다.

[b] The dolphin catch was incidental to the fishing operation.
그 돌고래 잡기는 어업 활동에 부수적이었다.

[c] The discovery was incidental to their main research.
그 발견은 그들의 주 연구에 부수적이었다.

[d] These risks are incidental to the work of a fire fighter.
이런 위험들은 소방관 일에 부수적인 일이다.

2 피수식체는 지출이나 경비이고, incidental은 이들이 고정되지 않은 부수적임을 나타낸다.

[a] The budget did not include incidental costs.
그 예산은 부수 경비를 포함하지 않았다.

[b] Keep a record of any incidental expenses on your trip.
여행 중에 생기는 임시 경비를 하나도 빠짐없이 기록해라.

[c] Tuitions and incidental fees total more than 5,000 dollars.
수업료와 부수적인 납입금들의 합이 5,000달러가 넘는다.

3 피수식체는 음악이고, incidental은 이것이 주제곡이 아니고 부수적임을 나타낸다.

[a] She wrote much of the film's incidental music as well as the theme tune.

그녀는 영화의 주제곡뿐만 아니라 대부분의 비 주제 음악도 많이 썼다.

[b] My new CD has incidental music, along with the main songs.

나의 새 음반은 주요 노래들과 함께 부수적 음악(반주)들이 들어 있다.

INDULGENT

이 형용사는 요구나 응석을 받아주는 너그러운 상태를 나타낸다.

① 피수식체는 사람이고, indulgent는 이들이 다른 사람이나 동물에게 너그러운 태도를 가짐을 나타낸다.

[a] An indulgent owner spoiled the puppy.
멋대로 하게 한 주인은 강아지를 버릇없게 만들었다.

[b] Ron was an indulgent husband who ignored his wife's affairs.
Ron은 그의 아내의 정사를 모른 체하는 관대한 남편이었다.

[c] The camping trip was paid for by the indulgent grandparents.
그 캠핑여행의 경비는 너그러운 조부모님께서 지불해주셨다.

② indulgent는 서술적으로 쓰였다.

[a] He is indulgent in buying the children all the candies.
그는 그 아이들에게 모든 사탕을 사주는 데 너그럽다.

[b] Mothers tend to be less indulgent towards daughters.
어머니들은 딸들에게 덜 관대한 경향이 있다.

[c] The father is strict, but indulgent to his grandchildren.
아버지는 엄하다. 하지만 그의 손주에게는 관대하시다.

3 피수식체는 with의 목적어를 너그럽게 대한다.

[a] His parents are too indulgent with him.
그의 부모님은 그에게 너무 무르다.

[b] He is indulgent with his dog
그는 그 개를 너그럽게 대한다.

4 피수식체는 미소, 견해 등이고, indulgent는 이들이 관대함을 보여주는 상태를 나타낸다.

[a] She made an indulgent smile.
그녀는 너그러운 미소를 지었다.

[b] He took an indulgent view of his wife's misbehavior.
그는 아내의 비행에 관대한 견해를 가졌다.

INFERIOR

이 형용사는 아래에 있는 관계를 나타낸다.

1 피수식체는 전치사 to의 목적어보다 아래에 있다.

[a] A lieutenant is inferior to a captain.
중위는 대위보다 낮다.

[b] They still perceive women as inferior to men.
그들은 아직도 여성들은 남자보다 지위가 낮다고 인식한다.

2 피수식체는 작품, 현대 음악, 프랑스 포도주, 디자인 등이고, inferior는
이들이 질이 낮음을 나타낸다.

[a] His work is inferior to mine.
그의 작품은 내 것보다 좋지 않다.

[b] Modern music is often considered inferior to that of
the past.
현대 음악은 종종 과거의 음악보다 질이 낮다고 생각된다.

[c] Most wines from France are inferior to wines from
California.
프랑스산 포도주는 대부분의 캘리포니아산 포도주보다 질이 낮다.

[d] The design is inferior to the one that the Korean
company presented.
그 디자인은 한국 회사가 제시한 것보다 질이 낮다.

3 피수식체는 사람이고, inferior는 이들이 전치사 to의 목적어보다 못하다고 느끼는 상태를 나타낸다.

[a] He felt inferior to his co-workers.
그는 그의 동료들에게 열등감을 느꼈다.

[b] If children were made to feel inferior to other children, they would lose confidence.
아이들이 다른 아이들에게 열등감을 느끼게 되면, 그들은 자신감을 잃을 것이다.

[c] She is so clever that she always makes me inferior.
그녀는 너무 교활해서 언제나 나를 열등하게 만든다.

INSTRUMENTAL

이 형용사는(도구와 같이) 어떤 일에 큰 도움이 되는 상태를 나타낸다.

1 피수식체는 사람이고, 전치사 in의 목적어가 가리키는 일에 중요한 역할을 한다.

[a] He was instrumental in bringing about the reform.
그는 개혁을 일으키는 데 중요한 역할을 했다.

[b] He was an instrumental figure in the governor's campaign for reelection.
그는 주지사의 재선 선거운동에 큰 역할을 한 인물이었다.

[c] The general was instrumental in helping both sides to reach an agreement.
그 장군은 양쪽을 도와서 합의에 이르게 한 데에 큰 역할을 했다.

[d] He was instrumental in introducing the new method of production.
그는 생산의 새 방법을 도입하는 데 중요한 역할을 했다.

2 피수식체는 음악이고, instrumental은 이들이 악기를 써서 만들어짐을 나타낸다.

[a] I listen to instrumental music when I work.
나는 일할 때 기악 음악을 듣는다.

[b] The radio played the instrumental version of the popular song.
그 라디오 방송은 그 인기 가요의 기악 편곡을 들려주었다.

[c] He composed instrumental music.
그는 기악 음악을 작곡했다.

[d] Mozart wrote instrumental music as well as operas.
모차르트는 오페라뿐 아니라 기악 음악도 작곡했다.

3 피수식체는 전치사 to의 목적어에 기여한다.

[a] He was instrumental to the success of the project.
그가 그 기획사업의 성공에 기여했다.

[b] Dedication was instrumental to achieving his goal.
헌신이 그의 목표를 달성하는 데 도움이 되었다.

LEAN

이 형용사는 지방이 적은 상태를 나타낸다.

1 피수식체는 육류이고, lean은 지방이 적은 상태를 나타낸다.

[a] I asked the butcher for a lean cut of pork.
나는 정육점 주인에게 돼지고기의 기름이 없는(살코기) 한 덩어리를 달라고 했다.

[b] I grilled some lean chicken for dinner.
나는 저녁밥을 위해 기름이 없는 닭고기를 구웠다.

[c] They ate lean meat with the fat cut off.
그들은 기름기를 잘라 낸 살코기를 먹었다.

2 피수식체는 사람이나 동물이고, lean은 몸이 여윈 상태에 있음을 나타낸다.

[a] He was lean and tanned.
그는 마르고 햇빛에 그을려 있었다.

[b] Professional dancers are usually lean.
전문 무용수들은 보통 몸이 여위었다.

[c] She watched a tall lean figure step into a car.
그녀는 키가 크고 마른 여윈 사람이 차에 들어가는 것을 주시했다.

[d] The farmer is raising lean cattle.
그 농부는 기름이 적은 소를 키우고 있다.

3 피수식체는 수확이나 월급 등이고, lean은 이들이 적음을 나타낸다.

> [a] The long drought brought a lean harvest.
> 긴 가뭄이 적은 수확을 가져왔다.
>
> [b] I barely survived on my lean salary.
> 나는 적은 월급으로 겨우 살았다.

4 피수식체는 시간이고, lean은 이 속에 활동이 적거나 활동과 관련된 이익이 적음을 나타낸다.

> [a] This is a lean month for buying things.
> 물건을 사기에는 수입이 적은 달이다.
>
> [b] The economist predicts a lean year for business.
> 그 경제학자는 기업에 경제활동이 적은 해를 예측했다.
>
> [c] In lean time, we ate only bread and soup.
> 수입이 적은 시기에 우리는 빵과 수프만 먹었다.

5 피수식체는 기업이고, lean은 고용인의 수를 줄여서 경비를 절감하는 상태를 그린다.

> [a] Our business has to become leaner if we are to survive.
> 우리가 살아남으려면 우리 사업체는 더 많은 군살을 빼야 한다.
>
> [b] The changes made the company leaner and more competitive.
> 그 변화들은 그 회사가 군살을 빼서 더 경쟁력 있게 했다.
>
> [c] The company laid off 500 workers, and is now lean and ready to make money.
> 그 회사는 500명의 노동자를 해고해서, 지금 군살을 빼서 돈을 벌 준비가 되어 있다.

LEVEL

이 형용사는 표면이 평평하여 굴곡이 없는 상태를 나타낸다.

1 피수식체는 표면이고, level은 이들이 평평함을 나타낸다.

[a] The floor in the old house is not completely level.
그 옛집의 마루는 완전히 평평하지 않다.

[b] If the surface is not level, the ball won't roll properly.
표면이 평평하지 않다면 그 공은 제대로 굴러가지 않을 것이다.

[c] We found a nice level place for a picnic under a fine tree.
우리는 소나무 아래 소풍을 위한 매우 평평한 자리를 찾았다.

[d] You should put your computer on a level surface.
너는 너의 컴퓨터를 평평한 자리에 놓아야 한다.

2 피수식체는 커튼, 선반, 카메라 등이고, level은 이들이 수평임을 나타낸다.

[a] The curtains are not quite level.
그 커튼은 수평이 아니다.

[b] The carpenter fixed the shelf so that it was level.
그 목수가 선반을 고쳐서 선반이 수평이었다.

[c] Make sure the camera is level before taking pictures.
사진을 찍기 전에 카메라가 수평이 되게 하라.

3 피수식체는 전치사 with의 목적어와 같은 높이나 수준에 있다.

[a] The cyclists drew level with me at the traffic lights.
그 자전거 타는 이들은 교통 신호등에서 나와 나란히 서게 되었다.

[b] The unions are fighting to keep wages level with inflation.
그 노동조합들은 월급을 통화 팽창과 같게 유지하려고 싸우고 있다.

[c] The two paintings were level with the window.
그 두 그림은 창문과 같은 선상에 있었다.

[d] My head is level with Jane's chin.
내 머리는 Jane의 턱 높이와 나란하다.

4 피수식체는 복수이고, level은 이들의 순서나 높이가 같아서 일직선을 이룸을 나타낸다.

[a] The runners were level as they approached the first hurdle.
그 선수들이 첫 장애물에 접근할 때 그들은 나란했다.

[b] Make sure the edges are level before you glue them together.
풀을 붙여 맞추기 전에 그 가장자리들을 일직선이 되게 확실히 해라.

[c] In the first half time the two teams were level.
전반전에 두 팀은 점수가 같았다.

[d] Their abilities are about level.
그들의 능력은 거의 동등하다.

5 피수식체는 휘발유 값, 점수, 목소리, 지지 등이고, level은 이들이 변하지 않고 일정함을 나타낸다.

[a] Gas prices have remained level for the last few weeks.
휘발유 값이 지난 수 주 동안 변동이 없었다.

[b] Our school marks stayed level, more or less.
우리 학교 점수는 어느 정도 일정한 수준을 유지했다.

[c] Even though he was angry his voice remained level.
그는 화가 났지만 목소리는 일정했다.

[d] Support for the president remained level throughout his term.
대통령의 지지는 그의 재임 기간을 통해 일정했다.

6 피수식체는 머리, 응시, 목소리, 음조 등이고, level은 이들이 흔들림이 없는 침착한 상태를 나타낸다.

[a] Keep a level head in a crisis.
위기에 냉정한 머리를 유지해라.

[b] He looked at her with a level gaze.
그는 지속적인 응시로 그녀를 보았다.

[c] In a level voice, he ordered the soldiers to aim and fire.
그는 단조로운 목소리로 군인들에게 조준해서 사격하라고 명령했다.

[d] She spoke in a level tone of voice.
그녀는 변함없는 음조로 말했다.

LIABLE

이 형용사는 무엇을 책임지거나 의무적으로 해야 하는 상태를 나타낸다.

1 피수식체는 전치사 for의 목적어에 대한 책임이 있다.

[a] He finds himself liable for the cost of repairs.
그는 자신이 그 수리비에 책임이 있음을 알게 된다.

[b] They are liable for income tax at a high rate, for negligence.
그들은 연체로 높은 세율로 소득세를 내야 할 책임이 있다.

[c] He declared that he was not liable for his wife's debts.
그는 자신의 아내의 빚에 책임이 없다고 선언했다.

[d] Manufacturers are liable for any defects in the equipment.
제조업자들은 장비의 어떤 결함에도 책임이 있다.

2 책임의 대상이 if-절로 표현되거나 조건이 화맥상 명백하면 표현되지 않는다.

[a] The law hold the parents liable if a child does not attend school.
만약 아이가 학교에 가지 않는다면, 법은 부모에게 책임을 지게 한다.

[b] If something goes wrong, you will be liable.
만약 무언가가 잘못된다면, 네가 책임을 질 것이다.

[c] The hospital was held liable.
병원이 책임을 지게 되었다.

3 피수식체는 to−부정사의 과정을 이행할 의무가 있다.

[a] we are liable to pay taxes in time
우리는 세금을 제때 내야 할 의무가 있다.

[b] People who earn under a certain amount are not liable to pay taxes.
일정 금액 이하로 돈을 버는 사람들은 세금을 낼 의무가 없다.

[c] People who walk on the grass are liable to a fine of $10.
잔디 위를 걷는 사람은 10달러의 벌금을 내야 한다.

4 피수식체는 사람이며, liable은 의무의 뜻에서 전이되어 성향이나 경향의 뜻으로 쓰인다.

[a] He's liable to shout when he gets angry.
그는 화가 나면 소리를 지르는 경향이 있다.

[b] He is liable to make a fuss, if you wake him.
그는 네가 그를 깨운다면 소동을 피우는 경향이 있다.

[c] we're all liable to make mistakes when we are tired.
우리 모두는 피곤할 때 실수를 하기 쉽다.

[d] He was liable just to show up without warning.
그는 예고 없이 나타나는 경향이 있다.

5 피수식체는 다리, 옷감, 기후, 자동차 등이고, liable은 이들이 to−부정사의 과정을 겪는 성향이 있음을 나타낸다.

[a] The bridge is liable to collapse at any moment.
그 다리는 언제라도 무너질 것 같다.

[b] This kind of cloth is liable to tear easily.
이러한 종류의 옷감은 쉽게 찢어진다.

[c] It's liable to snow heavily.
눈이 많이 오는 경향이 있다.

[d] The car is liable to overheat on a long trip.
그 차는 오래 여행하다 보면 과열되는 경향이 있다.

6 피수식체는 전치사 to의 목적어를 쉽게 겪는 성향이 있다.

[a] The children are liable to travel sickness.
아이들은 차멀미를 하기 쉽다.

[b] She's liable to depression.
그녀는 우울증을 쉽게 겪는다.

[c] You are more liable to injury when you don't get regular exercise.
규칙적인 운동을 하지 않으면 너는 다치기 쉽다.

LIKELY

이 형용사는 어떤 사실과 과정이 현실과 부합할 가능성이 높음을 나타낸다.

1 피수식체는 사람이고, likely는 이들이 to-부정사 과정을 쉽게 하는 경향이 있다.

[a] Don't worry. I'm not likely to forget your birthday.
걱정하지 마라. 내가 너의 생일을 잊지 않을 것이다.

[b] They are likely to have thought about this already.
그들은 이것을 이미 생각했을 가능성이 있다.

[c] He is likely to do something wrong.
그는 잘못을 할 가능성이 있다.

2 피수식체는 신경전, 상황, 지진 등이고 likely는 이들이 일어날 것 같음을 나타낸다.

[a] The war of nerves seems likely to continue.
그 신경전이 계속될 가능성이 있어 보인다.

[b] Things are bad, and likely to get worse.
상황이 좋지 않고, 더 악화될 것 같다.

[c] An earthquake is not likely to happen here.
지진이 여기에는 일어날 가능성이 없다.

3 피수식체는 비, 소나기 등이고, likely는 이들이 올 것 같음을 나타낸다.

[a] Rain is likely (to fall) in the southern part of the country.
비는 그 나라의 남부 지역에 내릴 것으로 보인다.

[b] Showers are likely (to come) in the next 24 hours.
소나기가 지금부터 24시간 안에 올 것 같다.

4 it은 that-절의 명제를 가리키고, likely는 이것이 사실일 가능성이 있음을 나타낸다.

[a] It is quite likely that the strain will kill him.
그 긴장이 그를 죽일 가능성이 매우 높다.

[b] It seems now likely that I was right after all.
지금 보니 내가 결국 옳았음이 사실일 것 같아 보인다.

[c] It's likely that it will rain tomorrow.
내일 비가 올 가능성이 있다.

5 피수식체는 설명, 변명, 제안 등이고, likely는 이들이 사실이나 현실성이 있음을 나타낸다.

[a] His explanation didn't seem likely.
그의 설명은 현실성이 없는 것 같다.

[b] It was a likely enough excuse.
그 것은 충분히 현실성이 있는 변명이었다.

[c] That's the likeliest suggestion we've ever heard.
그것은 우리가 들어온 가장 가능성이 높은 제안이다.

[d] What's the likely outcome of this whole business?
무엇이 이 일에서 오는 가능한 결과일까?

LIVELY

이 형용사는 활기찬, 생기 있는 상태를 나타낸다.

1 피수식체는 사람이고, lively는 이들이 활기가 있음을 나타낸다.

[a] She was a well-educated girl, with a lively mind.
그녀는 교육을 잘 받은 소녀이고, 활기찬 마음을 가졌다.

[b] He is an intelligent and lively young man.
그는 지적이고 활기 있는 젊은 사람이다.

[c] A good night's sleep made us all lively again.
푹 자는 하룻밤은 우리를 다시 생기 있게 만든다.

2 피수식체는 색깔이나 음악 등이고, lively는 이들이 생동감을 주는 상태를 나타낸다.

[a] The painter likes a lively shade of pink.
그 화가는 분홍색의 밝은 색조를 좋아한다.

[b] Van Gogh used colors to create a lively effect.
반 고흐는 선명한 효과를 창출하기 위해서 색채를 사용했다.

[c] They danced to the lively music.
그들은 경쾌한 음악에 맞추어 춤을 추었다.

3 피수식체는 토론, 사업, 모임 등이고, lively는 이들이 활발하게 진행됨을 나타낸다.

[a] They had a lively debate.
그들은 활기찬 토론을 했다.

[b] They do a lively business in souvenirs and gifts.
그들은 기념품과 선물 분야에서 활기찬 사업을 한다.

[c] They had a lively party.
그들은 활기찬 모임을 가졌다.

LOOSE

이 형용사는 풀려서 느슨한 상태를 나타낸다.

1 피수식체는 책, 배 등이고, loose는 이들이 풀려 있는 상태를 나타낸다.

[a] A page came loose from the book.
한 페이지가 책에서 떨어져 나갔다.

[b] During the night, somebody cut the fishing boat loose from the moorings.
밤사이에, 누군가가 그 어선을 계류장치에서 잘라 그 배가 떠돌고 있다.

2 피수식체는 플러그, 못, 나사 등이고, loose는 이들이 헐거운 상태를 나타낸다.

[a] Check that the plug has come loose.
플러그가 느슨해졌는지 확인해라.

[b] The nails in the bridge worked themselves loose.
다리에 있는 못이 많이 움직여서 느슨하게 되었다.

[c] The screws came loose.
나사가 느슨해졌다.

3 피수식체는 머리카락이고, loose는 이들이 길게 늘어진 상태를 나타낸다.

[a] Her hair was hanging loose about her shoulders.
그녀의 머리카락이 어깨 주위에 느슨하게 늘어져 있다.

[b] She usually held her hair loose.
그 여자는 보통 머리를 풀고 다닌다.

4 피수식체는 사람이고, loose는 이들이 억압이나 구속에서 풀려 있는 상태를 나타낸다.

[a] The girl managed to break loose from her attacker.
그 소녀는 공격자로부터 간신히 풀려날 수 있었다.

[b] The kidnappers set him loose on a country lane.
그 유괴범들은 그를 시골 길에서 풀어 주었다.

5 피수식체는 동물이고, loose는 이들이 묶이지 않고 풀려 있는 상태를 나타낸다.

[a] A large dog was loose in the yard.
큰 개 한 마리가 정원에 풀려 있었다.

[b] He let the horse loose in the field.
그는 그 말을 목장에 풀어 놓았다.

[c] He let the rabbits loose in the field.
그는 토끼들을 들판에 풀어 놓았다.

[d] The horse has broken loose from its tether.
그 말은 밧줄을 끊고 풀어져 있다.

6 피수식체는 의복이고, loose는 이들이 헐렁한 상태를 나타낸다.

[a] He always wears a loose sweater.
그는 항상 헐렁한 스웨터를 입는다.

[b] Wear loose comfortable clothing.
느슨하고 편안한 옷을 입어라.

7 피수식체는 천이고, loose는 올과 올 사이가 촘촘하지 않은, 느슨한 상태를 나타낸다.

[a] His shirt is made of a cloth with a loose weave.
그의 셔츠는 올이 성긴 천으로 만들어졌다.

[b] In summer Korean people used to wear clothes with loose weave.
여름에 한국 사람들은 올이 성긴 옷을 입었었다.

8 피수식체는 동맹, 연방체, 연합, 협약 등이고, loose는 이들이 느슨함을 나타낸다.

[a] The three countries have a loose alliance.
그 세 나라는 느슨한 동맹을 맺고 있다.

[b] The country is a loose federation of city-states.
그 나라는 도시 국가의 느슨한 연방체이다.

[c] He wants a loose coalition of left wing forces.
그는 좌익 세력들과의 느슨한 연합을 원한다.

[d] We got a loose arrangement for looking after each other's children.
우리는 서로 아이들을 돌보는 느슨한 협약을 가졌다.

9 피수식체는 종이, 사탕, 오렌지 등이고, loose는 이들이 묶이거나 포장이 안 되어 있는 상태를 나타낸다.

[a] A few loose sheets of paper were lying about.
서너 개의 낱장 종이들이 이곳저곳 흩어져 있었다.

[b] It's cheaper if you buy sweets loose rather than in a packet.
네가 사탕을 곽으로 사는 것보다 낱개로 사면 더 싸다.

[c] Loose oranges are one dollars each.
낱개의 오렌지는 각각 1달러이다.

10 피수식체는 토양이나 배변이고, loose는 이들이 엉기지 않고 풀려 있는 상태를 나타낸다.

[a] She gathered loose soil and let it filter slowly through his fingers.
그녀는 푸석푸석한 흙을 모아서 그녀의 손가락 사이로 천천히 흘러내리게 했다.

[b] The doctor saw a baby with loose bowel movements.
그 의사는 설사하는 아기를 진찰했다.

11 피수식체는 사람이고, loose는 이들이 도덕적으로 풀린 상태를 나타낸다.

[a] She is a young woman of loose morals.
그 여자는 해이한 행실을 가진 젊은 여자이다.

[b] The villagers drove a way the loose woman from the village.
그 마을 사람들은 품행이 느슨한 여자를 마을에서 쫓아냈다.

⑫ 피수식체는 번역이나 해설이고, loose는 이들이 원의에서 벗어난 부정확한 상태를 나타낸다.

[a] This is a loose translation of a poe's poem.
이것은 Poe가 쓴 시의 느슨한 번역이다.

[b] He gave a loose interpretation off the low.
그는 그 법의 느슨한 풀이를 해주었다.

⑬ 피수식체는 공이고, loose는 이 공이 선수의 통제에서 벗어난 상태를 나타낸다.

[a] He pounded on a loose ball.
그는 루스 볼을 쳤다.

[b] He avoided a loose ball.
그는 루스 볼을 피했다.

LUCID

이 형용사는 물이나 공기가 맑은 상태를 나타낸다.

① 피수식체는 물이나 공기이고, lucid는 이들이 맑음을 나타낸다.

[a] There is a lucid stream in the village.
그 마을에는 물 맑은 개천이 있었다.

[b] He likes the cool and lucid mountain air.
그는 시원하고 맑은 산 공기를 좋아했다.

② 피수식체는 기술, 설명, 묘사 등이고, lucid는 이들을 이해하기가 분명함을 나타낸다.

[a] The book is a lucid account of the history of mankind.
그 책은 인류 역사의 명료한 기술이다.

[b] The students understood the professor's lucid explanation.
그 학생들은 그 교수의 명료한 설명을 이해했다.

[c] The witness provided a lucid description of the accident.
그 목격자는 그 사고의 분명한 묘사를 제공했다.

③ lucid는 서술적으로 쓰였다.

[a] A good explanation is lucid.
좋은 설명은 명료하다.

[b] His prose is lucid and compelling as usual.
그의 산문은 여느 때와 같이 분명하고 설득력이 있다.

[c] His response was very lucid.
그의 반응은 정말 분명했다.

4 피수식체는 정신을 가리키고, lucid는 이것이 맑거나, 제정신이 있는 상태를 가리킨다.

[a] He wasn't very lucid - he didn't know where he was.
그는 정신이 맑지 않았다 – 그는 그가 어디에 있는지 몰랐다.

[b] The lucid witness described clearly the accident to the jury.
정신이 든 증인은 그 사고를 배심원들에게 명백하게 묘사했다.

[c] The man is very old, but lucid in conversation.
그 사람은 나이가 많지만 대화할 때는 정신이 맑다.

[d] There are only short moments when she is lucid.
그녀가 제정신이 드는 짧은 순간들이 있다.

5 피수식체는 시간이고, lucid는 어떤 사람이 제정신을 갖는 상태를 나타낸다.

[a] An insane person can have lucid intervals.
제정신이 아닌 사람도 정신이 맑은 시간들을 가질 수가 있다.

[b] In her more lucid moments, she would talk about her past.
그녀가 좀 더 맑은 정신을 갖는 순간에는 그녀는 자신의 과거에 대해서 말을 하곤 했다.

[c] The old man is confused, but he does have lucid moments.
그 노인은 정신이 혼란했지만, 그는 정신이 맑은 순간들이 있다.

MAJOR

이 형용사는 전체에서 큰 부분을 가리킨다.

① 피수식체는 부분, 수술, 정당, 변화 등이고, major는 이들이 큰 쪽임을 나타낸다.

[a] She spent the major part of her childhood abroad.
그녀는 어린 시절의 많은 부분을 해외에서 보냈다.

[b] He underwent a major heart surgery.
그는 큰 심장 수술을 받았다.

[c] There are two major political parties in Korea.
한국에는 2개의 큰 정당이 있다.

[d] There were calls for major changes in the welfare system.
복지체제에 큰 변화의 요구가 있었다.

② 피수식체는 요인, 작품, 역할 등이고, major는 이들이 중요함을 나타낸다.

[a] Age is a major factor affecting chances of employment.
나이는 고용기회에 영향을 미치는 중요한 요소이다.

[b] All her major plays have been translated into English.
그녀의 모든 중요한 희곡들은 영어로 번역되어 있다.

[c] Exercise plays a major part in preventing disease.
운동은 질병을 예방하는 데 큰 역할을 한다.

MATURE

이 형용사는 다 익은 상태를 나타낸다.

1 피수식체는 생명체이고, mature는 이들이 다 자란 상태를 나타낸다.

[a] The mature apple trees are usually 20 meters tall.
다 자란 사과나무는 보통 높이가 20m이다.

[b] Mature violets reach a height of about 12 inches.
다 자란 제비꽃은 높이가 12인치에 이른다.

[c] Mature gorillas have silver-grey hairs on their backs.
다 자란 고릴라는 그의 등에 은회색 털을 갖는다.

2 피수식체는 포도, 포도주, 치즈 등이고, mature는 이들이 숙성된 상태를 나타낸다.

[a] I picked the mature grapes from the vine.
나는 익은 포도를 포도 덩굴에서 땄다.

[b] It is the best place to enjoy mature wines.
숙성된 포도주를 마실 수 있는 최고의 장소이다.

[c] Don't leave the cheese to become any more mature.
그 치즈가 더 이상 숙성되게 내버려 두지 말라.

③ 피수식체는 사람이고, mature는 이들이 성숙함을 나타낸다.

[a] Young girls are often more mature than young boys.
어린 소녀들은 어린 소년들보다 종종 더 성숙하다.

[b] They are emotionally mature and should behave responsibly.
그들은 정서적으로 성숙해서 책임 있게 행동해야 한다.

[c] The young boy is very mature and act wisely.
그 어린 소년은 성숙해서 현명하게 처신한다.

④ 피수식체는 작품, 태도 등이고, mature는 이들이 원숙함을 나타낸다.

[a] His mature work reveals a deep sense of enjoyment of nature.
그의 원숙한 작품은 자연을 즐기는 깊은 느낌을 드러내고 있다.

[b] It is not a very mature attitude.
그것은 매우 성숙한 태도가 아니다.

[c] She's only 14, but she has a mature idea about life.
그녀는 14살밖에 안 됐지만, 생에 대한 성숙한 생각을 갖고 있다.

⑤ 피수식체는 보험, 연금 등이고, mature는 이들이 만기에 찬 상태를 나타낸다.

[a] My insurance policy will be mature soon.
내 보험이 곧 만기가 될 것이다.

[b] My life pension will be mature by next year.
내 연금은 내년이 되면 만기가 될 것이다.

MEAN

이 형용사는 질이 낮은 상태를 나타낸다.

① 피수식체는 생존, 옷, 출신 등이고, mean은 이들이 낮은 상태에 있음
을 나타낸다.

[a] During dry periods, poor farmers lead a mean existence.
건조기에, 가난한 농부들은 어렵게 살아간다.

[b] He wore mean clothes.
그는 초라한 옷을 입었다.

[c] She comes from mean origins.
그녀는 천한 가문 출신이다.

② no mean은 '낮지 않다', 즉 '좋다'나 '훌륭하다'의 뜻을 나타낸다.

[a] His mother is no mean artist herself.
그의 어머니는 자신도 훌륭한 예술가이다.

[b] That was no mean achievement.
그것은 대단한 성취이다.

③ mean은 no 없이도 '좋다'의 뜻을 나타낸다.

[a] He is one mean tennis player.
그는 훌륭한 정구 선수이다.

[b] He plays a mean piano.

그는 피아노를 잘 친다.

[c] They always put on a mean Sunday brunch.

그들은 언제나 좋은 일요일 브런치를 차린다.

4 피수식체는 전치사 with의 목적어를 지나치게 아낀다.

[a] He is mean with his money.

그는 돈에 인색하다.

[b] My landlord is mean with the heating - It's on only for two hours each day.

나의 집 주인은 난방에 인색하다 - 하루에 2시간만 난방을 한다.

5 피수식체는 기질, 속임수, 말 등이고, mean은 이들이 비열함을 나타낸다.

[a] She has a mean streak.

그녀는 비열한 기질이 있다.

[b] That was a mean trick.

그것은 비열한 속임수이다.

[c] You should apologize for the mean thing you said.

너는 네가 한 비열한 말에 사과를 해야 한다.

6 mean은 행위자와 to-부정사 과정을 동시에 수식한다.

[a] It is mean of you not to offer him a ride.

네가 그 사람에게 차편을 주지 않는 것은 야비한 짓이다.

[b] It is mean of you not to help the poor child.

네가 가난한 아이를 돕지 않는 것은 비열한 짓이다.

[c] It is mean of her to tell on me.

그 여자가 나를 밀고한 것은 비열한 짓이다.

7 피수식체는 동명사로 표현된 과정이고, mean은 이것이 비열함을 나타낸다.

[a] Stealing money from the poor old man was a mean thing to do.

그 불쌍한 노인의 돈을 훔치는 것은 비열한 짓이다.

[b] Taking the last place on the bus and leaving the child standing in the cold was mean thing to do.

그 버스의 마지막 자리를 차지하고 그 아이를 추위에 서 있게 내버려 둔 것은 비열한 짓이었다.

[c] Speaking ill of your friend is a mean thing to do.

네 친구를 욕하는 것은 비열한 일이다.

8 피수식체는 거리, 연령, 기간 등이고, mean은 이들이 중간치임을 나타낸다.

[a] calculate the mean distances traveled.

여행한 거리의 중간치를 계산하라.

[b] The mean age of the people is 28.

그 사람들의 평균 연령은 28세이다.

[c] The mean length of stay in the hospital is 10 days.

평균 입원 기간은 10일이다.

MINOR

이 형용사는 전체에서 작은 부분을 가리킨다.

1 피수식체는 범죄, 역할, 영향 등이고, minor는 이들이 크지 않음을 나타낸다.

[a] Joe has a string of convictions for minor offences.
Joe는 경범죄에 관한 일련의 확정 판결을 받았다.

[b] They played only a minor role in local government.
그들은 지방정부에서 오직 사소한 역할만을 수행했다.

[c] Women played a minor part in the organization.
여성들은 그 조직에서 부차적인 역할을 했다.

[d] It had a relatively minor influence on his life.
그것은 그의 삶에 비교적 적은 영향을 미쳤다.

2 피수식체는 상처이고, minor는 이들이 심하지 않음을 나타낸다.

[a] He escaped with only minor injuries.
그는 오직 작은 상처만을 입고 탈출했다.

[b] He survived the accident with minor scrapes and bruises.
그는 사고에서 작은 찰과상과 타박상을 입고 살아남았다.

③ minor는 서술적으로 쓰였다.

[a] The problem is minor.

그 문제는 중요하지 않다.

[b] The damage here is only minor.

여기서의 피해는 사소하기만 하다.

④ 피수식체는 쟁점이고, minor는 이들이 덜 중요함을 나타낸다.

[a] We agreed on everything in the contract, even minor points.

우리는 계약서에 있는 모든 것에 동의했다. 사소한 점들까지도.

[b] We put off some minor issues until next week.

우리는 덜 중요한 쟁점들을 다음 주까지 미루었다.

MODEST

이 형용사는 지나치지 않은 상태를 나타낸다.

1 피수식체는 사람이고, modest는 이들이 겸손함을 나타낸다.

[a] Asian women are more modest and shy, yet they tend to have an inner force.
아시아 여인들은 더 겸손하고 수줍음을 타지만 그들은 내적인 힘을 갖는 경향이 있다.

[b] He's modest although he is a great player.
그는 위대한 선수이지만 겸손하다.

[c] She's such a modest person.
그녀는 이처럼 겸손한 사람이다.

[d] The modest painter avoided the press at the gallery opening.
그 겸손한 화가는 화랑 개회식 때 기자들을 피했다.

2 피수식체는 전치사 about의 목적어에 대해서 겸손하다.

[a] He is modest about his achievements.
그는 그의 업적에 대해서 겸손하다.

[b] He was modest about his role in the movement.
그는 그 운동에서 그의 역할에 대해서 겸손했다.

[c] She's very modest about his success.
그녀는 그의 성공에 대해서 매우 겸손하다.

[d] The winner's modest acceptance speech was very gracious.
그 승자의 겸손한 수락 연설은 매우 우아했다.

3 피수식체는 취향, 태도, 옷 등이고, modest는 이들이 지나치지 않게 얌
전하거나 소박한 상태를 나타낸다.

[a] He has a modest taste in clothes.
그는 옷에 대해 소박한 취향을 갖는다.

[b] His modest demeanor hides his tension.
그의 얌전한 태도는 그의 긴장을 감춘다.

[c] The prudish woman wore extremely modest clothing at the beach.
그 여인은 해변가에서 매우 얌전한 옷을 입었다.

[d] We're not leaving until you put something more modest.
우리는 네가 좀 더 얌전한 옷을 입지 않으면 떠나지 않을 것이다.

4 피수식체는 선물, 규모, 집 등이고, modest는 이들이 분수에 맞게 적당
함을 나타낸다.

[a] The parents prepared a modest gift.
그 부모들은 분수에 맞는 선물을 준비했다.

[b] The research was carried out on a modest scale.
그 연구는 지나치지 않는 규모로 실행되었다.

[c] They grew up in a relatively modest house in Hawaii.
그들은 하와이에 있는 비교적 수수한 집에서 자랐다.

5 피수식체는 요금, 월급, 용돈, 액수 등이고, modest는 이들이 지나치지 않고 적당함을 나타낸다.

[a] He charged a relatively modest fee.
그는 비교적 적당한 요금을 청구했다.

[b] He receives a modest salary for his important job.
그는 그의 중요한 일에 대해서 그리 많지 않은 월급을 받는다.

[c] His father gives him a modest allowance.
그의 아버지는 그에게 그리 많지 않은 용돈을 준다.

[d] House prices rose by a modest amount last year.
집값이 작년에 그리 많지 않은 액수로 올랐다.

NATIVE

이 형용사는 태어난 곳을 나타낸다.

1 피수식체는 나라, 도시 등이고, native는 사람들이 태어난 곳을 가리킨다.

[a] After a long stay in America, she is now back in her native country.
미국에 오랜 체류 끝에 그녀는 이제 고국에 돌아와 있다.

[b] I haven't returned to my native land for over 10 years.
나는 10년이 넘도록 나의 고향 땅에 돌아가 본 적이 없다.

[c] He is now back in his native New York.
그는 이제 고향인 뉴욕에 돌아와 있다.

[d] She visits to her native Korea every year.
그녀는 매년 고국인 한국을 방문한다.

2 피수식체는 솜씨, 능력, 재능, 지능 등이고, native는 이들이 타고난 것임을 나타낸다.

[a] Children are encouraged to develop their native skills.
아이들은 타고난 솜씨를 개발하도록 권장된다.

[b] She has a native ability for painting.
그녀는 그림 그리는 데 타고난 능력을 갖고 있다.

[c] The painter's native talents were evident from an early age.

그 화가의 타고난 재능은 어릴 때부터 분명했다.

[d] The teacher tried to encourage the student's native intelligence.

그 선생님은 그 학생의 타고난 지능을 북돋으려고 애썼다.

3 피수식체는 식물, 동물이고, 이들은 전치사 to의 목적어에 토종이다.

[a] cactus is native to desert areas.

선인장은 사막지대의 토종 식물이다.

[b] chilis are native to the New World.

칠리 고추는 신대륙의 토종 식물이다.

[c] Elephants are native to Asia and Africa.

코끼리는 아시아와 아프리카의 토종 동물이다.

[d] The kangaroo is native to Australia.

캥거루는 호주의 토종 동물이다.

4 native는 한정적으로 쓰였다.

[a] The cabbage is not a native plant of Korea.

양배추는 한국의 토종 식물이 아니다.

[b] She's a native Californian.

그녀는 캘리포니아 원주민이다.

[c] The large frogs are not a native species to Korea.

그 큰 개구리는 한국의 토종 종이 아니다.

[d] The county's sparrows are native birds.

그 나라의 참새는 토종 새가 아니다.

5 피수식체는 언어, 의상, 화자, 예술 등이고, native는 이들이 어느 지역에 토착적임을 나타낸다.

[a] She speaks English fluently, but her native language is Korean.
그녀는 영어를 유창하게 하지만, 그녀의 모국어는 한국어이다.

[b] The dancers wore their native dress.
그 무녀들은 그들의 토착 의상을 입었다.

[c] The dictionary is for the native speakers.
그 사전은 모국어 화자를 위한 것이다.

[d] The native art of Peru is very interesting.
페루의 토착 예술은 매우 흥미롭다.

6 native는 토착민과 같은 상태를 나타낸다.

[a] Austin has been living in Tonga so long, he's gone native.
Austin은 통아에 오래 살아서 그는 원주민이 다 되었다.

[b] The anthropologist went native.
그 인류학자는 원주민이 되었다.

[c] Native coal is processed for use as a fuel.
그 지역 석탄은 연료를 얻기 위해 가공된다.

[d] Native silver is very soft.
그 지역 토착 은은 매우 연하다.

NERVOUS

1 피수식체는 긴장, 병, 조직, 사람 등이고, nervous는 이들이 신경에 관련되어 있음을 나타낸다.

[a] Headaches are caused by nervous tension.
두통은 신경 긴장으로 생긴다.

[b] He is suffering a nervous disorder.
그는 신경병을 앓고 있다.

[c] In her biology class, she studied the nervous systems of cats.
생물학 시간에, 그녀는 고양이의 신경조직을 공부했다.

[d] After one day of teaching, she was a nervous wreck.
하루 가르치고 나서 그녀는 신경쇠약자가 되었다.

2 피수식체는 사람이고, nervous는 이들이 신경을 많이 쓰는, 즉 초조하거나 불안한 상태를 나타낸다.

[a] She is so nervous that she can't sit still for a minute.
그녀는 너무 불안해서 잠시도 가만히 앉아 있지 못한다.

[b] Don't be nervous. The doctor won't hurt you.
겁내지 마라. 의사가 너를 해치지 않는다.

[c] Driving on icy mountain roads made me nervous.
얼음 덮인 산길을 운전하는 것이 내 신경을 과민하게 만들었다.

[d] He gets nervous before speaking in public.
그는 대중 앞에 연설하기 전에 초조해진다.

3 nervous는 초조감을 보이는 상태를 나타낸다.

[a] She gave a slightly nervous smile.
그녀는 약간 초조한 미소를 보였다.

[b] He showed a nervous face.
그는 초조한 표정을 보였다.

4 피수식체는 전치사 about의 목적어에 대해서 걱정한다.

[a] He's very nervous about the results of the election.
그는 선거 결과에 대해서 매우 초조하다.

[b] I don't know him, and was really nervous about having to walk with him.
나는 그를 모르기에, 그와 함께 걷는 것에 대해 몹시 걱정이 되었다.

[c] Job cuts are making the workers nervous about their future.
일자리 축소는 노동자들로 하여금 그들의 미래에 대해서 걱정하게 만들고 있다.

[d] She was nervous about walking home so late.
그녀는 밤늦게 집에 걸어가는 것에 걱정이 되었다.

5 피수식체는 전치사 of의 목적어를 두려워한다.

[a] He's nervous of strangers.
그는 낯선 사람들을 두려워한다.

[b] The horse may be nervous of cars.
그 말은 자동차를 두려워한다.

NUMB

이 형용사는 느낌이 없는 상태를 나타낸다.

1 피수식체는 다리, 발, 얼굴, 손가락 등이고, numb은 이들이 마비된 상태를 그린다.

[a] After hours of sitting on the floor, his legs went numb.
몇 시간 동안 마루에 앉았더니, 다리가 마비되었다.

[b] His feet are numb with cold.
그의 발이 추위로 마비되었다.

[c] I've just been to the dentist and my face is still numb.
나는 방금 치과에 갔다 와서 내 얼굴은 아직도 감각이 없다.

[d] My fingers were so numb I could hardly write.
내 손가락들은 감각이 없어서 나는 거의 글을 쓸 수 없었다.

2 피수식체는 전치사 with의 목적어로 정신이 멍하다.

[a] I just sat there, numb with shock.
나는 그곳에 그냥 앉아 있었다. 충격으로 멍한 채.

[b] When she first heard the news, she went numb with disbelief.
그녀가 그 소식을 처음 들었을 때. 그녀는 믿을 수 없어서 정신이 멍했다.

[c] He went numb with fear.
그는 두려움으로 정신이 멍해졌다.

OBSCURE

이 형용사는 눈에 잘 보이지 않는 어둑어둑한 상태를 나타낸다.

1 피수식체는 장소이고, obscure는 이 장소가 어둑어둑함을 그린다.

[a] Someone was standing in the obscure corner.
누군가가 그 어둑어둑한 구석에 서 있었다.

[b] We met a stranger in the obscure path.
우리는 어느 낯선 사람을 그 어둑어둑한 소로에서 만났다.

[c] The obscure room of the old house has been empty for a long time.
그 낡은 집의 어두컴컴한 방은 오랫동안 비워져 있어 왔다.

2 피수식체는 장소나 사람이고, obscure는 이들이 호젓하거나 알려지지 않은 상태를 나타낸다.

[a] They vacationed in an obscure mountain village.
그들은 호젓한 산촌에서 휴가를 보냈다.

[b] We like to vacation in obscure areas.
우리는 호젓한 지역에서 휴가를 보내는 것을 좋아한다.

[c] Although he was an obscure author, he wrote beautiful poetry.
그가 무명작가였지만 그는 아름다운 시들을 지었다.

3 피수식체는 형체나 소리이고, obscure는 이들이 잘 인식되지 않는 상태를 나타낸다.

[a] The obscure figure in the fog might have been a dog.
안개 속의 희미한 형체는 개였을지도 모른다.

[b] They failed to notice some obscure markings on the stone.
그들은 돌에 새겨진 희미한 표지들을 주목하지 못했다.

[c] We heard an obscure sound in the wall.
우리는 벽에서 희미한 소리를 들었다.

4 피수식체는 말이나 글이고, obscure는 이들이 분명하지 않아서 이해하기 어려운 상태를 나타낸다.

[a] I can't understand the obscure meaning.
나는 그 모호한 의미를 이해할 수 없다.

[b] Her obscure style of writing made her poetry difficult to understand.
그녀의 모호한 문체는 그녀의 시를 이해하기 어렵게 만들었다.

[c] His speech was full of obscure political jokes.
그의 연설은 애매한 정치적 농담으로 가득했다.

[d] There are many obscure passages in his book.
그의 책에는 많은 모호한 구절들이 있다.

ODD

이 형용사는 짝이 없는 상태를 가리킨다.

1 피수식체는 숫자이고, odd는 이들이 홀수임을 나타낸다.

[a] The houses on this side of the street have odd numbers.
길의 이편에 있는 집들은 홀수 번지수를 갖는다.

[b] The odd numbers are 1, 3, 5, 7 ······.
홀수는 1, 3, 5, 7 ······ 이다.

[c] The odd months are January, March, May, July, September, and November.
홀수 달은 1월, 3월, 5월, 7월, 9월, 11월이다.

2 피수식체는 짝진 물건이고, odd는 외짝이거나 두 짝이 서로 다른 상태를 나타낸다.

[a] I found an odd glove in the car trunk.
나는 차 짐칸에서 장갑 한 짝을 발견했다.

[b] She is wearing odd socks.
그녀는 짝짝이 양말을 신고 있다.

[c] You can't go out wearing odd shoes.
짝짝이 신발을 신고는 못 나간다.

3 피수식체는 복수의 개체이고, odd는 이들이 크기, 모양, 성질 등에서 서로 다름을 나타낸다.

[a] He put the addresses on odd scraps of paper.
그는 주소들을 잡다한 모양의 종이 쪽지에 적었다.

[b] The shelf is filled with odd volumes.
그 선반은 크기가 다른 책들로 채워져 있다.

[c] I have some odd bits of material you can use.
나는 네가 쓸 수 있는 몇 개의 잡다한 재료조각들을 가지고 있다.

4 피수식체는 수의 단위이고, odd는 이들을 뭉뚱그리고 난 다음 남은 수가 있음을 나타낸다.

[a] She must be fifty odd years old.
그녀는 분명 50살 남짓일 것이다.

[b] He has now appeared in six odd films.
그는 이제 6편 남짓한 영화에 출연했다.

[c] I owe the dentist three hundred odd dollars.
나는 그 치과 의사에게 300달러 남짓 빚지고 있다.

5 피수식체는 일이나 시간이고, odd는 이들이 규칙적이 아님을 나타낸다.

[a] He did an odd teaching job.
그는 임시로 가르치는 일을 했다.

[b] The weather will remain the same, with odd showers.
날씨는 같은 상태로 남아 있으나 가끔 소나기가 올 것이다.

[c] He is working on the paper at odd moments.
그는 짬짬이 논문을 작성하고 있다.

6 피수식체는 사람, 냄새, 태도, 옷 등이고, odd는 이들이 이상함을 나타 낸다.

[a] We thought she was rather odd.
우리는 그녀가 좀 이상하다고 생각했다.

[b] The coffee smells odd.
커피가 이상한 냄새가 난다.

[c] John's behavior seems odd.
John의 행동은 이상해 보인다.

[d] The shirt and jacket look a bit odd together.
그 셔츠와 재킷은 같이 입으니 좀 이상해 보인다.

7 it은 to-부정사의 과정을 가리키고, odd는 이들이 이상함을 나타낸다.

[a] It must be odd to live on the 50th floor.
50층에서 사는 것은 이상함에 틀림없다.

[b] It's odd to see him here.
여기서 그를 보다니 뜻밖이다.

8 odd는 행위자와 과정을 동시에 수식한다. 행위자는 전치사 of의 목적 어로, 과정은 to-부정사 구문으로 표현된다.

[a] It is odd of the boy to wear the funny hat.
그 우스운 모자를 쓰다니 그 소년은 별나다.

[b] It's odd of her to remain behind alone.
혼자 뒤에 남겠다니 그녀는 이상하다.

9 it은 that-절의 명제를 가리키고, odd는 이들이 이상함을 그린다.

[a] It is odd that he never answered your letter.
그가 네 편지에 전혀 답하지 않았다니 이상하다.

[b] It is most odd that he hasn't replied.
그가 회답하지 않은 것은 몹시 이상하다.

10 odd는 한정적으로 쓰였다.

[a] An odd thing happened yesterday.
어제 기묘한 일이 일어났다.

[b] There is something odd about its shape.
그것의 모양에 무언가 이상한 것이 있다.

[c] He has an odd taste in clothing.
그는 복장에 별난 취미를 가지고 있다.

[d] He is an odd character.
그는 별난 성격이다.

11 피수식체는 장소이고, odd는 이것이 예상 밖의 것임을 나타낸다.

[a] We found the paper lying about in the odd corner of the house
우리는 그 논문을 그 집의 생각지도 않은 구석에 놓여 있는 것을 찾았다.

[b] I found the antique in an odd corner of the town.
나는 그 골동품을 그 마을의 생각지도 않은 구석에서 찾았다.

OFFENSIVE

이 형용사는 공격의 뜻을 갖는다.

1 피수식체는 움직임, 행동, 자세 등이고, offensive는 이들이 공격과 관계가 있음을 나타낸다.

[a] Our team's offensive move won the game.
우리 팀의 공격적인 움직임이 그 게임을 이기게 했다.

[b] The other side had taken offensive action.
상대편은 공격적인 행동을 했다.

[c] The troops took up offensive positions.
그 부대들은 공격적인 자세를 취했다.

2 피수식체는 말이나 농담이고, offensive는 이들이 to의 목적어에 불쾌감을 줌을 나타낸다.

[a] I found her remarks deeply offensive to me.
나는 그녀의 말들이 나에게 대단히 거슬리는 것을 알았다.

[b] The advertisement was offensive to women.
그 광고는 여성들에게 거슬렸다.

[c] The crude jokes were offensive to me.
그 조잡한 농담들은 나에게 거슬렸다.

3 피수식체는 냄새나 악취이고, offensive는 이들이 매우 거슬림을 나타낸다.

[a] An offensive smell came from the garbage.
불쾌한 냄새가 쓰레기통에서 나왔다.

[b] Bad eggs have an offensive odor.
썩은 달걀들은 역겨운 냄새가 난다.

4 피수식체는 한정적으로 쓰였다.

[a] "Shut up" is an offensive remark.
"입 닥쳐"는 불쾌한 말이다.

[b] Her offensive words made her friend cry.
그녀의 무례한 말들이 그녀의 친구를 울게 했다.

[c] The book has a lot of offensive language.
그 책은 많은 모욕적인 말들이 있다.

OPAQUE

이 형용사는 불투명한 상태를 나타낸다.

1 피수식체는 창문, 액체, 벽 등이고, opaque는 이들이 불투명함을 나타낸다.

[a] The room was dark because the windows were opaque.
그 방은 창문들이 불투명하기 때문에 어둡다.

[b] The bottle is filled with opaque liquids.
그 병은 불투명한 액체들로 채워져 있다.

[c] The opaque wall blocked the sunlight from entering the room.
그 불투명한 벽은 햇빛이 방으로 들어오는 것을 막았다.

2 피수식체는 말이나 글이고, opaque는 이들이 이해가 잘 되지 않음을 나타낸다.

[a] His writing style can be opaque in places.
그의 문체는 군데군데에 불명료할 수 있다.

[b] It is hard to read this text because it is opaque.
이 교재는 불분명하기 때문에 읽기 어렵다.

[c] The jargon in his talk was opaque to me.
그의 연설에 쓰인 특수 용어는 나에게는 불명료했다.

OPERATIVE

이 형용사는 기계가 작동 중인 상태를 나타낸다.

① 피수식체는 컴퓨터, 전화, 공장 등이고, operative는 이들이 작동 중임을 나타낸다.

[a] Her computer is now operative after a breakdown.
그녀의 컴퓨터는 고장난 후에 지금은 사용이 가능하다.

[b] The telephone service is no longer operative.
그 전화는 더 이상 사용이 안 된다.

[c] The plant was fully operative.
그 공장은 완전 가동 중이다.

[d] We had only one radar station operative.
우리는 한 레이더 기지국만 가동 중이다.

② 피수식체는 법과 관련된 것이고, operative는 이들이 유효함을 나타낸다. 법은 기계로 개념화된다.

[a] The agreement will not be operative until all the members have signed.
그 합의는 모든 회원들이 서명할 때까지는 유효하지 않을 것이다.

[b] The law becomes operative immediately.
그 법은 즉시 유효하게 된다.

[c] The regulation was operative.
그 규정은 유효했다.

3 피수식체는 특정한 낱말이고, operative는 이것이 어떤 맥락에서 핵심
적임을 나타낸다.

[a] He is supposed to supervise their work. 'suppose'
unfortunately is the operative word.

그는 그들의 일을 감독하기로(supposed) 되어 있다. 불행하게도 'suppose'가 중요한
말이다.

[b] He was a painter - 'was' being the operative word since
he died last week.

그는 화가였다 – 그가 지난주에 죽었기 때문에 'was'가 핵심단어이다.

[c] The operative word is 'caution'.

그 중요한 말은 '주의(caution)'이다.

[d] We should push him for a decision. - Yes, 'push' is the
operative word.

우리는 그에게 결정하도록 압박해야(push) 합니다 – 네, 'push'가 중요한 말입니다.

ORIGINAL

이 형용사는 명사 'origin(기원)'과 관계가 있다.

1 피수식체는 타이어, 이사, 상자, 소유자 등이고, original은 이들이 원래의 것임을 나타낸다.

[a] I have still the original tires on my car.
나는 아직도 내 자동차에 원래 타이어를 가지고 있다.

[b] Mr. Lee was one of the original board members.
이 씨는 창립 이사 중의 한 명이다.

[c] The antique doll is still in its original box.
이 골동품 인형은 아직도 원래의 상자에 있다.

[d] The land was returned to its original owner.
그 땅은 원래 소유자에게 돌려졌다.

2 피수식체는 증명서, 초고, 그림, 서류 등이고, original은 이들이 복사본이 아니라 원본임을 나타낸다.

[a] Please send original certificates and not photo copies.
원본 증명서를 보내세요. 그리고 복사본은 안 됩니다.

[b] The original draft of her new novel is lost.
그녀의 새 소설의 원본 초고는 분실되었다.

[c] The original painting is in a museum.
그 원본 그림은 미술관에 있다.

[d] Only original documents will be accepted as proof of status.

오직 원본 서류만이 신분 증거로서 접수될 것이다.

3 피수식체는 선물, 영화, 생각, 제안 등이고, original은 이들이 독창적임을 나타낸다.

[a] I want to buy a wedding present, and I want it to be something really original.

나는 결혼선물을 사고 싶은데, 나는 그것이 무언가 정말 독창적인 것이길 바란다.

[b] It is not a bad movie, but there's nothing original about it.

그것은 나쁜 영화는 아니지만, 그 영화에는 창의적인 것이 아무것도 없다.

[c] She came up with a lot of original ideas.

그녀는 많은 창의적인 생각들을 제안했다.

[d] That's a very original suggestion.

그것은 매우 창의적인 제안이다.

OUTRAGEOUS

이 형용사는 정상의 범위를 넘어선 지나친 상태를 나타낸다.

1 it은 that-절의 명제를 가리키고, outrageous는 이들이 도리에서 크게 벗어난 상태를 나타낸다.

[a] It is outrageous that the poor should pay such high taxes.
가난한 자가 이렇게 많은 세금을 내야 하는 것은 언어도단이다.

[b] It is outrageous that these buildings remain empty while thousands of people have no home.
수천 명의 사람들이 살 집이 없는데 이 건물들이 비어 있다는 것은 언어도단이다.

2 피수식체는 행동이고, outrageous는 이들이 무례하거나 난폭한 상태를 나타낸다.

[a] The parents ignored their spoiled child's outrageous behavior.
그 부모들은 그들의 버릇없는 아이의 무례한 행동을 무시했다.

[b] The company is making outrageous demand.
그 회사는 무리한 요구를 하고 있다.

[c] The outrageous party lasted until 3 in the morning.
그 난폭한 파티는 아침 3시까지 계속되었다.

3 피수식체는 말이고, outrageous는 이들이 진실성이 없는 상태를 나타낸다.

[a] The newspaper's outrageous editorial offended me.
그 신문의 언어 도단적인 사설은 나를 기분 나쁘게 했다.

[b] She says the most outrageous things sometimes.
그녀는 가끔 굉장히 터무니없는 말을 한다.

[c] The mayor apologized for his outrageous remarks.
그 시장은 그의 터무니없는 말에 사과했다.

4 피수식체는 가격이나 요금이고, outrageous는 이들이 터무니없는 것임을 나타낸다.

[a] charges for local calls are particularly outrageous.
지역 내 전화요금이 터무니없이 비싸다.

[b] That hotel charges outrageous prices.
그 호텔은 터무니없는 요금을 부과한다.

[c] These prices are outrageous.
이 가격은 터무니없다.

5 피수식체는 복장이고, outrageous는 이들이 별난 상태를 나타낸다.

[a] She looks absolutely outrageous in red.
그 여자는 빨간 옷을 입으니 참말로 별나게 보인다.

[b] She wore an outrageous hat.
그녀는 별난 모자를 썼다.

OUTSTANDING

이 형용사는 뛰어난 상태나 미해결된 상태를 나타낸다.

① 피수식체는 자연미, 음악가, 성적, 용기 등이고, outstanding은 이들이 뛰어남을 나타낸다.

[a] He made a visit to an area of outstanding natural beauty.
그는 빼어난 자연미를 가진 지역을 한 번 방문했다.

[b] He is an outstanding young musician.
그는 뛰어난 젊은 음악가이다.

[c] Her parents awarded her for her outstanding grades.
그녀의 부모님은 그녀의 뛰어난 성적에 상을 주었다.

[d] He had an outstanding courage.
그는 뛰어난 용기를 가졌다.

② 피수식체는 쟁점, 부채 등이고, outstanding은 이들이 미해결 상태에 있음을 나타낸다.

[a] The talks will resume next week to discuss the outstanding issues.
그 회담은 미해결의 쟁점들을 논의하기 위해 다음 주에 재개할 것이다.

[b] All your outstanding debts must be settled now.
너의 미지불된 모든 부채들은 지금 반드시 청산되어야만 한다.

[c] I still have an outstanding balance of $50 on my credit card account.

나는 아직도 신용카드계좌에 미지불된 50달러의 빚이 있다.

[d] These outstanding bills are due immediately.

미지불 계산서들은 만기가 곧 다가온다.

③ outstanding은 서술적으로 쓰였다.

[a] A lot of work is still outstanding.

많은 일들이 아직 미해결이다.

[b] Some tasks are still outstanding.

몇 개의 과업들은 아직 미해결이다.

[c] The problems are still outstanding.

그 문제들은 아직 미해결이다.

PARALLEL

이 형용사는 두 개체가 나란한 상태를 나타낸다.

1 피수식체는 복수이고, parallel은 이들이 나란함을 나타낸다.

[a] The road and the canal are parallel to each other.
그 길과 운하는 서로 나란히 있다.

[b] The road and the railway ran parallel for a while.
그 길과 철로가 한 동안 나란히 갔다.

[c] The rails of a train tracks are parallel to each other.
기찻길의 두 선로는 서로 평행하다.

[d] Lines AB and CD are parallel.
선분 AB와 선분 CD는 나란하다.

2 피수식체는 전치사 to의 목적어에 나란하다.

[a] The road runs parallel to the railway.
그 길은 철로에 나란히 뻗어 있다.

[b] The plane flew parallel to the coast.
그 비행기는 그 해안을 따라 나란히 날아갔다.

[c] Draw a line parallel to this one.
한 선을 이 선에 나란하게 그어라.

3 피수식체는 전치사 with의 목적어와 나란하다.

[a] The river runs parallel with the main road.
그 강은 큰 길과 나란히 달린다.

[b] Parallel with the old fence was a new barbed wire fence.
옛 울타리와 나란히 새 철조망이 있었다.

4 parallel은 한정적으로 쓰였다. 두 개체의 나란함은 두 개체의 유사함
의 뜻으로 확대된다.

[a] A pair of parallel lines never meet.
한 쌍의 평행선은 결코 만나지 않는다.

[b] There is a parallel research going on in Korea.
한국에서도 이와 병행하는 연구가 진행되고 있다.

[c] Parallel developments are made in the two countries.
유사한 발전들이 두 나라에서 이루어 졌다.

[d] John and Bill have parallel political viewpoints.
John과 Bill은 유사한 정치적 견해를 갖는다.

PARTICULAR

이 형용사는 개체 하나하나에 중점을 두는 상태를 나타낸다.

1 particular는 어느 대화에서 화자나 청자가 생각하고 있는 특정한 개체를 가리키는 데 쓰인다.

[a] In this particular case, no one else is improved.
이 특정한 경우에 있어서 다른 어느 누구도 개선되지 않았다.

[b] There was a particular child that kept causing trouble.
계속해서 문제를 일으키는 특정한 아이가 있었다.

[c] I like classical music in general, but not that particular composer.
나는 일반적으로 고전 음악을 좋아하지만 그러나 그 특정한 작곡가는 좋아하지 않는다.

[d] What particular topic would you like to discuss?
무슨 특정한 주제를 토의하고 싶습니까?

2 particular는 어느 개인이 갖는 특유함을 가리키는 데 쓰인다.

[a] My own particular academic subject is linguistics.
나의 특정한 전공과목은 언어학이다.

[b] His particular interest is in science.
그의 특유의 관심은 과학에 있다.

[c] Her own particular talent lies in singing.
그녀 자신의 특유한 재능은 노래 부르는 데 있다.

③ particular는 피수식체를 각별하게 초점을 두는 데 쓰인다.

[a] The sociologist put particular emphasis on behavior.
그 사회학자는 행동에 각별한 중점을 두었다.

[b] There is nothing of particular interest on TV tonight.
오늘 저녁 TV에는 특별히 재미있는 것이 아무것도 없다.

[c] These documents are of particular importance.
이 서류들은 각별히 중요하다.

[d] We must pay particular attention to the point.
우리는 그 점에 각별한 주의를 기울여야 한다.

④ 피수식체는 마음을 가리키고, 이것이 전치사 about의 목적어에 세심한 주의를 기울인다.

[a] He is very particular about his food.
그는 그가 먹는 음식에 매우 까다롭다.

[b] He is not particular about the clothes he wears.
그는 입는 옷에 대해 까다롭지 않다.

[c] She's very particular about keeping the place tidy.
그녀는 그 장소를 깔끔하게 유지하는데 주의를 많이 기울인다.

[d] He is particular about having breakfast at exactly 8 o'clock.
그는 8시 정각에 아침을 먹는 일에 각별히 주의를 기울인다.

⑤ 문장에는 부정사 not이 쓰였다. 주어는 의문사절의 내용에 세심한 관심을 두지 않는다.

[a] I'm not particular how you do it as long as you do it.
나는 당신이 그것을 하는 한 어떻게 하는지에 대해서 큰 관심을 두지 않는다.

[b] I'm not particular why he didn't come.

나는 그가 왜 안 왔는지에 대해 별 관심이 없다.

[c] I'm not particular what he does in his spare time.

나는 그가 여가 시간에 무엇을 하는 지에 대해 별 관심이 없다.

[d] I'm not particular when he comes back.

나는 그가 언제 돌아오는지에 대해 별 관심이 없다.

6 particular는 한정적으로 쓰여서 하나하나에 주의를 기울이는 상세하거나 꼼꼼한 상태를 그린다.

[a] She gave us a full and particular story of what had happened.

그녀는 일어난 일에 대해 전체적이고 상세한 이야기를 우리에게 했다.

PECULIAR

이 형용사는 어느 한 사람이나 개체의 독특한 상태를 나타낸다.

1 피수식체는 전치사 to의 목적어에 특이하다.

[a] The type of building is peculiar to the Korea.
그 건물 유형은 한국에 고유하다.

[b] The music is peculiar to the French-speaking populations.
그 음악은 불어를 쓰는 사람들에게 고유하다.

[c] That species of birds are peculiar to the Island.
그 새의 종은 그 섬에 고유하다.

[d] That expression is peculiar to canadians.
그 표현은 캐나다 사람들에게 고유하다.

2 peculiar는 한정적으로 쓰였다.

[a] Water holds a peculiar fascination for children.
물은 기이한 황홀감을 아이들에게 안겨준다.

[b] I have a peculiar feeling that we'd met before.
나는 우리가 전에 만났다는 기이한 느낌을 갖는다.

[c] The food has a peculiar taste.
그 음식은 독특한 맛을 지니고 있다.

[d] She is baffled by her son's peculiar eating habits.
그녀는 자기 아들의 독특한 식사 습관에 당혹했다.

3 it은 that-절의 명제를 가리키는 것이며, peculiar는 이것이 이상함을
가리킨다.

[a] It seemed peculiar that no one noticed she had gone.
그녀가 떠났음을 아무도 주목하지 못한 것은 기이하게 여겨졌다.

[b] There's always a light burning next door, but no one
even goes in or out. It is peculiar.
이웃집은 늘 불이 켜져 있다. 그러나 아무도 드나들지 않는다. 그것이 기이하다.

[c] It's rather peculiar that we were not given the
information until now.
우리가 지금까지 그 정보를 받지 못한 것은 좀 기이하다.

PERSONAL

이 형용사는 사람(person)과 관계가 있다.

1 피수식체는 컴퓨터, 운전사, 훈련사, 열쇠 등이고, personal은 이들이 개인전용임을 나타낸다.

[a] He has his own personal computer.
그는 자신의 개인용 컴퓨터를 갖고 있다.

[b] He was given his own personal chauffeur to drive him home.
그는 집에 운전해 줄 개인 운전사가 주어졌다.

[c] I've decided to hire a personal trainer.
나는 개인 훈련사를 고용하려고 결정했다.

[d] The key is for your personal use.
그 열쇠는 너의 개인전용이다.

2 피수식체는 소지품, 재산 등이고, personal은 이들이 개인의 소유임을 나타낸다.

[a] After his death, mother received his personal effects.
그가 죽은 후에 어머니는 그의 개인 휴대품을 받았다.

[b] All his personal belongings were removed from his pockets.
그의 모든 개인 소지품이 그의 호주머니에서 제거되었다.

[c] His personal wealth amounts to more than 10 million dollars.
그의 개인 재산은 천만 달러 이상이다.

3 피수식체는 출현, 방문, 경험, 주의 등이고, personal은 이들이 몸소 이루어짐을 나타낸다.

[a] President made a personal appearance at the event.
대통령은 그 행사에 몸소 출현했다.

[b] The actress made a personal visit to the children's hospital.
그 여배우는 그 아동병원을 몸소 방문했다.

[c] I know from personal experience that you can't trust him.
나는 몸소 경험을 통해서 네가 그를 믿을 수 없음을 안다.

[d] The mayor promised to give his personal attention.
그 시장은 그 자신의 집적적인 주의를 기울이기로 약속했다.

4 피수식체는 관리상품, 건강, 위생, 청결 등이고, personal은 이들이 몸과 관련됨을 나타낸다.

[a] The company is a manufacturer of personal care products.
그 회사는 몸 관리 생산품의 제조회사이다.

[b] He's always fussy about his personal health.
그는 항상 몸 건강에 대해 안달복달 한다.

[c] In the interest of personal hygiene, wash your hands.
몸 위생을 위해서 손을 씻어라.

[d] He is rigid about his personal cleanliness.
그는 몸 청결에 엄격하다.

5   피수식체는 선호, 생활, 취향, 견해 등이고, personal은 이들이 개인적임을 나타낸다.

[a] Choosing a car is a matter of personal preference.
자동차 선택은 개인적 선호의 문제이다.

[b] I don't answer questions about my personal life.
나는 내 개인 생활에 대한 질문에 대답하지 않는다.

[c] Modern art isn't to my personal taste.
근대 미술은 내 개인 취향에 맞지 않는다.

[d] My own personal view is that boxing should be abolished.
내 자신의 개인 견해는 권투는 폐지되어야 한다는 것이다.

6   피수식체는 접촉, 관계, 친구 등이고, personal은 이들이 인간적인 뜻임을 나타낸다.

[a] As you get promoted in a firm, you lose that personal contact.
네가 회사에서 승진함에 따라 너는 인간적인 접촉을 잃게 된다.

[b] The two leaders have a good personal relationship.
그 두 지도자들은 좋은 인간관계를 맺고 있다.

[c] John and Jane are good personal friends.
John과 Jane은 좋은 친한 친구이다.

[d] The doctor is a personal friend of his.
그 의사는 그의 인간적인 친구이다.

7   피수식체는 전화, 호의 등이고, personal은 이들이 공적이 아닌 사적임을 나타낸다.

[a] Please try not to make personal phone calls at work.
직장에서 사적인 전화는 하지 않도록 노력하시오.

[b] I asked him for a personal favor.

나는 그에게 사적인 부탁을 했다.

[c] Will you do it as a personal favor to me?

당신은 그것을 사적인 호의로 나에게 해주시겠습니까?

8 피수식체는 말, 공격 등이고, personal은 이들이 개인을 해침을 나타낸다.

[a] It is bad to make such personal remarks.

이런 인신공격적인 말을 하는 것은 나쁘다.

[b] He saw her comments as a personal attack.

그는 그녀의 논평을 인신공격으로 보았다.

[c] Let's not get personal about this.

이 문제에 대해서 인신공격을 그만 합시다.

[d] The argument is becoming too personal.

그 논쟁은 지나치게 인신공격적으로 되고 있다.

PLAUSIBLE

이 형용사는 합리적으로 보이나 실제로는 그렇지 않은 그럴싸한 상태를 나타낸다.

1 피수식체는 말과 관련되고, plausile은 이들이 그럴듯함을 나타낸다.

[a] Her story sounded plausible, but it wasn't actually true.
그녀의 이야기는 그럴듯하게 들렸지만 그것은 실제 진실이 아니었다.

[b] Your explanation sounds plausible.
너의 설명은 그럴싸하게 들린다.

2 plausible은 한정적으로 쓰였다.

[a] His car broke down, so he has a plausible explanation as to why he was late.
그의 차가 고장났다. 그래서 그는 왜 그가 늦었는지에 대한 그럴싸한 설명을 가지고 있다.

[b] The jury believed the witness's plausible testimony.
그 배심원은 목격자의 그럴싸한 증언을 믿었다.

3 피수식체는 사람이고, plausible은 이들의 말이 그럴듯함을 나타낸다.

[a] He was plausible and I believed him.
그의 말은 그럴듯했다. 그래서 나는 그를 믿었다.

[b] He was so plausible that he coned everyone.
그의 말은 대단히 그럴싸해서 그는 모든 사람을 속였다.

POPULAR

이 형용사는 여러 사람이 좋아하는 상태를 나타낸다.

1 피수식체는 여러 사람이 좋아하는, 즉 인기가 있는 개체나 사람이다.

[a] He remained one of the most popular politicians in Korea.
그는 한국에서 가장 인기 있는 정치가의 한 명으로 남았었다.

[b] Vanilla and chocolate are popular ice-cream flavors.
바닐라와 초콜릿은 인기 있는 아이스크림 맛이다.

[c] His book has enormously popular appeal.
그의 책은 엄청난 대중적인 호소력을 갖는다.

2 피수식체는 흥행에 관련된 것이고, popular는 이 흥행이 인기가 있음을 나타낸다.

[a] Country music is a form of popular entertainment.
컨트리 뮤직은 대중 흥행의 한 형태이다.

[b] The radio station played popular music during the day.
그 라디오 방송국은 낮 동안 대중가요를 들려주었다.

[c] What's the most popular pastime after watching TV?
무엇이 TV시청 다음에 가장 대중적인 소일거리인가?

3 피수식체는 전치사 with에게 인기가 있다.

[a] He's hugely popular with the fans.
그는 펜들에게 대단히 인기가 있다.

[c] He is not very popular with his students.
그는 학생들에게 별 인기가 없다.

[c] These policies are unlikely to be popular with middle class voters.
이 정책들은 중산층 유권자들에게 인기가 있을 것 같지 않다.

4 피수식체는 문화, 투표, 지지 등이고, popular는 이들이 많은 사람의 힘에 이루어짐을 나타낸다.

[a] cracker Jacks are a snack with a long history in American popular culture.
크래커 잭스는 미국 대중문화에 있어서 오랜 역사를 가진 간식이다.

[b] It was decided by popular vote.
그것은 인기투표로 결정되었다.

[c] The party still has popular support.
그 정당은 아직도 대중의 지지를 받고 있다.

5 피수식체는 근거 없는 믿음, 의견 등이고, popular는 이들을 여러 사람이 가짐을 나타낸다.

[a] The popular myth is that air travel is more dangerous than travel by car.
대중적인 근거 없는 믿음은 비행기 여행이 자동차 여행보다 더 위험하다는 것이다.

[b] contrary to popular belief, women cause fewer road accidents than men.
대중들의 믿음과는 달리 여자들은 남자보다 교통사고를 적게 일으킨다.

[c] Popular opinion is divided on the issue.
대중의 의견은 그 쟁점에 대해 갈라져 있다.

POSITIVE

이 형용사는 긍정을 나타낸다.

1 피수식체는 시험이고, positive는 이들의 결과가 양성임을 나타낸다.

[a] She tested positive for hepatitis.
그녀는 간염에 양성반응이 나왔다.

[b] The test was positive - you're pregnant.
그 시험은 양성이었습니다 – 당신은 임신입니다.

[c] She had a cancer test, and the result was positive.
그녀는 암 테스트를 했는데 그 결과는 양성이었다.

2 피수식체는 수이고, positive는 이들이 양수임을 가리킨다.

[a] The outside temperature is positive six.
바깥 온도는 영상 6°이다.

[b] Twelve is a positive number and -12 is negative number.
12는 양수이고. −12는 음수이다.

[c] My blood type is O positive.
나의 혈액형은 O+이다.

[d] Negative two times negative three times is positive six.
That is, -2 × -3 = 6
음수 2 곱하기 음수 3은 양수 6이다. 즉 −2 × −3 = 6.

③ 피수식체는 전치사 about의 목적어에 대해서 긍정적인 마음을 가진다.

[a] She tried to be more positive about her new job.
그녀는 새로운 일에 대해 좀 더 긍정적이 되려고 노력했다.

[b] Be positive about your future.
여러분은 여러분의 미래에 대해서 긍정적인 마음을 가지시오.

[c] You've got to the more positive about your work.
너는 너 자신의 일에 대해서 그만큼 더 긍정적이어야 한다.

[d] Most people have been very positive about the show.
대부분의 사람들은 그 쇼에 대해 매우 긍정적이다.

④ positive는 한정적으로 쓰였다.

[a] The critic gave a positive appraisal.
그 비평가는 긍정적인 평가를 했다.

[b] Try to think positive thoughts.
긍정적인 생각들을 하도록 노력해라.

[c] School was a totally positive experience for me.
학교는 나에게 전적으로 긍정적인 경험이었다.

[d] Students learn better in this positive environment.
학생들은 이 긍정적인 환경에서 더 잘 배운다.

⑤ 피수식체는 that-절의 명제에 확신을 갖는다.

[a] Are you positive that you've never seen him before?
너는 그를 전에 본 적이 없다고 확신하는가?

[b] Are you positive you locked the door?
너는 그 문을 잠갔는지 확신하느냐?

[c] She is positive that she left her coat here.
그녀는 그녀의 웃옷을 여기에 두었다고 확신하고 있다.

[d] The president is positive that the war would end soon.
그 대통령은 그 전쟁이 곧 끝날 것이라고 확신한다.

6 피수식체는 전치사 of의 목적어를 확신한다.

[a] He is positive of the result.
그는 그 결과를 확신한다.

[b] She is positive of her success.
그녀는 그녀의 성공을 확신한다.

7 피수식체는 발전, 증명, 변화, 영향 등이고, positive는 이들이 긍정적인,
즉 확실함을 나타낸다.

[a] The past 10 years has seen a positive development in
East-West relations.
지난 10년은 동-서 관계에 있어서 확실한 발전을 보여 왔다.

[b] These finger prints are positive proof that he used
the gun.
이 지문은 그가 그 총을 쏘았다는 확실한 증명이 된다.

[c] There was a positive change in his behavior.
그의 행동에는 확실한 변화가 있었다.

[d] His family has been a positive influence on him.
그의 가족은 그에게 확실한 영향을 주었다.

8 피수식체는 행동, 기여 등이고, positive는 이들이 적극적임을 나타낸다.

[a] Positive action was required.
적극적인 행동이 요구되었다.

[b] It will require positive action by all in the industry.
그것은 그 산업에 종사하는 모든 사람들의 적극적인 행동을 요구할 것이다.

[c] He made a positive contribution to the discussion.
그는 그 토론에 적극적인 기여를 했다.

[d] It is a relief to know that something positive is being done.
무언가 적극적인 것이 행해지고 있다는 것을 아는 것은 위안이다.

9 피수식체는 기쁨, 악몽, 천치, 천재 등이고, positive는 이들이 의심할 바 없는 완전한 상태를 나타낸다.

[a] It was a positive delight to hear her ring.
그녀의 전화소리를 듣는 것은 확실한 기쁨이었다.

[b] The journey was a positive nightmare.
그 여정은 완전한 악몽이었다.

[c] He is a positive idiot.
그는 완전한 천치이다.

[d] He has a positive genius for upsetting people.
그는 사람 마음을 뒤집는데 완전한 천재이다.

PROFOUND

이 형용사는 매우 깊은 상태를 나타낸다.

1 피수식체는 해저, 계곡 등이고, profound는 이들이 매우 깊음을 나타낸다.

[a] The sunken ship was found in the profound depths of the ocean.
그 침몰한 배는 그 대양의 매우 깊은 해저에서 발견되었다.

[b] The search team discovered the body in the profound depth over a valley.
그 탐험대는 시체를 어느 계곡의 아주 깊은 골짜기에서 발견했다.

2 피수식체는 불신, 사랑, 정적 등이고, profound는 이들의 깊이가 깊음을 나타낸다.

[a] My grandmother has a profound mistrust of anything new.
나의 할머니는 새로운 것이면 무엇이든 깊은 불신을 갖는다.

[b] He has a profound love of art.
그는 예술에 대한 깊은 사랑을 갖고 있다.

[c] There was a profound silence in the empty church.
깊은 정적이 빈 교회 속에 있었다.

3 피수식체는 지식, 통찰력, 말 등이고, profound는 이들의 깊이가 깊음을 나타낸다.

[a] He has a profound knowledge of Korea.
그는 한국에 대한 깊은 지식을 갖고 있다.

[b] Her profound insights into human experience can be found in the book.
그녀의 인간 경험에 대한 깊은 통찰력은 그 책에서 발견될 수 있다.

[c] He made a profound remark.
그는 심오한 말을 했다.

4 피수식체는 변화나 차이이고, profound는 이들이 매우 깊음을 나타낸다.

[a] The invention of the contraceptive pill brought about profound changes in the lives of women.
피임약의 발명은 여성들의 삶에 중대한 변화를 가져왔다.

[b] The difference between the classes is very profound.
계층 간의 차이는 매우 깊다.

5 피수식체는 충격이나 영향이고, profound는 이들의 영향이 매우 큼을 나타낸다.

[a] His mother's death had a profound effect on the boy.
그의 엄마의 죽음은 그 소년에게 깊은 영향을 끼쳤다.

[b] The incident made a profound impression on me.
그 사건은 나에게 깊은 인상을 남겼다.

[c] The mother's behavior has a profound impact on the developing child.
엄마의 행동은 자라나는 아이에게 깊은 영향을 준다.

[d] His death was a profound shock.
그의 죽음은 큰 충격이었다.

PROPER

이 형용사는 제 자리에 맞아서 적절한 상태를 나타낸다.

1 피수식체는 자리이고, proper는 이들이 어떤 물건의 제자리임을 나타 낸다.

[a] He put the things in their proper place.
그는 그 물건들을 제자리에 두었다.

[b] Put the book back in its proper place on the shelf.
그 책을 선반 위의 제자리에 다시 갖다 놓아라.

2 피수식체는 바보, 신사, 직업, 휴가 등이고, proper는 이들이 제대로 된 것임을 나타낸다.

[a] He has made a proper fool of himself.
그는 자신을 완전한 바보로 만들었다.

[b] He's only six, but he is already a proper little gentleman.
그는 단지 6살인데 벌써 제대로 된 꼬마 신사이다.

[c] He lacks a proper job.
그는 제대로 된 직업이 없다.

[d] We haven't had a proper holiday for years.
우리는 몇 년 동안 제대로 된 휴가를 가진 적이 없다.

3 피수식체는 장소나 지역이고, proper는 이들이 엄밀하게 풀이됨을 나타낸다.

[a] Does he live in Seoul proper, or in the suburbs.
그는 서울 중심부에 삽니까? 아니면 교외에 삽니까?

[b] It's the main road that links Santa cruz proper and the mountains.
이것은 산타크루스 중심부와 그 산들을 이어주는 간선 도로이다.

[c] She lives in the suburbs, not in the city proper.
그녀는 교외에 살고 중심부에는 살지 않는다.

[d] Sue's office is in Berkeley proper.
Sue의 사무실은 버클리 중심부에 있다.

4 피수식체는 절차나 방법이고, proper는 이들이 절차를 제대로 밟은 상태를 나타낸다.

[a] I went through the proper process.
나는 올바른 과정을 거쳤다.

[b] Please follow the proper procedures for dealing with complaint.
불만을 다루기 위한 정식 절차를 따라 주세요.

[c] That's not the proper way to do it.
그것은 그 일을 하는 올바른 방법이 아니다.

[d] This is the only proper course of action.
이것은 유일하게 적절한 행동방침이다.

5 피수식체는 to의 목적어에 제격임을 나타낸다.

[a] He was dressed in a way that is proper to the occasion.
그는 그 행사에 맞는 방법으로 옷을 입고 있었다.

[b] Is this **proper** time to plant rice?

벼를 심는 제때인가요?

[c] They should be treated with the dignity **proper** to all individuals.

그들은 모든 개인들에게 적절한 위엄으로 대접 받아야 한다.

6 it은 to-부정사의 과정을 가리키고, proper는 이들이 적절함을 나타낸다.

[a] I don't think it would be **proper** for me to say any more.

나는 내가 더 이상 말하는 것이 적절할 것이라고 생각하지 않는다.

[b] It's not **proper** to come to parties so late.

파티에 그렇게 늦게 오는 것은 적절하지 못하다.

[c] It's right and **proper** that his family should be present.

그의 가족들이 출석하는 것은 옳고 적절한 일이다.

QUESTIONABLE

이 형용사는 의심을 받을 수 있는 상태를 나타낸다.

① 피수식체는 정보, 결론, 결과 등이고, questionable은 이들이 의심스러움을 나타낸다.

[a] Some information is highly questionable.
어떤 정보는 굉장히 의심스럽다.

[b] The conclusion that they have come to is highly questionable.
그들이 이르게 된 결론은 대단히 의심스럽다.

[c] The results of the experiments are questionable.
그 실험의 결과들은 의심스럽다.

② 피수식체는 나들이, 활동, 동기, 이익 등이고, questionable은 이들이 의심을 자아내는 상태를 가리킨다.

[a] He goes on many questionable trips in the middle of the night.
그는 밤중에 수상한 나들이를 계속한다.

[b] He was accused of some questionable activities.
그는 몇 가지의 의심스러운 활동들로 고발당했다.

[c] Her motives for helping are questionable.
도와주는 그녀의 동기는 의심스럽다.

[d] The schemes are of questionable benefit to the local residents.

그 계획안들은 지역 주민들에게 미심쩍은 이익의 성격을 띠고 있다.

3 피수식체의 it은 의문사절을 가리키고, questionable은 이들이 의심스러움을 나타낸다.

[a] It is questionable whether this is a good way of solving the problem.

이것이 그 문제를 푸는 좋은 방법인지는 의심이 간다.

[b] It is questionable whether this report is true.

이 보고서가 진실인지는 의문이 간다.

RAPID

이 형용사는 속도가 빠름을 나타낸다.

1 피수식체는 맥박, 사격, 질문 등이고, rapid는 이들의 연속이 빠름을 나타낸다.

[a] The old man has a rapid pulse.
그 노인은 맥박이 빠르다.

[b] The guard fired 5 shots in rapid succession.
그 경비는 총알 5발을 빠르게 연속적으로 쏘았다.

[c] They asked their questions in rapid succession.
그들은 그들의 질문을 빠르게 연속적으로 했다.

2 피수식체는 연설, 속도, 움직임, 변화 등의 과정이고, rapid는 이들이 빠르게 진행됨을 나타낸다.

[a] His rapid speech is difficult to understand.
그의 빠른 연설은 이해하기 힘들다.

[b] The disease is spreading at a rapid rate.
그 질병은 급속도로 퍼지고 있다.

[c] The shoplifter made a rapid move toward the exit.
그 가게 좀도둑은 출구 쪽으로 빨리 움직였다.

[d] The 1990s was a period of rapid change.
1990년도는 빠른 변화의 시기였다.

3 rapid는 서술적으로 쓰였다.

[a] His response to the medicine was rapid.
그 약에 대한 그의 반응은 빨랐다.

[b] Her recovery was rapid.
그녀의 회복은 빨랐다.

[c] The growth in the use of the internet is very rapid.
인터넷 사용 분야의 성장은 매우 빠르다.

RARE

이 형용사는 드물거나 띄엄띄엄한 상태를 그린다.

1 피수식체는 기회, 발생, 시범, 출현 등이고, rare는 이들이 드물게 일어남을 나타낸다.

[a] He exploited the rare opportunity.
그는 드문 기회를 한껏 이용했다.

[b] In this region, snow is rare occurrence.
이 지역에서는 눈이 드물게 온다.

[c] He showed a rare display of courage.
그는 드문 용기의 시범을 보여주었다.

[d] The famous movie-star made a rare public appearance.
그 유명한 영화배우는 드물게 대중 앞에 나타났다.

2 피수식체는 책, 재능, 골동품, 식물 등이고, rare는 이들이 희귀함을 나타낸다.

[a] He is collecting rare books.
그는 희귀한 책들을 수집한다.

[b] He has a rare talent for managing people.
그는 사람들을 관리하는 데 드문 재능을 가지고 있다.

[c] He is a dealer in rare antiques.
그는 희귀한 골동품 장사이다.

[d] This is one of the rarest plants in our collection.
이것은 우리의 수집품 가운데 가장 희귀한 식물이다.

3 it은 to-부정사의 과정을 가리키고, rare는 이들이 드물게 일어남을 나타낸다.

[a] It is rare for her to lose her temper.
그녀가 화를 내는 것은 드문 일이다.

[b] It is rare to find such old books.
이러한 고서를 찾기는 드문 일이다.

[c] It is rare to find such royalty these days.
오늘날 이런 충성심을 발견하기는 드물다.

[d] It is rare to find these birds in Korea in winter.
이 새들을 겨울에 한국에서 발견하기는 드물다.

4 rare는 서술적으로 쓰였다.

[a] This species is extremely rare.
이 종은 극히 희귀하다.

[b] This species of plant is becoming increasingly rare.
이 식물들의 종은 점점 더 희귀해지고 있다.

[c] He has that quality of humility so rare in famous people.
그는 유명한 사람들에게서는 찾아볼 수 없는 겸손의 특징을 가지고 있다.

[d] Heart attacks are extremely rare in babies.
심장마비는 아기들에게는 극히 드물다.

5 피수식체는 공기나 가스이고, rare는 이들이 많지 않음을 나타낸다.

[a] The air is rare in the mountains at high altitude.
공기는 고도의 산악지대에서는 희박하다.

[b] There are rare gases in the earth's upper atmosphere.
지구의 대기 상층권에는 희박한 가스들이 있다.

6 피수식체는 고기이고, rare는 잘 익지 않은 상태를 나타낸다.

[a] Father likes rare meat that is still a little pink inside.
아버지는 아직도 속이 연분홍색인 덜 익은 고기를 좋아한다.

[b] He likes his steak rare.
그는 스테이크를 덜 익혀 먹기를 좋아한다.

RAW(1)

이 형용사는 쓰라린 느낌을 나타낸다.

1 피수식체는 피부나 신체부위이고, raw는 이들이 따갑거나 쓰린 상태에 있음을 나타낸다.

[a] Her hands were rubbed raw from the unaccustomed work.
그녀의 손은 익숙하지 않은 일로 인해 까져서 쓰리다.

[b] His face is raw from the cold.
그의 얼굴은 추위 때문에 쓰리다.

[c] My hands were raw with cold.
나의 손은 추위로 쓰라렸다.

[d] The skin on my feet is raw because the shoes are too small.
내 발의 피부가 신발이 너무 작기 때문에 쓰라리다.

2 피수식체는 바람, 겨울 등이고, raw는 이들이 매우 매서운 상태를 나타낸다.

[a] A raw March wind is blowing.
쌀쌀한 3월의 바람이 불고 있다.

[b] A raw wind chilled him to the bone.
으스스 추운 바람이 그를 뼛속까지 오싹하게 했다.

[c] It had been a wet raw winter.

날씨가 축축하고 살을 에는 겨울이었다.

③ 피수식체는 감정, 슬픔 등이고, raw는 이들이 쓰라림을 나타낸다.

[a] Her emotions are still raw after her painful divorce.

그녀의 감정은 고통스러운 이혼을 겪고 아직도 마음이 쓰라리다.

[b] Her grief was raw, and he did not know how to help her.

그녀의 슬픔은 매우 심해서 그는 그녀를 어떻게 도와야 할지 몰랐다.

[c] Her performance was filled with raw emotion.

그녀의 연기는 절제되지 않은 감정으로 차 있었다.

RAW(2)

1 피수식체는 물질이고, raw는 이들이 가공되지 않은 상태를 나타낸다.
즉 원상태를 나타낸다.

[a] Coal is a raw material.
석탄은 가공되지 않은 물질이다.

[b] Cotton and wool are raw materials from which clothes
is made.
면과 모는 옷이 만들어지는 원료이다.

[c] Her childhood provided the raw material for her first
novel.
그녀의 유년기가 그녀의 첫 소설 원재료를 제공했다.

[d] There was raw sewage on the beach.
그 해변에는 처리되지 않은 오수가 있었다.

2 피수식체는 음식이고, raw는 이들이 가공되지 않음을 나타낸다.

[a] He added a raw egg to his milk.
그는 그의 우유에 날달걀을 넣었다.

[b] Koreans eat raw fish.
한국인들은 날생선을 먹는다.

[c] Raw carrots are good for your eyesight.
생 홍당무는 시력에 좋다.

③ raw는 서술적으로 쓰였다.

[a] The chicken is still raw.
그 닭고기는 아직 설었다.

[b] You can eat the vegetable raw.
너는 그 채소를 날로 먹어도 된다.

④ 피수식체는 자료이고, raw는 이것이 처리되지 않은 상태를 나타낸다.

[a] This information is only raw data, and will need further analysis.
이 정보는 처리되지 않은 자료로서 좀 더 많은 분석이 필요하다.

[b] An analysis were conducted on the raw data.
한 분석이 그 처리되지 않은 자료에 실시되었다.

[c] The raw evidence goes to show that he's guilty.
그 처리되지 않은 증거는 그가 유죄임을 보여준다.

⑤ 피수식체는 재능, 신병, 초보자 등이고, raw는 이들이 교육을 받지 않은 상태를 나타낸다.

[a] Good coaches develop raw talent into seasoned players.
좋은 코치는 훈련되지 않은 재능을 숙련된 선수로 발전시킨다.

[b] In the army, all raw recruits go to training camp first.
군대에서 모든 신병들은 먼저 훈련소로 간다.

[c] They are raw beginners.
그들은 완전 초보자이다.

6 피수식체는 용기, 본능의 힘, 에너지 등이고, raw는 이들이 다듬어지지 않은 상태를 나타낸다.

[a] She was surprised by her own raw courage.
그녀는 자신의 원초적 용기에 놀랐다.

[b] She excited his raw power of instinct.
그녀는 그의 본능의 원초적 힘을 자극시켰다.

[c] We were struck by the raw energy.
우리들은 그 원초적인 힘에 놀랐다.

7 피수식체는 농담, 묘사, 기술, 연극 등이고, raw는 정제되지 않은 상태를 나타낸다.

[a] The raw joke offended me.
노골적인 농담은 나를 기분 나쁘게 했다.

[b] The main feature of his pictures is a raw portrayal of working class life.
그의 영화의 주 특징은 노동계층 생활의 적나라한 묘사이다.

[c] He gave a raw account of life in the camps.
그는 그 수용소 안에서의 생활을 노골적으로 기술했다.

[d] His new play is a raw drama about family life.
그의 새 연극은 가족생활에 대한 노골적인 이야기이다.

RECENT

이 형용사는 현재에서 가까운 과거를 나타낸다.

1 피수식체는 기간이나 기억이고, recent는 이들이 최근임을 나타낸다.

[a] Sales have fallen by more than 10% in recent months.
판매가 최근 몇 달 동안 10% 이상 하락했다.

[b] A recent period in history witnessed several atrocious terrorist acts.
역사상 최근의 시기는 몇 개의 극악무도한 테러분자의 소행을 목격했다.

[c] Business has boomed in recent years.
사업이 최근 몇 년 동안 번창했다.

[d] It was the highest election turnout in recent memory.
그것은 최근 기억 속에 최고의 투표율이었다.

2 피수식체는 사건, 공격, 발전, 소식 등이고, recent는 이들이 최근의 것임을 나타낸다.

[a] Have you been following recent political events?
당신은 최근의 정치적 사건들을 추적하고 있습니까?

[b] In the most recent attack, one man was shot dead.
가장 최근의 공격에서 한 사람이 사살되었다.

[c] Recent developments in medicine will make diabetes a curable disease.
의학계의 최근 발전은 당뇨병을 고칠 수 있는 병으로 만들 것이다.

[d] What is the most recent news?

무엇이 가장 최근의 소식인가?

3 recent는 서술적으로 쓰였다.

[a] Some of the changes are quite recent.

그 변화들의 몇 가지는 아주 최근의 것이다.

[b] My visit to China was quite recent.

나의 중국 방문은 아주 최근에 있었다.

REGULAR

이 형용사는 규칙적으로 일어나는 상태를 나타낸다.

1 피수식체는 공간상의 간격이고, regular는 이들이 일정하게 떨어짐을 나타낸다.

[a] Plant the seeds at regular intervals.
그 씨를 규칙적인 간격으로 심어라.

[b] Put the vases at regular intervals.
그 화분들을 일정한 간격을 두고 놓아라.

2 피수식체는 교통편, 홍수, 모임 등이고, regular는 이들이 일정한 간격을 두고 일어남을 나타낸다.

[a] There is a regular bus service to the train station.
기차역으로 가는 정기 버스 편이 있다.

[b] We have a regular flood here.
우리들은 여기에 정규적인 홍수를 겪는다.

[c] We hold regular monthly meetings.
우리는 정규적으로 월 모임을 갖는다.

3 피수식체는 커피, 의사, 콜라 등이고, regular는 특별하거나 전문적이
아닌 보통임을 나타낸다.

[a] Do you want regular or decaffeinated coffee?
일반 커피를 원하십니까, 무 카페인 커피를 원하십니까?

[b] He is a regular doctor, not a specialist.
그는 일반의이고 전문의는 아니다.

[c] I ordered a regular coke with my hamburger, not a large
one.
나는 햄버거에 딸린 큰 것이 아닌 보통 크기의 콜라로 주문했다.

4 피수식체는 의무, 취침시간, 습관 등이고, regular는 이들이 일상적임을
나타낸다.

[a] Driving the van was a change from his regular duties.
밴을 운전하는 것은 그의 일상 임무에서의 변화였다.

[b] His regular bedtime is 10o'clock.
그의 일상적인 취침시간은 10시이다.

[c] His regular habit is to drink coffee in the morning.
그의 일상적인 습관은 아침에 커피를 마시는 일이다.

5 피수식체는 용모, 체구, 치열 등이고, regular는 이들이 가지런한 상태
를 나타낸다.

[a] He's handsome, with regular features.
그는 단정한 용모를 가진 잘생긴 남자이다.

[b] He has a regular build and an average weight.
그는 정상적인 체구와 평균 몸무게를 가지고 있다.

[c] He has strong regular teeth.
그는 튼튼하고 가지런한 이를 가졌다.

6 피수식체는 방문객, 손님, 의사 등이고, regular는 이들이 단골임을 나타낸다.

[a] He was a regular visitor to the house.
그는 그 집에 단골방문객이었다.

[b] The old man is one of the bar's regular customers.
그 노인은 그 술집의 단골손님 중 한 분이다.

[c] I couldn't see my regular dentist.
나는 단골치과의사를 볼 수 없었다.

7 피수식체는 귀찮은 존재, 독재자 등이고, regular는 이들이 표준적임을 나타낸다.

[a] That little boy is a regular nuisance.
그 작은 소년은 진짜 귀찮은 존재이다.

[b] The child is so bossy - a regular little dictator.
그 아이는 너무 대장노릇을 한다 - 그는 진짜 작은 독재자이다.

8 regular는 서술적으로 쓰였다.

[a] He phones us every Sunday, regular as clockwork.
그는 우리에게 매 일요일 시계처럼 규칙적으로 전화한다.

[b] His breathing is slow but regular.
그의 숨은 느리지만 규칙적이다.

[c] He asked if my bowel movement is regular.
그는 나에게 장운동이 규칙적인지 물어보았다.

REMOTE

이 형용사는 아득히 멀리 떨어져 있는 상태를 나타낸다.

① 피수식체는 장소, 산간 지역, 은하수 등이고, remote는 이들이 공간 속에 매우 멀리 떨어져 있음을 나타낸다.

[a] The accident occurred in a remote place.
그 사고는 오지에서 발생했다.

[b] There was a fire in a remote mountain area.
산불이 멀리 떨어져 있는 외진 산간 지역에서 났다.

[c] You can observe remote galaxies through this telescope.
너는 아득히 먼 은하수를 이 망원경을 통해서 관찰할 수 있다.

② 피수식체는 과거나 미래이고, remote는 이들이 현재에서 매우 멀리 떨어져 있음을 나타낸다.

[a] It happened in the remote past.
그것은 아득한 과거에 일어났다.

[b] The book describes the remote time when the dinosaur walked the earth.
그 책은 공룡이 지구를 걸어 다녔던 아득히 먼 시대를 기술한다.

[c] It will be possible in the remote future.
그것은 아득히 먼 미래에는 가능할지 모른다.

3 피수식체는 친척이고, remote는 이들이 친족 망에서 멀리 떨어져 있음을 나타낸다.

[a] All members of the family except remote were invited.
그 가족의 모든 구성원들은 먼 친척을 제외하고는 다 초대되었다.

[b] He is one of my remote relative.
그는 나의 먼 친척 중에 한 사람이다.

4 피수식체는 생각, 가능성, 전망, 기회 등이고, remote는 이들이 매우 약함을 나타낸다.

[a] I haven't the remotest idea what you mean.
나는 네가 무엇을 의미하는지 희미한 생각조차 없다.

[b] The possibility of kidnapping is remote, but be careful.
유괴에 대한 가능성은 희박하지만, 그러나 주의해라.

[c] The prospect for peace seems remote.
그 평화의 전망은 아득해 보인다.

[d] There is a remote chance that you can catch him before he leaves.
그가 떠나기 전에 네가 그를 잡을 수 있는 기회는 희박하다.

5 remote는 서술적으로 쓰였다.

[a] The cottage was quiet and clean and remote from the busy daily life of the city.
그 별장은 조용하고 도시의 바쁜 일상생활로부터 멀리 떨어져 있다.

[b] The city was so alien, so remote from what he had ever known.
그 도시는 그가 예전에 알아왔던 것과는 너무 동떨어져 있었다.

[c] We felt remote and lonely living out in the county.

우리는 시골에 나가 살기 때문에 멀리 떨어져서 외로웠다.

[d] The idea of a vacation seems so remote I can hardly imagine it.

휴가에 대한 생각은 너무 아득해서 나는 그것을 거의 상상할 수 없다.

6 피수식체는 사람이고, remote는 이들의 마음이나 태도가 거리감을 두는 상태를 그린다.

[a] Her manner was remote and cool.

그녀의 태도는 서먹서먹하고 쌀쌀맞았다.

[b] She was polite but remote.

그녀는 공손했지만 거리감이 있었다.

[c] His father was remote, quiet man.

그의 아버지는 불친절하고 말이 없었다.

RESPECTABLE

이 형용사는 사람이 존경을 받을 수 있는 상태를 나타낸다.

1 피수식체는 사람들, 법률가, 여성 등이고, respectable은 이들이 존경을 받을 만함을 나타낸다.

[a] They are respectable people who are liked and trusted in their town.
그들은 마을에서 사랑과 신뢰를 받는 존경 받는 사람들이다.

[b] The prosecuting attorney was a very respectable lawyer.
그 검사는 매우 존경받는 법률가이다.

[c] He married a respectable young woman from a good family.
그는 훌륭한 집안의 출신인 존경받는 젊은 여성과 결혼했다.

2 피수식체는 옷, 삶, 공연 등이고, respectable은 이들이 좋은 평을 받을 만함을 나타낸다.

[a] I wore a respectable suit to the interview.
나는 인터뷰에 단정한 옷을 입고 갔다.

[b] She continues to lead a respectable life.
그녀는 부끄럽지 않은 삶을 계속 영위해 나간다.

[c] It was a fairly respectable performance.
그것은 상당한 수준의 공연이었다.

3 respectable은 서술적으로 쓰였다.

[a] It is not respectable to be drunk in the street.
길거리에서 술에 취해 있는 것은 보기 흉하다.

[b] Could you wait for a few minutes while I make myself respectable?
제가 단정하게 차려입을 동안 잠깐만 기다려 주시겠어요?

[c] At one time, it was not thought respectable for a woman to show her bare arms in public.
한때는 여성이 공공장소에서 맨팔을 드러내 보이는 것이 점잖지 않은 것으로 여겨졌다.

4 피수식체는 기록, 결과, 봉급, 강설 등이고, respectable은 이들이 상당함을 나타낸다.

[a] He achieved a perfectly respectable result.
그는 완전히 우러러 볼 수 있는 결과를 성취했다.

[b] The football team won three matches out of five - quite a respectable total.
그 축구팀은 다섯 경기 중 세 경기를 이겼고, 이는 꽤 상당한 결과이다.

[c] She earns a respectable salary.
그녀는 상당한 액수의 봉급을 받는다.

[d] There was a respectable amount of snowfall last night.
지난밤에 상당한 양의 강설이 있었다.

5 respectable은 서술적으로 쓰였다.

[a] Her exam results were respectable, although not brilliant.
그녀의 시험 결과들은 뛰어나지는 않지만 상당했다.

[b] The doctor's salary is respectable.
의사의 월급은 상당히 많다.

RESPONSIBLE

이 형용사는 책임을 지는 상태를 나타낸다.

1 피수식체는 사람이고, responsible은 이들이 책임감이 있음을 나타낸다.

[a] You can leave the children with him, he's very responsible.
너는 그에게 아이들을 두고 갈 수 있어. 그는 굉장히 책임감이 있거든.

[b] He is very responsible, and is always on time.
그는 매우 책임감이 강해서 항상 시간을 잘 지킨다.

[c] She may be only 14, but she is very responsible.
그녀는 겨우 14살밖에 안되지만 굉장히 책임감이 있다.

2 피수식체는 전치사 for의 목적어에 대한 책임이 있다.

[a] The government is responsible for the nation's welfare.
정부는 국민의 복지에 대하여 책임이 있다.

[b] The manager is responsible for general running of the company.
그 지배인은 회사의 전반적인 운영의 책임이 있다.

[c] They are not my children, but I still feel responsible for them.
그들은 내 아이들이 아니지만, 나는 여전히 그들에 대한 책임감을 느낀다.

3   전치사 for의 목적어는 동명사이다.

[a]   She is responsible for feeding the family dog.
그녀는 애완견에게 밥을 줄 책임이 있다.

[b]   She is responsible for ordering the books.
그녀는 책들을 주문할 책임이 있다.

[c]   The children are responsible for setting the table.
그 아이들은 밥상을 차리는 책임이 있다.

4   피수식체는 개체이고, responsible은 전치사 for의 목적어의 원인이다.

[a]   The freezing weather is responsible for the cracks in the pavement.
얼음이 얼 정도의 추운 날씨가 포장도로에 생기는 균열의 원인이다.

[b]   This tax laws are responsible for a lot of hardship.
이 세법은 많은 어려움의 원인이다.

[c]   Poverty is not always responsible for crime.
가난이 항상 범죄의 원인이 되는 것은 아니다.

5   피수식체는 전치사 to의 목적어에 보고의 책임이 있다.

[a]   cabinet members are directly responsible to the president.
각료들은 대통령에게 직접적 보고할 책임이 있다.

[b]   The prime minister and his ministers are responsible to Parliament.
국무총리와 예하 장관들은 의회에 보고할 책임이 있다.

[c]   I'm responsible to the board of directors.
나는 이사회에 보고할 책임이 있다.

REVERSE

이 형용사는 반대나 거꾸로인 상태를 나타낸다.

1 피수식체는 순서이고, reverse는 이것이 역순임을 나타낸다.

[a] The winners were announced in reverse order.
그 수상자들은 등수와는 반대의 순서로 발표되었다.

[b] Do the exercise in reverse order, starting with number ten.
그 운동을 역순으로 하시오. 즉 10번부터 시작하시오.

[c] Reassemble the parts in reverse order.
부품들을 반대의 순서로 재조립하십시오.

[d] The results were read out in reverse order.
그 결과들은 반대의 순서로 큰 소리로 읽혀졌다.

2 피수식체는 방향이고, reverse는 이것이 역행임을 나타낸다.

[a] He travelled in the reverse direction.
그는 반대 방향으로 여행했다.

[b] He moved his car in reverse direction.
그는 차를 역주행했다.

[c] The reverse rotation of the blender indicated that it is broken in reverse gear.
그 블렌더의 역회전은 후진 기어가 고장 났음을 가리켰다.

3 피수식체는 옷감, 동전 등이고, reverse는 이들의 안쪽이나 뒤쪽을 가리킨다.

[a] The reverse side is not seen when the dress is worn.
안쪽은 옷을 입으면 안 보인다.

[b] The reverse side of the fabric is even softer.
옷감의 안쪽 면이 훨씬 더 부드럽다.

[c] The reverse side of the coin has an eagle on it.
동전의 뒷면에는 독수리가 있다.

4 피수식체는 효과이고, reverse는 이들이 예상과 반대됨을 나타낸다.

[a] The wrong attitude will have the reverse effect.
그릇된 태도는 역효과를 가져올 것이다.

[b] The experiment had reverse effects to what was intended.
그 실험은 의도되었던 것에 역효과를 가져왔다.

RIGID

이 형용사는 구부러지거나 휘어지지 않는 단단한 상태를 나타낸다.

① 피수식체는 문틀, 상자, 언 양말, 연필 등이고, rigid는 이들이 단단한 상태를 나타낸다.

[a] The door is made from a galvanized steel with a rigid frame.
그 문은 단단한 틀과 함께 아연도금이 된 철로 만들어졌다.

[b] I need a rigid box that won't break when it is full of heavy books.
나는 무거운 책들로 가득 차도 부서지지 않을 단단한 상자가 필요하다.

[c] My socks froze and became rigid.
내 양말들이 얼어서 딱딱해졌다.

[d] The rigid pencil snapped when I tried to bend it.
딱딱한 연필이 내가 구부리려고 하자 뚝 부러졌다.

② 피수식체는 사람이고, rigid는 이들의 몸이 굳어진 상태를 나타낸다.

[a] I was rigid with fear.
나는 내 몸이 두려움으로 굳어버렸다.

[b] I heard a noise and woke up rigid with terror.
나는 소음을 듣고 공포심으로 몸이 굳은 채 일어났다.

[c] Her wrist is quite rigid. She has been dead for several hours.

그녀의 손목이 뻣뻣하다. 그녀는 몇 시간 동안 죽어 있다.

3 피수식체는 전치사 in의 영역이나 when의 경우에 이들의 마음이나 태도가 움직이지 않음을 나타낸다.

[a] She was rigid in her daily routine.

그녀는 일과에 확고부동했다.

[b] Both sides remain rigid in their resolve.

양쪽 모두가 그들의 결의에 확고부동하다.

[c] He is very rigid in his ideas.

그는 생각이 매우 경직되어 있다.

[d] He can be very rigid when it comes to rules.

그는 규칙문제에 있어서는 매우 엄격할 수 있다.

4 피수식체는 법, 계급제도, 훈련, 학교 규칙 등이고, rigid는 이들이 엄격함을 나타낸다.

[a] The government has rigid laws about paying taxes.

정부는 세금납입에 대한 엄격한 법을 가지고 있다.

[b] India has rigid class system.

인도에는 엄격한 계급제도가 있다.

[c] The rigid discipline of the army life made him tough.

군생활의 엄격한 훈련은 그를 강인하게 만들었다.

[d] He is finding it hard to stick to the rigid rules of the school.

그는 그 학교의 엄격한 규칙들을 지키는 것이 어렵다는 것을 느끼고 있다.

ROUGH

이 형용사는 표면이 거칠거나 울퉁불퉁한 상태를 나타낸다.

1 피수식체는 돌, 모서리, 길, 지대 등이고, rough는 이들이 거침을 나타낸다.

[a] The walls were built of dark, rough stone.
그 벽들은 색이 어둡고 표면이 거친 돌로 지어졌다.

[b] Trim rough edges with a knife.
거친 모서리를 칼로 다듬어라.

[c] It was a rough mountain road, with stones and huge holes.
그곳은 돌과 거대한 구덩이들이 있는 거친 산길이었다.

[d] They covered 20 miles of rough terrain this morning.
그들은 오늘 아침에 20마일의 거친 지대를 통과했다.

2 피수식체는 파도나 수면이고, rough는 이들이 거친 상태임을 나타낸다.

[a] Rough waves prevented the rescuers from approaching the ship.
거친 파도가 구조원들이 그 배에 다가가지 못하게 막았다.

[b] The two ships collided in rough seas.
그 두 배는 거친 바다에서 충돌하였다.

[c] It was too rough to sail that night.
파도가 너무 거칠어서 그날 밤에 항해할 수가 없었다.

[d] I always get sea-sick when the water is rough.

나는 바닷물이 거칠 때 항상 뱃멀미를 한다.

3 피수식체는 탁자, 초안, 추측, 견적 등이고, rough는 이들이 잘 다듬어
지지 않거나 계략적임을 나타낸다.

[a] I made a rough table out of old boxes.

나는 낡은 상자들을 이용해서 조잡한 탁자를 만들었다.

[b] He made a rough draft.

그는 대략적인 초안을 만들었다.

[c] He made a rough guess.

그는 대략적인 추측을 했다.

[d] At a rough estimate, I would say $200.

대략적인 견적으로 나는 200달러라고 말하고 싶다.

4 피수식체는 태도이고, rough는 이들이 거친 상태임을 나타낸다. 불친
절함은 거칠음으로 개념화된다.

[a] Don't worry about being rough – babies are actually
more robust than you think.

거칠게 대하는 것에 대해 걱정하지 마 – 아기들은 사실 네가 생각하는 것보다 더 강하
거든.

[b] Rough peasants rose against the lord.

거친 소작농들이 영주에 대항하여 일어났다.

[c] They complained of rough handling by the guards.

그들은 경비원들의 거친 취급을 호소했다.

[d] They subjected him to rough treatment.

그들은 그를 거친 취급을 받게 했다.

5 피수식체는 몸이고, rough는 이들이 괴로운 상태에 있음을 나타낸다.

[a] I've a rough head this morning.
나는 오늘 아침에 괴로운 두통을 겪고 있다.

[b] The virus won't go away, and the child is still feeling a bit rough.
바이러스가 몸에서 떠나지 않아서, 그 아이는 여전히 괴로워하고 있다.

[c] You look a bit rough - how much did you have to drink last night?
너 좀 힘들어 보인다 – 어젯밤에 얼마나 많이 마셔야 했니?

6 피수식체는 장소이고, rough는 이들이 거칠음, 즉 폭력이 심한 곳임을 나타낸다.

[a] He came from a rough neighborhood.
그는 거친 동네에서 왔다.

[b] This is a rough part of the town.
이곳은 마을의 거친 부분이다.

7 피수식체는 시간이고, rough는 이들이 어려움을 주는 상태를 나타낸다.

[a] This is a rough year for consumers
올해는 소비자들에게 힘든 해이다.

[b] He had a rough day on the job.
그는 그 일을 하느라 힘든 하루를 보냈다.

[c] I feel terrible. I had a rough night last night.
나는 기분이 엉망이다. 어젯밤에 힘든 밤을 보냈다.

[d] You've been through rough times.
너는 힘든 시대를 지내왔다.

8 피수식체는 전치사 on의 목적어에 어려움을 준다.

[a] It's rough on the wife to be left with four children to bring up.
키워야 할 4명의 아이들과 함께 남겨지는 것이 아내에게는 힘들다.

[b] It's rough on me to drive on a rough road.
울퉁불퉁한 길을 운전하는 것은 내게 힘들다.

[c] Aren't you being a little rough on him?
그에게 좀 거칠게 대하고 있는 거 아니니?

9 피수식체는 전치사 with의 목적어를 거칠게 대한다.

[a] The teacher is rough with his pupils.
그 선생님은 학생들에게 거칠다.

[b] He was rough with his girlfriend.
그는 여자 친구에게 거칠게 대한다.

[c] Don't be so rough with her - she's only a baby.
그녀에게 너무 거칠게 대하지마 - 아직 갓난아기잖아.

ROUND

이 형용사는 둥근 상태를 나타낸다.

1 피수식체는 창문, 탁자, 모서리, 시계 앞면 등이고, round는 이들이 둥근 형태임을 나타낸다.

[a] The room has round windows.
그 방에는 둥근 창문이 있다.

[b] A round table will seat more people than a square one.
둥근 탁자에는 네모난 탁자보다 더 많은 사람들이 앉을 수 있다.

[c] We bought a table with round edges.
우리는 모서리들이 둥근 탁자를 샀다.

[d] The face of the clock is round.
그 시계의 앞면은 둥글다.

2 피수식체는 공, 지구, 달 등이고, round는 이들이 입체적으로 둥근 상태를 나타낸다.

[a] Rugby is play not with a round ball.
럭비는 둥근 공을 사용하지 않는 경기이다.

[b] The earth is round.
지구는 둥글다.

[c] The round moon shone down from the sky.
그 둥근 달이 하늘에서부터 아래로 비췄다.

3   피수식체는 수이고, round는 0으로 끝나는 점수이거나 소수점 이하를 버린 어림수임을 나타낸다.

[a]   2.8 to a nearest round number is 3.
2.8의 가장 가까운 어림수는 3이다.

[b]   In round numbers, the car cost 1,500 dollars.
어림수로 그 차의 가격은 1,500달러 정도이다.

[c]   They quoted a round number of $100.
그들은 어림잡아 100달러로 견적을 냈다.

[d]   Three thousand dollars is a round number.
3,000달러는 어림값이다.

RUDE

이 형용사는 다듬어지지 않은 상태를 나타낸다.

1 피수식체는 오두막집, 대피소, 개집, 도구 등이고, rude는 이들이 잘 다듬어지지 않은 상태를 나타낸다.

[a] The family has a rude cottage in the country.
그 가족은 시골에 엉성한 오두막집을 가지고 있다.

[b] We built a rude shelter from rocks on the beach.
우리는 해변가에 돌들로 엉성한 대피소를 지었다.

[c] She made a rude doghouse with some board, a hammer and nails.
그녀는 몇 개의 판자, 망치, 그리고 못을 가지고 엉성한 개집을 만들었다.

[d] Apes can use a few rude tools.
유인원은 몇 가지의 조잡한 도구들을 사용할 수 있다.

2 피수식체는 전치사 to의 목적어에 무례하다.

[a] He is rude to his friend.
그는 그의 친구에게 무례하다.

[b] He was told off for being rude to a teacher.
그는 한 선생님께 무례한 행동을 한 것에 대해 비난받았다.

3 피수식체는 전치사 about의 목적어에 무례하게 반응한다.

[a] She was very rude about my driving.
그녀는 내가 운전하는 것에 대해 매우 거칠게 반응했다.

[b] He is very rude about my presentation.
그는 내 발표에 대해 매우 거칠게 반응했다.

4 it은 to-부정사의 과정을 가리키고, rude는 이들이 무례함을 나타낸다.

[a] It is rude not to say "Thank you" when you are given something.
무언가를 받았을 때 "감사합니다."라고 말하지 않는 것은 무례하다.

[b] It's rude to keep people waiting.
사람들을 기다리게 하는 것은 무례하다.

[c] It's rude to stare.
빤히 쳐다보는 것은 무례하다.

[d] It is rude to speak when you are eating.
음식을 먹으면서 말하는 것은 예의가 없는 일이다.

5 rude는 과정과 사람을 동시에 무례한 것으로 묘사한다.

[a] It was very rude of her to leave without telling us.
그녀가 우리에게 알리지 않고 떠난 것은 매우 무례한 일이었다.

[b] It was very rude of you to insult me in front of my friends.
네가 내 친구들 앞에서 모욕한 것은 너무나 무례한 행동이었다.

6 피수식체는 단어, 농담, 명령 등이고, rude는 이들이 거칠어서 무례함을 나타낸다.

[a] He knows a few rude words in Korean.
그는 한국말로 몇몇 무례한 단어들을 안다.

[b] The joke is too rude to repeat.
그 농담은 너무 무례해서 반복할 수가 없다.

[c] The waiter ignored the diner's rude command.
그 웨이터는 손님의 무례한 명령을 무시했다.

7 피수식체는 깨우침이나 충격 등이고, rude는 이들이 심함을 나타낸다.

[a] If the players think they can win the match, they are in for a rude awakening.
그 선수들이 경기를 이길 수 있다고 생각한다면, 그들은 갑자기 크게 놀랄 것이다.

[b] My first job was a rude awakening the harsh realities of life.
나의 첫 번째 일은 인생의 괴로운 현실에 대한 격심한 깨우침이었다.

[c] We had a rude awakening when we saw the phone bill.
우리는 전화 요금 청구서를 보았을 때 깜짝 놀랐다.

[d] Those expecting good news will get a rude shock.
좋은 소식을 기대했던 사람들은 심한 충격을 받을 것이다.

SCARCE

1 피수식체는 식량, 자연자원 등이고, scarce는 이들이 많지 않음을 나타
낸다.

[a] Scarce food and other supplies were rationed during
the war.
부족한 식량과 다른 필수품들이 전쟁 동안 배급되었다.

[b] The county must juggle scarce natural resources.
그 군에서는 부족한 천연자원을 효율적으로 이용해야 한다.

2 scarce는 서술적으로 쓰였다.

[a] Food and medicine were scarce in the flooded areas.
식량과 약이 홍수지역에 부족했다.

[b] Fresh water was scarce during the drought.
가뭄 동안에 담수의 양이 부족했다.

[c] Elephants are becoming scarce in most parts of Africa.
코끼리의 수가 아프리카 대부분의 지역에서 줄어들고 있다.

[d] Jobs are becoming increasingly scarce.
일자리가 점점 더 줄어들고 있다.

3 피수식체는 전치사 of의 목적어가 부족하다.

[a] We are scarce of provisions.
우리에게는 식량이 부족하다.

[b] They are scarce of medicine.
그들은 약품이 부족하다.

[c] The poor are scarce of clothes.
가난한 사람들은 옷이 부족하다.

[d] The country is scarce of water.
그 나라는 물이 부족하다.

SECURE

1 피수식체는 선반, 밧줄, 사다리 등이고, secure는 이들이 고정되어 안전한 상태를 가리킨다.

[a] Are you sure that the shelf is secure?
그 선반이 안전하다고 확신합니까?

[b] Is that rope secure?
그 밧줄은 안전합니까?

[c] The ladder doesn't look very secure to me.
그 사다리는 내게는 아주 안전하지 않아 보인다.

2 피수식체는 전치사 from의 목적어로부터 안전하다.

[a] Endangered species should be kept secure from poachers.
멸종위기에 처한 종들은 밀렵꾼들로부터 안전하게 보호되어야 한다.

[b] Information must be stored so that it is secure from accidental deletion.
정보는 불의의 삭제로부터 안전하도록 저장되어야 한다.

[c] No store can be completely secure from theft.
어떤 가게도 절도로부터 완벽하게 안전할 수는 없다.

[d] The computer system is secure from intruders.
그 컴퓨터 시스템은 침입자로부터 안전하다.

3 피수식체는 장소이고, secure는 이들이 안정을 제공하는 뜻을 나타낸다.

[a] He is looking for a secure hiding place.
그는 안전한 숨을 곳을 찾고 있다.

[b] The union contract guarantees secure jobs.
노조계약은 안정된 일자리들을 보장한다.

[c] He was determined to give his family a secure base.
그는 그의 가족에게 안전한 기반을 제공하기로 결심하고 있었다.

[d] Keep your passport in a secure place.
당신의 여권을 안전한 곳에 보관하십시오.

4 피수식체는 about의 목적어에 대해서 안정감을 갖는다.

[a] Now they can feel secure about the future.
이제 그들은 미래에 대해 안정감을 가질 수 있다.

[b] The important thing is that children should feel secure about being loved.
중요한 것은 아이들이 사랑받는 것에 대해 안정감을 느껴야 한다는 점이다.

5 피수식체는 with의 목적어가 있어서 안정감을 갖는다.

[a] I'll feel more secure with a burglar alarm.
나는 도난경보기가 있어서 더욱 안심한다.

[b] I felt secure with police officers around.
나는 경찰관들이 주위에 있어서 안정감을 느꼈다.

[c] We feel secure with the surveilance camera.
우리는 감시 카메라가 있어서 안정감을 갖는다.

6 피수식체는 전치사 in의 영역에서 안정감을 느낀다.

[a] We felt secure in the knowledge that our kids were safe and sound.

우리는 우리의 아이들이 안전하고 무사함을 알고 안심했다.

[b] He is secure in his religious belief.

그는 그의 종교적 믿음 안에서 안정감을 느낀다.

SENSIBLE

이 형용사는 알아차리는 상태를 나타낸다.

① 피수식체는 사람이고, sensible은 이들이 분별, 판단력이 있는 상태를 나타낸다.

[a] No sensible man would agree with him.
분별 있는 사람은 아무도 그와 동의하지 않을 것이다.

[b] She is a sensible, intelligent person.
그녀는 분별력이 있고 총명한 사람이다.

[c] He was sensible enough to see that she was the best candidate for the job.
그는 그녀가 그 일에 최고의 적임자라는 것을 알만큼 충분히 판단력이 있었다.

[d] You were sensible to wear boots in the mud.
너는 진흙 속에서 장화를 신을 만큼 분별력이 있었다.

② 피수식체는 전치사 of의 목적어를 감지한다.

[a] He did not seem to be sensible of the difficulties that lay ahead.
그는 앞에 놓여 있는 어려움들을 감지하지 못한 듯 했다.

[b] He is sensible of his fault.
그는 그의 잘못을 알고 있다.

[c] I am sensible of the fact that math is not popular.
나는 수학이 인기가 없다는 사실을 알고 있다.

[d] Now all of us are sensible of the inconvenience.

이제 우리들 모두는 그 불편함을 알고 있다.

3 피수식체는 신발, 선택, 예방책, 결정 등이고, sensible은 이들이 주어진 상황에 알맞음을 나타낸다.

[a] You need sensible shoes for camping.

너는 야영에 맞는 실용적인 신발이 필요하다.

[b] He made financially sensible choices.

그는 재정적으로 분별 있는 적절한 선택을 했다.

[c] That's a sensible precaution.

그것은 사려 깊은 예방책이다.

[d] This seems to be a sensible way of dealing with the problem.

이것이 그 문제를 다루는 분별력 있는 방법인 듯하다.

4 sensible은 행위자와 과정을 동시에 수식한다.

[a] It is sensible of you to refuse her offer.

그녀의 제안을 거절하다니 너는 판단력이 있구나.

[b] It's sensible of him to stop gambling.

그가 놀음을 그만 둔 것은 분별력 있는 일이다.

[c] It's sensible of her not to marry him.

그녀가 그와 결혼하지 않는 것은 분별력 있는 일이다.

5 피수식체는 열, 차이, 변화, 상승 등이고, sensible은 이들이 감지될 정
도로 두드러짐을 나타낸다.

[a] The stove radiates sensible heat.
그 난로는 감지될 수 있는 열을 발산한다.

[b] A sensible difference was noticed.
두드러진 차이가 감지되었다.

[c] It will effect a sensible change for the better.
그것은 더 나은 쪽으로의 두드러진 변화를 가져 올 것이다.

[d] There has been a sensible increase in temperature.
기온에 두드러진 상승이 있어왔다.

SENSITIVE

이 형용사는 자극에 재빠르게 반응하는 상태를 나타낸다.

1 피수식체는 생명체이고, 전치사 to의 목적어에 민감하다.

[a] Dogs are more sensitive to odors than people are.
개들은 사람들보다 냄새에 더 민감하다.

[b] Nurses should be sensitive to patients' needs.
간호사들은 환자들의 필요들에 민감해야 한다.

[c] He is very sensitive to criticism.
그는 비판에 매우 민감하다.

2 피수식체는 전치사 about의 목적어에 대해서 과민하다.

[a] He is very sensitive about his odd appearance.
그는 그의 이상한 외모에 대해 매우 민감하다.

[b] Bob is sensitive about what people think about him.
Bob은 사람들이 그에 대해 어떻게 생각하는 지에 대해 과민하다.

[c] He is very sensitive about his weight.
그는 몸무게에 대해 매우 과민하다.

3 sensitive는 한정적으로 쓰였다.

[a] He is a sensitive young boy.
그는 민감한 어린 소년이다.

[b] The sensitive child cries when someone frowns.
그 민감한 아이는 어떤 사람이 얼굴을 찡그릴 때 운다.

[c] This violent movie may upset sensitive viewers.
이 폭력영화는 민감한 관람자들을 당황하게 할지도 모른다.

④ 피수식체는 기구, 필름, 산호 등이고, 이들은 전치사 to의 목적어에 민감하다.

[a] The instrument is sensitive to heat.
그 기구는 열에 민감하다.

[b] The film is very sensitive to ultra-violet light.
그 필름은 자외선에 매우 민감하다.

[c] Coral is very sensitive to changes in water temperature.
산호는 수온의 변화에 매우 민감하다.

⑤ sensitive는 한정적으로 쓰였다.

[a] A highly sensitive electronic camera is installed for surveillance.
굉장히 민감한 전자 카메라가 감시를 위해 설치되어 있다.

[b] This is a very sensitive recorder - it picks every word you say.
이것은 민감한 녹음기이다 – 그것은 네가 말하는 모든 것을 포착한다.

[c] We need a more sensitive thermometer for this.
우리는 이것을 위해 더 민감한 온도계가 필요하다.

6 피수식체는 쟁점, 주제, 취급, 정보 등이고, sensitive는 이들을 신중하게 다루어야 함을 나타낸다.

[a] The question involves sensitive diplomatic issues.
그 질문은 신중을 요하는 외교적 쟁점들을 포함한다.

[b] Abortion is a sensitive topic.
낙태는 조심스럽게 다루어져야 하는 주제이다.

[c] This is a difficult case needing sensitive handling.
이것은 조심해서 다룰 필요가 있는 어려운 사건이다.

[d] Some items on the agenda carry commercially sensitive information.
의제의 몇 가지 항목들은 상업적으로 민감한 정보를 담고 있다.

7 피수식체는 음악가, 초상화, 낭독 등이고, sensitive는 이들이 세세한 면에 주의가 주어짐을 나타낸다.

[a] He's a sensitive musician.
그는 섬세한 음악가이다.

[b] He drew a sensitive portrait of the woman.
그는 그 여성에 대한 섬세한 초상화를 그렸다.

[c] We appreciated the actor's sensitive reading of the poem.
우리는 그 배우의 섬세한 시 낭독을 높이 평가했다.

SERIOUS

이 형용사는 진지한 상태를 나타낸다.

1 피수식체는 사람이고, serious는 이들의 마음이 진지함을 나타낸다.

[a] My father is a serious golfer.
나의 아버지는 진지한 골퍼이다.

[b] Any serious student of psychology should read this book.
심리학을 공부하는 진지한 학생이면 누구라도 이 책을 읽어야 한다.

[c] He is not a serious contender for the job.
그는 그 일자리에 진지한 경쟁자가 아니다.

[d] He has never had any serious relationship with anyone.
그는 누구와도 진지한 관계를 가져본 적이 없다.

2 피수식체는 전치사 about의 목적어에 대해 진지하다.

[a] He is serious about Kate and wants to get married.
그는 Kate에 대해 진지하며 그녀와 결혼하길 원한다.

[b] They are not serious about the deal.
그들은 그 거래에 대해 진지하지 않다.

[c] Is Sally really serious about the man?
Sally가 그 남자에 대해 정말 진지하게 생각하고 있니?

[d] French people are very serious about their food.
프랑스인들은 그들의 음식에 대해 매우 진지하다.

3 about의 목적어는 동명사이다.

[a] Is he serious about going to canada?
그는 캐나다에 가는 것에 대해 진지하게 생각합니까?

[b] I am serious about getting married.
나는 결혼하는 데 진지하다.

[c] Is he serious about wanting to sell his house?
그는 그의 집을 팔고자 하는 것에 대해 진지합니까?

[d] Is she serious about going abroad to live?
그녀가 외국에 나가 사는 것에 대해 진지하게 생각합니까?

4 serious는 서술적으로 쓰였다.

[a] could you be serious for a moment and stop making jokes?
잠깐만 진지해지고, 농담 좀 그만하실래요?

[b] I was being quite serious when I suggested it.
나는 그것을 제안했을 때 꽤 진지했다.

[c] Please, don't laugh. I'm being serious.
제발 웃지 마. 나는 심각하거든.

[d] You look serious. Is anything the matter?
너 심각해 보인다. 무슨 일 있니?

5 피수식체는 연구, 토의, 운동, 독서 등이고, serious는 이들에 진지한 마음이 쓰임을 나타낸다.

[a] He has been doing a serious study of inner-city violence.
그는 도심 폭력에 대한 진지한 연구를 해왔다.

[b] We've got some serious talking to do.

우리는 진지하게 토의할 일이 있다.

[c] I'll have to do some serious exercise before I can fit into that dress.

나는 저 드레스를 꼭 맞게 입을 수 있기 전에 좀 진지한 운동을 해야겠다.

[d] I'm ready to do some serious reading.

나는 진지한 독서를 할 준비가 되어 있다.

6 피수식체는 재발, 병, 위협, 문제 등이고, serious는 이들이 심각함을 나타낸다.

[a] He experienced a serious relapse.

그는 심각한 재발을 경험했다.

[b] AIDS is a serious disease.

에이즈는 심각한 병이다.

[c] An accident like this poses a serious threat to the environment.

이와 같은 사고는 환경에 대한 심각한 위협을 제기한다.

[d] Drugs have become serious problems in our schools.

마약은 우리 학교에서 심각한 문제가 되어 있다.

7 진지함이 지나치면 과도한 상태가 된다.

[a] We'll do some serious drinking over X-mas.

우리는 크리스마스 기간 동안 진탕 마시겠다.

[b] We did some serious hiking last week.

우리는 지난주에 지나칠 정도로 등산을 했다.

SEVERE

이 형용사는 극히 심한 상태를 그린다.

1 피수식체는 뇌우, 겨울, 바람, 서리 등이고, severe는 이들이 몹시 심함을 나타낸다.

[a] Severe thunderstorms are forecast for Friday night.
맹렬한 뇌우가 금요일 밤에 예보되어 있다.

[b] The refugees had a severe winter.
그 난민들은 혹독한 겨울을 보냈다.

[c] The severe winds blew over large trees.
심한 바람이 큰 나무들 위로 지나갔다.

[d] There is expected to be a severe frost tonight.
심한 서리가 오늘 밤에 예상된다.

2 피수식체는 염증, 고통 등이고, severe는 이들이 몹시 심함을 나타낸다.

[a] She suffered a severe chest infection.
그녀는 심한 폐렴을 겪었다.

[b] He woke up in severe pain.
그는 심한 고통 속에서 깨어났다.

[c] If the pain gets too severe, take two of these tablets.
통증이 너무 심해지면 이 알약을 2개 복용하십시오.

3 피수식체는 시험, 비판, 벌금, 선고 등이고, severe는 이들이 몹시 심함을 나타낸다.

[a] Climbing that mountain is a severe test of our strength.
저 산을 오르기는 우리 힘의 혹독한 테스트이다.

[b] He is facing severe criticism.
그는 혹독한 비판에 맞서고 있다.

[c] There are severe penalties for failing to declare all your income.
당신의 모든 소득을 신고하지 않으면 혹독한 벌금이 있다.

[d] This was a dreadful crime, and a severe sentence is necessary.
이것은 끔찍한 범죄였고, 그래서 가혹한 선고가 필요하다.

4 피수식체는 표정, 찡그림, 목소리 등이고, severe는 이들이 엄함을 보여주는 상태를 그린다.

[a] She gave us a severe look when we entered the room late.
우리가 방에 늦게 들어갔을 때 그녀가 엄한 표정을 지었다.

[b] The teacher gives a severe frown to anyone who is late.
그 선생님은 지각한 누구에게도 엄한 찡그린 얼굴을 보였다.

[c] The headmaster spoke in a severe voice.
그 교장은 엄한 목소리로 말했다.

5 피수식체는 건축물, 옷, 방, 머리 모양 등이고, severe는 이들이 꾸밈이 없는 상태를 나타낸다.

[a] I don't like severe modern buildings.
나는 단조로운 현대 건축들을 좋아하지 않는다.

[b] She wore a severe black dress.
그녀는 엄숙한 검은 드레스를 입었다.

[c] The poor student could afford only a black severe studio.
그 가난한 학생은 겨우 어둡고 수수한 작업실을 마련할 수 있었다.

[d] The teacher wore a severe hairdo.
그 선생님은 간결한 머리 모양을 하고 있었다.

6 severe는 서술적으로 쓰였다.

[a] Her hair was short and severe.
그녀의 머리 모양은 짧고 꾸밈이 없었다.

[b] Modern furniture is a little too severe for my taste.
현대 가구는 내 취향에는 너무 딱딱하다.

[c] The town is severe and imposing.
그 마을은 딱딱하고 위압적이었다.

7 피수식체는 전치사 on의 목적어에 엄하다.

[a] She was severe on students who were late for class.
그녀는 수업에 지각한 학생들에게 엄했다.

[b] The court are becoming more severe on young offenders.
그 법원이 청년 범죄자들에게 더 엄해지고 있다.

8 피수식체는 전치사 with의 목적어와 엄한 관계를 갖는다.

[a] Don't be so severe with the children.
아이들에게 너무 엄하게 대하지 마세요.

[b] She was severe with her kids.
그녀는 아이들에게 매우 엄했다.

SHY

이 형용사는 수줍은 상태를 나타낸다.

1 피수식체는 사람이고, shy는 이들이 수줍어하는 상태를 나타낸다.

[a] The shy girl stood in the corner during the dance.
그 수줍어하는 소녀는 춤추는 시간 동안 구석에 서 있었다.

[b] He is a quiet shy man.
그는 말이 없고 수줍은 사람이다.

2 shy는 서술적으로 쓰였다.

[a] I'd like to meet her, but I am too shy to introduce myself.
나는 그녀를 만나고 싶지만, 너무 부끄러워서 나 자신을 소개할 수 없다.

[b] As a child, I was very shy.
어렸을 때 나는 굉장히 수줍음을 탔다.

[c] Don't be shy. Come and say hello.
수줍어하지 말고 와서 "안녕"이라고 인사해.

3 피수식체는 전치사 about의 목적어에 대해서 수줍어한다.

[a] He is very shy about singing in public.
그는 대중들 앞에서 노래하는 것을 굉장히 부끄러워한다.

[b] Men are often shy about sharing their problems.
남자들은 보통 그들의 문제점들을 함께 나누는 것에 대해 부끄러워한다.

4 피수식체는 전치사 with의 목적어와 수줍어하는 관계에 있다.

[a] She is shy with adults.
그녀는 어른들에게 수줍어한다.

[b] Children are often shy with people they don't know.
아이들은 그들이 모르는 사람들과 있으면 종종 수줍어한다.

[c] His sister is shy with strangers.
그의 누이는 낯선 사람들과 있으면 수줍어한다.

5 피수식체는 전치사 of의 목적어에 이르지 못한다.

[a] He died before Christmas, only a month shy of his 60th birthday.
그는 그의 60번째 생일을 겨우 한 달 남기고 크리스마스 전에 죽었다.

[b] He was three inches shy of 6 feet.
그의 키는 6피트에서 3인치 모자란다.

[c] I called him only two minutes shy of midnight.
나는 그에게 자정이 되기 겨우 2분 전에 전화를 걸었다.

6 피수식체는 사람이고, 전치사 of의 목적어를 두려워한다.

[a] The children are shy of strangers.
그 아이들은 수줍어서 낯선 사람들에게 가지 못한다.

[b] The band has never been shy of publicity.
그 악대는 세상에 알려지는 것을 두려워한 적이 없다.

[c] You should not be shy of having your say in the running of the store.
너는 그 가게의 경영에 있어서 너의 발언을 두려워해서는 안 된다.

SILLY

이 형용사는 어리석은 상태를 나타낸다.

1 피수식체는 사람이고, silly는 이들이 제대로 생각을 못하는 상태를 나타낸다.

[a] He knocked me silly.
그는 나를 쳐서 내가 멍해졌다.

[b] She was scared silly.
그녀는 겁이 나서 제정신이 아니었다.

[c] The speeches bored me silly.
그 연설들은 나를 지루하게 해서 내가 멍해졌다.

[d] He drank himself silly.
그는 술을 마셔서 제정신이 없었다.

2 피수식체는 사람이고, silly는 이들이 분별 없이 행동함을 나타낸다.

[a] Don't pay any attention to her - she's being silly.
그녀에게 관심을 두지 마 - 그녀는 일부러 바보 같이 행동하고 있다.

[b] He is silly to be upset about this trifle thing.
그는 이런 사소한 일에 대해 화낼 정도로 어리석다.

[c] I can walk home - Don't be silly. It's too far.
나는 집까지 걸어갈 수 있어 - 바보같이 굴지 마. 너무 멀잖아.

[d] I feel silly in these clothes.
나는 이 옷을 입으니 바보 같다.

3 피수식체는 생각, 질문, 실수, 놀이 등이고, silly는 이들이 상식을 벗어난 상태를 나타낸다.

[a] Before the airplane was invented, people thought that flying was a silly idea.
비행기가 발명되기 전에, 사람들은 하늘을 나는 것은 턱없는 생각이라고 여겼다.

[b] Do you mind if I ask a silly question?
바보 같은 질문 하나 해도 될까요?

[c] His work is full of silly mistakes.
그의 일은 바보 같은 실수들로 가득하다.

[d] I hate their parties - we always end up playing silly games.
난 그들의 파티가 싫다 – 항상 바보 같은 게임들로 끝이 난다.

4 피수식체는 의자, 잔, 샌들, 미소 등이고, silly는 이들이 상황에 맞지 않는 우스꽝스러움을 나타낸다.

[a] They made us sit on these silly little chairs.
그들은 우리를 이 우스꽝스러운 작은 의자들에 앉게 했다.

[b] They served us coffee in those silly little cups.
그들은 우리에게 저런 우스꽝스러운 작은 잔에 커피를 제공했다.

[c] We saw the people with their silly sandals.
우리는 우스꽝스러운 샌들을 신은 그 사람들을 보았다.

[d] She had a silly grin on her face.
그녀는 얼굴에 우스꽝스러운 미소를 지었다.

5 it은 to-부정사의 과정을 가리키고, silly는 이들이 상식에 맞지 않음을 나타낸다.

[a] It's silly to build another room onto the house now.
그 집에다가 지금 방을 증축하는 것은 어리석은 일이다.

[b] It's silly to go out in the rain when you don't have to.
나갈 필요가 없는데 비를 맞고 나가는 것은 어리석은 일이다.

[c] I left my keys at home, which is a pretty silly thing to do.
내가 집에다 열쇠들을 두고 오다니, 너무 바보 같은 짓이다.

6 silly는 행위자와 과정을 동시에 수식한다.

[a] It was silly of you to go out in the hot sun without a hat.
더운 날씨에 모자도 쓰지 않고 나가다니 바보 같은 짓이었다.

[b] It was silly of him to spend all his money on drinking.
그는 술 마시는데 그의 모든 돈을 쓰다니 어리석은 짓이었다.

SIMILAR

이 형용사는 서로 비슷한 관계를 나타낸다.

1 피수식체는 복수이고, similar는 이들이 비슷함을 나타낸다.

[a] All our parents have broadly similar problems.
모든 부모들은 대체로 비슷한 문제점들을 가지고 있다.

[b] We have similar tastes in music.
우리는 음악에서 비슷한 취향을 갖고 있다.

[c] Similar triangles have similar angles.
닮은꼴 삼각형들은 같은 각도들을 갖는다.

[d] We have very similar interests.
우리는 매우 유사한 관심들을 갖고 있다.

2 similar는 서술적으로 쓰였다.

[a] Oranges and tangerines are similar.
오렌지와 귤은 비슷하다.

[b] The brothers look very similar.
그 형제는 매우 닮았다.

[c] The two houses are similar in size.
그 두 집들은 크기가 비슷하다.

[d] These two signatures are very similar.
이 두 사인이 매우 비슷하다.

3 피수식체는 전치사 to의 목적어에 유사하다.

[a] His interests are similar to mine, and we go on well.
그의 관심사들이 나의 것과 유사해서 우리는 잘 지낸다.

[b] His voice is similar to his brother's.
그의 목소리가 그의 형의 목소리와 비슷하다.

[c] I bought a car that is similar to my last one, except for the color.
나는 색깔을 제외하고 이전의 차와 유사한 차를 구입했다.

[d] My opinion on the issue is similar to Jane's.
그 쟁점에 관한 내 의견은 Jane의 의견과 비슷하다.

SIMPLE

이 형용사는 사물의 구성 성분이 오직 하나인 상태를 나타낸다.

1 피수식체는 생명체, 유기체, 눈, 물질 등이고, simple은 이들이 하나로 구성됨을 나타낸다.

[a] Simple forms of life have only one cell.
생명의 단순 형태는 세포 하나만 있다.

[b] We are looking for simple organism.
우리는 단일 유기체를 찾고 있다.

[c] Does the sole have a simple eye?
가자미는 외눈입니까?

[d] Is gold a simple substance?
금은 단일 물질인가요?

2 피수식체는 도구나 기계 등이고, simple은 이들이 간단함을 나타낸다.

[a] A hammer is a simple tool.
망치는 간단한 연장이다.

[b] They found simple tools at the site.
그들은 그 장소에서 간단한 연장들을 발견했다.

[c] The machine is simple to use.
그 기계는 조작이 쉽다.

3 피수식체는 옷, 숙소 등이고, simple은 이들이 꾸밈이 없는 수수한 상태를 나타낸다.

[a] She likes clothes that are simple but elegant.
그녀는 간소하지만 우아한 옷을 좋아한다.

[b] She wore a simple black dress.
그녀는 수수한 검은 드레스를 입었다.

[c] The accommodation is simple but spacious.
그 숙소는 수수하지만 넓다.

4 피수식체는 식사, 음식 등이고, simple은 이들이 기본적인 것만 갖춘 조촐한 상태를 나타낸다.

[a] Beef and potato is a simple meal.
쇠고기와 감자는 조촐한 식사이다.

[b] We had a simple meal of bread and soup.
우리는 빵과 수프로 조촐한 식사를 했다.

[c] We cook our simple food.
우리는 간소한 음식을 만든다.

5 피수식체는 이유, 사실 등이고, simple은 이들이 다른 것이 섞이지 않은 핵심적임을 나타낸다.

[a] We can't do it for the simple reason that we don't have enough time.
우리는 시간이 충분하지 않다는 핵심적인 이유 때문에 그 일을 할 수 없다.

[b] All I want is the simple truth about the matter.
내가 원하는 전부는 그 사건에 대한 핵심적인 사실이다.

[c] The simple fact is that you're wrong.
핵심적인 사실은 네가 틀렸다는 것이다.

6 피수식체는 문제, 고집, 감기 등이고, simple은 이들이 다른 것이 섞이지 않은 그 자체임을 나타낸다.

[a] completing the race is not a simple matter of physical fitness.
경주를 완주하는 것이 신체 단련만의 단순한 문제가 아니다.

[b] His refusal to talk is simple stubbornness.
그가 말하지 않는 것은 고집 자체이다.

[c] It's just a simple cold.
그 병은 단순한 감기이다.

7 피수식체는 사람이고, simple은 이들이 하나밖에 생각 못하는 단선적임을 나타낸다.

[a] I'm afraid he is a bit simple.
나는 그가 좀 모자란다고 생각한다.

[b] I am not so simple as to believe that story.
나는 그 이야기를 믿을 만큼 단순하지는 않다.

[c] Are you simple enough to believe what your newspaper says?
너는 신문에 난 것을 믿을 만큼 단순하니?

8 피수식체는 사람이고, simple은 이들이 가진 것이 별로 없는 평범함을 나타낸다.

[a] He was just a simple farmer.
그는 그저 평범한 농부였다.

[b] The peasants are simple folks.
그 소작인들은 평범한 서민들이다.

[c] She is a simple country girl.
그녀는 평범한 시골 소녀이다.

9 피수식체는 산수, 용어, 답 등이고, simple은 이들이 어려움이 없는 간단함을 나타낸다.

[a] The child can do simple arithmetic.
그 아이는 간단한 산수를 할 수 있다.

[b] He explained it in simple terms.
그는 간단한 용어들로 그것을 설명했다.

[c] The problem requires a simple answer.
그 문제는 간단한 대답을 요구한다.

10 it은 to-부정사의 과정을 가리키고, simple은 이들이 간단해서 쉬움을 나타낸다.

[a] It's simple to find my house.
내 집을 찾기는 쉽다.

[b] It was simple to solve his problem.
그의 문제를 해결하는 것은 쉬웠다.

SINGLE

이 형용사는 '단 하나의'란 뜻을 강조한다.

1 피수식체는 사람, 나무, 숫자 등이고, single은 이들이 하나임을 가리킨다.

[a] There wasn't a single person in sight.
단 한 사람도 눈에 안 띄었다.

[b] A single tree gave shade from the sun.
하나의 나무만이 햇볕으로부터 그늘을 지어주었다.

[c] Attendance at this lectures dropped to single figures.
이 강의의 출석률은 한 자릿수로 줄었다.

[d] He was the single survivor.
그는 단 한 사람의 생존자였다.

2 피수식체는 책, 집, 동전 등이고, single은 every와 함께 쓰여서 개체 하나하나를 강조한다.

[a] Every single book in the library has a number.
도서관에 있는 책 하나하나는 번호가 있다.

[b] Every single house in town was damaged.
읍내에 있는 집 하나하나 모두가 부서졌다.

[c] It has cost us every single penny we got.
그것은 우리가 가지고 있는 동전 한 닢까지도 쓰게 했다.

[d]　We eat rice every single day.

우리는 매일매일 밥을 먹는다.

③　single은 최상급과 같이 쓰여서 최상급에 속하는 개체가 하나임을 강조한다.

[a]　It was the single most important experience in my life.

그것은 내 인생에 있어서 단 하나의 최고로 중요한 경험이었다.

[b]　The single most important reason why we don't vote is apathy.

우리가 투표를 안 하는 단 하나의 가장 중요한 이유는 무관심이다.

[c]　This is the biggest single issue facing the older people.

이것은 노년층이 직면한 가장 큰 단 하나의 쟁점이다.

[d]　Unemployment is the single most important factor in the growing crime rates.

실직은 점증하는 범죄율의 단 하나의 가장 중요한 요인이다.

④　피수식체는 침대, 방, 용량 등이고, single은 이들이 1인용임을 나타낸다.

[a]　I need a single bed.

나는 1인용 침대가 필요하다.

[b]　You have to pay extra for a single room.

너는 1인용 방을 쓰기 위해서는 돈을 더 내야 한다.

[c]　The instant soup is packaged in single portions.

그 즉석 국은 1인용으로 포장되어 있다.

5 피수식체는 경기, 어머니, 요금, 여학교 등이고, single은 외짝인 상태를 나타내며 한정적으로 쓰였다.

[a] They played a single game at tennis.
그들은 단식 정구 게임을 했다.

[b] It is difficult being a single mother.
홀어머니가 되는 것은 어려운 일이다.

[c] How much is the single fare to Busan?
부산까지 편도는 얼마입니까?

[d] She attends a single-sex school.
그녀는 여학교에 다닌다.

6 single은 서술적으로 쓰였다.

[a] He's been single for so long now, I don't think he will ever marry.
그는 지금까지 독신으로 살아와서 나는 그가 결혼하리라 생각하지 않는다.

[b] Please state whether you're single, married or divorced.
당신이 미혼인지, 결혼을 했는지, 이혼을 했는지를 진술하시오.

[c] She is a single because she doesn't want a husband.
그녀는 남편을 원하지 않기 때문에 독신이다.

[d] He lived and died single.
그는 혼자 살다가 혼자 죽었다.

SLIGHT

이 형용사는 매우 작거나 적은 상태를 나타낸다.

1 피수식체는 웃음, 소음, 바람, 쉼 등이고, slight는 이들이 적음을 나타낸다.

[a] She gave a slight smile.
그녀는 미소를 지었다.

[b] I heard a slight noise.
나는 경미한 소음을 들었다.

[c] The weather was warm with a slight breeze.
날씨는 미풍과 함께 따뜻했다.

[d] There was a slight pause before he spoke again.
그가 다시 말하기 전에 매우 짧은 쉼이 있었다.

2 피수식체는 수정, 변화, 증가 등이고, slight는 이들의 정보가 매우 적음을 나타낸다.

[a] The editor made only slight revisions to the manuscript.
그 편집자는 원고에 약간의 수정만 했다.

[b] There's been a slight change in the plan.
계획에 약간의 변화가 있었다.

[c] There was a slight increase in temperature.
온도에 약간의 증가가 있었다.

3 피수식체는 두통, 생각, 암시 등이고, slight는 이들의 정도가 매우 약함을 나타낸다.

[a] I've got a slight headache.
나는 가벼운 두통이 있다.

[b] I haven't the slight idea what he's doing.
나는 그가 무엇을 하고 있는지에 대한 희미한 생각도 없다.

[c] There was not the slight hint of trouble.
문젯거리에 대해 희미한 암시도 없었다.

[d] I haven't given the slightest thought to my vacation plans.
나는 내 휴가 계획에 조그마한 생각도 하지 않았다.

4 피수식체는 사람이나 사람의 체구를 가리키고, slight는 이들이 호리호리하고 작은 상태를 나타낸다.

[a] Her slight frame was shaken by bouts of coughing.
그녀의 호리호리한 체구는 기침을 몇 번하는 통에 흔들렸다.

[b] The slight lady had difficulty walking against the wind.
그 호리호리한 여자는 바람을 맞고 걷기가 어려웠다.

[c] The girl was too slight to carry the heavy books.
그 소녀는 너무 약해서 그 무거운 책들을 운반할 수 없었다.

[d] Like most distance runners she is slight.
대부분의 장거리 경주자처럼 그녀는 호리호리하다.

SMART

이 형용사는 빠르면서 센 힘을 나타낸다.

1 피수식체는 때리기, 차기 등이고, smart는 이들이 강함을 나타낸다.

[a] He was struck with a smart rap on the head.
그는 머리를 따끔하게 톡 맞았다.

[b] Give the wheel nuts a few smart raps with a hammer.
바퀴 암나사를 망치로 몇 번 빠르고 세차게 두들겨라.

[c] The boxer landed his opponent a smart blow on the head.
그 권투선수는 상대편의 머리에 빠르고 세찬 타격을 가했다.

[d] Martin gave me a smart kick under the table.
Martin은 탁자 아래에서 나를 발로 세게 찼다.

2 피수식체는 속보, 걸음, 속도 등이고, smart는 이들이 활기참을 나타낸다.

[a] They set off at a smart trot.
그들은 활기찬 속보로 출발했다.

[b] He walked with smart steps.
그는 활기찬 걸음으로 걸었다.

[c] The horse set off at a smart pace.
그 말이 빠른 속도로 출발했다.

3 피수식체는 움직임, 조치 등이고, smart는 이들이 기민함을 나타낸다.

[a] Starting a pension scheme now would be a smart move.
연금계획을 지금 시작하는 것은 기민한 움직임이다.

[b] The take-over was a smart move.
그 인수인계는 기민한 조치였다.

4 피수식체는 사람이고, smart는 이들이 똑똑함을 나타낸다.

[a] I'm not smart enough to understand computers.
나는 컴퓨터를 이해할 만큼 똑똑하지 못하다.

[b] Why don't you fix it if you are so smart?
네가 그렇게 영리하다면 그걸 고쳐볼래?

[c] Some smart lawyers got him out of jail.
몇몇 영리한 변호사들이 그를 출소시켰다.

[d] The smart kid got good grades.
그 영리한 아이가 좋은 점수를 받았다.

5 피수식체는 말이나 행동이고, smart는 이들이 뻔뻔스러운 상태를 나타낸다. 똑똑함이 지나치면 뻔뻔스러움이 된다.

[a] Disregard the smart answer.
뻔뻔스러운 대답을 무시해라.

[b] Keep your smart remarks to yourself.
네 뻔뻔스러운 말들을 입 밖에 내지마라.

[c] The child made a smart remark to his father, and was grounded.
그 아이가 아버지에게 뻔뻔스러운 말을 해서, 외출금지를 당했다.

6 피수식체는 전치사 with의 목적어를 뻔뻔스럽게 대한다.

[a] Don't get smart with me.
나한테 뻔뻔스럽게 굴지 마라.

[b] He is getting smart with me.
그는 나에게 뻔뻔스럽게 굴고 있다.

7 smart는 행위자와 과정을 동시에 수식한다. 행위자는 전치사 of의 목적어로 과정은 to-부정사로 명시된다.

[a] It wasn't very smart of you to try to cheat.
네가 속이려고 하다니 매우 어리석었다.

[b] It is smart of you to spread your investments.
당신의 투자를 분산시키는 것은 영리한 일이다.

8 피수식체는 모습을 가리키고, smart는 이들이 말끔한 상태를 가리킨다.

[a] He was looking very smart in his new suit.
그는 새 양복을 입으니 매우 맵시 있게 보였다.

[b] Sam is looking very smart today.
Sam은 오늘 너무 깔끔해 보인다.

[c] A smart crowd gathered at the party.
말끔하게 차려입은 인파가 파티에 모였다.

9 피수식체는 옷이나 장식들이고, smart는 이들이 맵시 있게 보임을 나타낸다.

[a] She is wearing a smart outfit.
그녀는 맵시 있는 옷을 입고 있다.

[b] I need a smart jacket for my interview.
나는 인터뷰를 위해 단정한 재킷이 필요하다.

[c] Mary wore smart accessories with her stylish clothes.
Mary는 그녀의 멋진 옷과 어울리는 세련된 액세서리를 걸쳤다.

[d] They were wearing their smartest clothes.
그들은 가장 멋진 옷을 입고 있었다.

10 피수식체는 호텔, 사무실, 식당, 지역 등이고, smart는 이들이 고급스러움을 나타낸다.

[a] He stayed at a smart hotel.
그는 고급 호텔에 투숙했다.

[b] He works in a smart new office.
그는 고급스러운 새 사무실에서 일한다.

[c] They dined at one of the smartest restaurants.
그들은 가장 고급스러운 식당 중의 한 곳에서 식사했다.

[d] The couple lives in a smart residential district.
그 부부는 고급 주택지에 살고 있다.

SMOOTH

이 형용사는 거침이나 막힘이 없는 상태를 나타낸다.

1 피수식체는 피부, 돌, 도로이고, smooth는 이들의 표면이 매끄러움을 나타낸다.

[a] Her skin is soft and smooth.
그녀의 피부는 부드럽고 매끈하다.

[b] Over the years, the stone had worn smooth.
여러 해가 지나면서, 그 돌은 표면이 닳아서 매끈하게 되었다.

[c] The road ahead was flat and smooth.
앞쪽에 있는 그 도로의 표면은 평평하고 매끄러웠다.

2 피수식체는 마시는 것이고, smooth는 마시기가 매끄러운 상태를 나타낸다.

[a] He prefers a smooth full-bodied wine.
그는 부드럽고 진한 포도주를 선호한다.

[b] He fixed a smooth whisky.
그는 부드러운 위스키를 한 잔 탔다.

[c] The coffee is smooth and rich.
그 커피는 부드럽고 향이 풍부하다.

3 피수식체는 그레이비, 밀도, 혼합물, 반죽 등이고, smooth는 이들이 웅어리 없이 고른 상태를 나타낸다.

[a] They served us a smooth gravy.
그들은 우리에게 매끈한 그레이비를 주었다.

[b] The dough has smooth consistency.
그 밀가루 반죽은 고른 밀도를 가졌다.

[c] The mixture is smooth and creamy.
그 혼합물은 고르고 크림 같았다.

[d] Beat the eggs and the flour until they are smooth.
달걀들과 밀가루를 고루 섞일 때까지 쳐라.

4 피수식체는 음악, 맛 등이고, smooth는 이들이 부드러운 감을 줌을 나타낸다.

[a] We heard a smooth dance music.
우리는 감미로운 춤곡을 들었다.

[b] This curry has a smooth flavor.
이 카레는 부드러운 맛이다.

5 피수식체는 사람이고, smooth는 이들의 태도가 사근사근함을 나타낸다.

[a] 10 smooth young men were picked as finalists.
10명의 사근사근한 젊은이들이 최종 후보자로 선발되었다.

[b] He maintained a smooth manner with difficult clients.
그는 까다로운 고객들에게 부드러운 태도를 유지했다.

6 피수식체는 사람이고, smooth는 이들의 말이나 태도가 매끄러움을 나타낸다.

[a] He tried to avoid a smooth salesperson.
그는 말을 유창하게 하는 판매원을 피하려고 애썼다.

[b] I don't like him - he is too smooth for me.
나는 그를 좋아하지 않는다 – 그는 말이 너무 유창하다.

[c] The foreign minister is so smooth that many of his colleagues distrust him.
그 외무부장관은 말이 너무 유창해서 그의 동료들 중 많은 분은 그를 불신한다.

7 피수식체는 항해, 이양, 발전 등이고, smooth는 이들의 진행이 순조로움을 나타낸다.

[a] It was a smooth sailing across the lake.
그것은 그 호수를 가로지르는 순조로운 항해였다.

[b] Political hopes for a swift and smooth transition to democracy is dashed.
민주주의로의 신속하고 순조로운 이양에 대한 정치적 희망들이 꺾였다.

[c] The company is making smooth progress.
그 회사는 순조로운 발전을 이루어가고 있다.

8 피수식체는 시간이고, smooth는 그 속에 일이 순조롭게 진행됨을 나타낸다.

[a] I had a smooth day at the office.
나는 사무실에서 순조로운 하루를 보냈다.

[b] The company had a smooth month in July.
그 회사는 7월을 순조롭게 보냈다.

SOBER

이 형용사는 술에 취하지 않은 상태를 나타낸다.

1 피수식체는 사람이고, sober는 이들이 술에 취하지 않거나 술을 마시지 않은 상태를 나타낸다.

[a] He was sober enough to drive.
그는 운전할 수 있을 만큼 충분히 술에서 깨어 있었다.

[b] I've never seen him sober.
나는 그가 술 취하지 않은 것을 본 적이 없다.

[c] She drank too much in her twenties, but she is now sober.
그녀는 20대 때 술을 너무 많이 마셨으나 지금은 술을 마시지 않는다.

[d] When he is sober, he is a good father.
그가 술 취하지 않을 때에는 그는 좋은 아버지이다.

2 피수식체는 의견, 성찰, 평가 등이고, sober는 이들이 침착한 상태에서 이루어짐을 나타낸다.

[a] He has a sober opinion not influenced by prejudice.
그는 편견에 의해 영향 받지 않는 온건한 의견을 가지고 있다.

[b] On sober reflection, I don't think I need a car after all.
침착히 성찰해 보니, 결국 내가 차가 필요하다고는 생각하지 않는다.

[c] We need a sober assessment of the chances for ending this war.

우리는 이 전쟁을 끝낼 가능성에 대한 침착한 평가가 필요하다.

③ 피수식체는 삶, 발표 등이고, sober는 이들의 근엄함을 나타낸다.

[a] Puritans led sober, hard-working lives.

청교도들은 근엄하고, 힘든 일을 하는 삶을 살았다.

[b] The sober presentation was dreadfully boring.

그 근엄한 발표는 지독하게 지루했다.

SOCIAL

이 형용사는 사회와 관련된 뜻을 갖는다.

1 피수식체는 행사, 모임, 활동, 단체 등이고, social은 이들이 사교적임을 나타낸다.

[a] Jane attended a social function last week.
Jane은 지난주에 사교 행사에 참여했다.

[b] My parents are at a social gathering tonight.
나의 부모님은 오늘밤 사교 모임에 가계신다.

[c] My wife likes social activities, such as tennis and golf.
내 아내는 정구와 골프 같은 사교 활동을 좋아한다.

[d] Our firm has a social club.
우리 회사에는 사교 단체가 있다.

2 피수식체는 지위, 계층, 정의, 문제 등이고, social은 이들이 사회적 구조와 관련됨을 나타낸다.

[a] Governments have made efforts to improve women's social status.
정부는 여성의 사회적 지위 향상을 위해 노력해왔다.

[b] Students come from a wide variety of social classes.
학생들은 다양한 사회 계층의 출신이다.

[c] The interests of the company are rarely compatible with social justice.

회사의 이익은 사회 정의와 양립하는 경우가 드물다.

[d] We talked about various social questions such as unemployment and education.

우리는 실업과 교육과 같은 다양한 사회적 문제에 대해 얘기를 나누었다.

3 피수식체는 개미, 생명체, 동물 등이고, social은 이들이 무리를 지어 사는 사회적인 동물임을 나타낸다.

[a] Ants are social insects.

개미는 사회적인 곤충이다.

[b] Many insects are social creatures who live and work together.

많은 곤충들은 함께 살고 함께 일하는 사회적 생명체이다.

[c] Since wolves travel in organized packs, they are considered to be social animals.

늑대들은 조직된 무리로 이동하기 때문에. 그들은 사회적인 동물로 간주된다.

[d] He studies social animals such as monkeys and cattle.

그는 원숭이와 소와 같은 사회적 동물들을 연구한다.

SOLID

이 형용사는 속이 꽉 차서 비지 않은 상태를 나타낸다.

1 피수식체는 대리석, 문진, 주사위, 나무조각 등이고, solid는 이들이 같은 물질로 꽉 찬 상태를 나타낸다.

[a] The statue is solid marble.
그 동상은 통 대리석으로 되어 있다.

[b] He gave me a solid brass paper weight as a gift.
그는 나에게 선물로 순 동 문진을 주었다.

[c] A cube is a solid figure.
주사위는 속이 찬 입체물이다.

[d] The figure was carved out of a solid block of wood.
그 형체는 통나무에서 조각되었다.

2 solid는 서술적으로 쓰였다.

[a] The lead cube is completely solid.
납으로 된 정육면체는 속이 꽉 차 있다.

[b] The milk in the bottle has frozen solid.
병 속의 우유가 꽁꽁 얼었다.

[c] The cement block is solid.
그 시멘트 블록은 속이 꽉 차 있다.

[d] The tires of the first cars used to be solid.
최초 자동차의 타이어는 통고무로 되었다.

3 피수식체는 여러 개체나 사람으로 이루어진 줄이나 벽이고, solid는 개체와 개체, 사람과 사람 사이가 밀착되어 있는 관계를 나타낸다.

[a] The left lane is filled with a solid line of traffic.
왼편 차선은 꽉 들어찬 차들의 행렬로 채워져 있다.

[b] A solid queue of cars stretched for two miles.
차들의 빈틈없는 행렬이 2마일이나 뻗어 있었다.

[c] A solid row of high-rise buildings lines the street.
빈틈없이 줄지어 선 고층 건물들이 그 길에 늘어서 있다.

[d] The marchers were met by a solid wall of police officers.
그 행진하던 사람들은 경찰관들로 이루어진 빽빽한 벽에 부딪혔다.

4 solid는 서술적으로 쓰였다.

[a] The members were solid against the idea.
그 구성원들은 그 발상에 대해서 뭉쳐서 반대했다.

[b] The street was packed solid with spectators.
그 거리는 구경꾼들로 꽉 찼다.

[c] The team was solid as a rock in defence.
그 팀은 수비에 있어서 바위처럼 단단했다.

[d] You can write 'ice-cream' with a hyphen, in two words or solid.
여러분은 하이픈을 사용해서 'ice-cream'이라고 띄어 써도 되고, 'icecream'과 같이 한 덩어리로 써도 된다.

5 피수식체는 색깔이나 인종 등이고, solid는 이들에 다른 것이 섞이지 않은 순수함을 나타낸다.

[a] A flag of surrender is completely solid.
항복기는 단색이다.

[b] One cat is black and white - the other solid black.

고양이 한 마리는 흰색과 검은색이 섞여 있고 – 다른 한 마리는 완전한 검은색이다.

[c] The house has a wall of solid lime green.

그 집은 초록색 벽을 가지고 있다.

[d] Why can't she marry a good solid Korean?

왜 그녀는 좋은 순 한국인과 결혼할 수 없지?

6 피수식체는 시간, 선 등이고, solid는 이들에 빈틈이 없음을 나타낸다.

[a] I waited three solid hours.

나는 꼬박 세 시간을 기다렸다.

[b] We had to wait two solid days.

우리는 이틀 꼬박 기다려야 했다.

[c] You can't work more than five hours solid.

여러분은 5시간 이상 꼬박 일할 수 없다.

[d] What is the significance of this solid yellow line?

이 연속된 노란 실선의 의미가 무엇입니까?

7 피수식체는 증명, 증거, 단서, 이유 등이고 solid는 이들이 확고함을 나타낸다.

[a] It is a mass of speculation without any solid proof.

그것은 어떤 확고한 증명도 없는 추측의 덩어리일 뿐이다.

[b] Solid evidence is noticeably lacking.

확고한 증거가 현저하게 부족하다.

[c] The inspector had a few solid leads.

그 검사관은 몇 개의 확실한 단서들을 확보했다.

[d] There are solid reasons that this is possible.
이것이 가능하리라는 믿음에 대한 확실한 이유들이 있다.

8 피수식체는 다리, 고리, 그릇, 건물 등이고, solid는 이들이 튼튼함을 나타낸다.

[a] The bridge is solid enough for heavy trucks to drive on.
그 다리는 무거운 트럭들이 그 위를 지나갈 수 있을 만큼 튼튼하다.

[b] These chains are solid.
이 고리들은 튼튼하다.

[c] The containers have to be solid enough to withstand the pressure.
그 그릇들은 압력을 견딜 만큼 튼튼해야 한다.

[d] The building is solid - it just needs painting.
그 건물은 튼튼해 – 칠만 하면 돼.

9 solid는 한정적으로 쓰였다.

[a] The house has solid construction.
그 집은 튼튼한 구조로 되어 있다.

[b] The garden is surrounded with a very solid wall.
그 정원은 매우 튼튼한 벽으로 둘러싸여 있다.

SOPHISTICATED

이 형용사는 세상 경험을 통해 아는 것이 많음을 나타낸다.

1 피수식체는 사람이고, sophisticated는 이들이 세상 경험을 통해 많이 알고 있는 상태를 나타낸다.

[a] She is a charming, sophisticated companion.
그녀는 매력적이고, 세련된 동료이다.

[b] The people are very sophisticated observers of the political scene.
그 국민들은 정치 현실의 매우 높은 안식 있는 관찰자들이다.

[c] Even experienced and sophisticated readers have trouble reading the article.
경험 있고 교양 있는 독자들조차도 그 논문을 읽는데 어려움을 느낀다.

[d] The play will appeal to a sophisticated audience.
그 연극은 안식 있는 청중에게 와 닿을 것이다.

2 sophisticated는 서술적으로 쓰였다.

[a] My cousins are very sophisticated since they have lived in Rome and Paris.
내 사촌들은 로마와 파리에서 살아서 아는 것이 매우 많다.

[b] Korean voters today are much more sophisticated than they were in the 1960s.
오늘날 한국 유권자들은 1960년대 유권자들보다 아는 것이 더 많다.

[c] The opera's audience was sophisticated.
그 오페라의 청중들은 안식이 있었다.

[d] Consumers are getting more sophisticated and demanding.
소비자들은 점점 더 많이 알고 더 많이 요구한다.

3 피수식체는 논거, 미적분 문제, 접근법 등이고, sophisticated는 머리를 정교하게 써야 하는 상태를 나타낸다.

[a] He presented a sophisticated argument.
그는 정교한 논거를 제시했다.

[b] He struggled with a sophisticated calculus problem.
그는 정교한 미적분 문제와 씨름하고 있다.

[c] I think a more sophisticated approach is needed to solve this problem.
나는 이 문제를 풀기 위해 더욱 정교한 접근법이 필요하다고 생각한다.

4 피수식체는 체계, 장비, 기계 등이고, sophisticated는 이들이 정교함을 나타낸다.

[a] Honeybees use one of the most sophisticated communication systems.
꿀벌은 가장 정교한 의사소통 체계 중의 하나를 사용한다.

[b] The company has spent millions of dollars developing this sophisticated computer equipment.
그 회사는 이 정교한 컴퓨터 장비를 개발하는데 수백만 달러를 썼다.

[c] The sophisticated machinery is difficult to operate properly.
그 정교한 기계류는 제대로 작동시키기 어렵다.

SORE

1 피수식체는 몸 전체나 일부이고, sore는 이들에 통증이 있음을 나타낸다.

[a] I always feel stiff and sore after gardening.
나는 정원손질을 한 후에는 항상 뻐근하고 쑤신다.

[b] I am sore all over after the lifting.
나는 짐을 들고 나니 온 몸이 쑤신다.

[c] Her eyes were sore from studying all night.
그녀의 눈은 밤새 공부하느라 쑤셨다.

[d] My feet were sore with all the walking.
나의 발은 많이 걸어서 욱신거린다.

2 sore는 한정적으로 쓰였다.

[a] My new shoes have caused a sore toe.
내 새 신발이 발가락 하나를 욱신거리게 만들었다.

[b] He suffered a sore head after too much drink.
그는 술을 너무 많이 마신 후에 머리가 쑤신다.

[c] She had a sore finger.
그녀는 손가락 하나가 욱신거린다.

③ 피수식체는 사람이고, sore는 이들이 마음이 아픈 상태를 나타낸다.
슬픔이나 비통함이 마음의 아픔이 될 수 있다.

[a] Don't get sore just because I didn't notice your new
outfit.
네 새 옷을 알아보지 못했다고 해서 화내지마.

[b] She was sore because she wasn't asked to the wedding.
그녀는 그 결혼식에 초대받지 못해서 마음이 쓰렸다.

④ 피수식체는 전치사 at의 목적어 때문에 마음이 아프다.

[a] I can't blame you for being sore at me.
나는 네가 나 때문에 기분 상했다고 해서 너를 나무랄 수 없다.

[b] She was sore at him because he was one hour late.
그녀는 그가 한 시간 늦게 왔기 때문에 그를 언짢아했다.

[c] The boss is sore at me because I lost the report.
사장님은 내가 보고서를 잃어버린 것에 대해 내게 화가 나셨다.

[d] They are now all feeling sore at you.
그들은 지금 모두 너 때문에 마음이 상해 있다.

⑤ 피수식체는 전치사 about의 목적어에 대해 마음이 아프다.

[a] He is sore about the fact that he didn't get a raise.
그는 승진·임금인상을 못했다는 사실에 대해 마음이 괴롭다.

[b] They are sore about losing to Japan.
그들은 일본에게 졌다는 것에 마음이 아리다.

6 sore는 아픔을 주는 상태를 나타낸다.

[a] His lack of education is always sore point with him.
그의 교육 부족은 항상 그의 마음을 아프게 하는 점이다.

[b] The accident with the car is a sore subject now.
그 차 사고는 이제 그에게 쓰라린 주제이다.

[c] The team is in sore need of a new pitcher.
그 팀은 새로운 투수가 절실히 필요하다.

SOUND

이 형용사는 잘못된 것이 없는 상태를 나타낸다.

1 피수식체는 인공 구조물이고, sound는 이들이 온전한 상태 또는 튼튼한 상태에 있음을 나타낸다.

[a] It's an old building, but structurally it's sound.
그것은 낡은 건물이지만 구조적으로 튼튼하다.

[b] The body work is sound, but the engine needs replacing.
차체는 튼튼하지만 엔진은 교체할 필요가 있다.

[c] The house needs attention, but the roof is sound.
그 집은 수리가 필요하지만 지붕은 튼튼하다.

2 피수식체는 몸, 건강 등이고, sound는 이들이 건전함을 나타낸다.

[a] Considering his age, his body is quite sound.
그의 나이를 고려해 볼 때 그의 신체는 아주 온전하다.

[b] Fortunately, his health is sound.
다행히도 그의 건강은 온전하다.

[c] He arrived home safe and sound.
그는 안전하고 온전하게 집에 도착했다.

3 피수식체는 사람이고, sound는 이들의 마음이 온전함을 나타낸다.

[a] She's a very sound woman to have on the committee.
그녀는 위원회에 들어오기에 매우 건전한 여성이다.

[b] Was he of sound mind at the time of the incident?
그 사건이 일어났을 때 그는 정신이 멀쩡했습니까?

4 피수식체는 논리, 충고, 판단 등이고, sound는 이들이 건전함을 나타낸다.

[a] Although your logic is sound, I still don't agree with you.
네 논리는 건전하지만, 나는 여전히 동의하지 않는다.

[b] She gave me some sound advice.
그녀는 나에게 몇 가지 건전한 충고를 했다.

[c] They reached a sound judgement.
그들은 건전한 판단에 도달했다.

5 피수식체는 회사나 재정에 관한 것이고, sound는 이들이 견실함을 나타낸다.

[a] The company is sound, sales are good, and employees are happy.
그 회사는 튼튼하고, 영업은 잘되며, 직원들은 만족해한다.

[b] Bill is not all together sound on matters of finance.
Bill은 재정 문제에 관해서는 전적으로 건전하지가 않다.

6 피수식체는 잠이고, sound는 잠이 깨지 않는 깊은 상태를 나타낸다.

[a] He enjoyed a six hours' sound, unbroken sleep.
그는 6시간의 온전한, 즉 깨지 않은 잠을 잘 잤다.

[b] He is a sound sleeper.
그는 깊이 잠드는 사람이다.

SPARE

이 형용사는 쓸 곳에 쓰이고 남는 상태를 나타낸다.

1 피수식체는 방, 재고품, 열쇠, 상자 등이고, spare는 이들이 여분임을 나타낸다.

[a] They have a spare room for guests.
그들은 손님들을 위한 여분의 방을 가지고 있다.

[b] They stock spare parts for most types of vehicle.
그들은 거의 모든 종류의 차량에 필요한 여분의 부품들을 비축해 두었다.

[c] I don't have any spare key.
나에게는 여분의 열쇠가 없다.

[d] Have you got any spare boxes?
여분의 상자들을 가지고 있니?

2 피수식체는 시간이고, spare는 이들이 정규적인 일을 하고 남는 상태를 나타낸다.

[a] He likes to read in his spare time.
그는 여가시간에 책 읽기를 좋아한다.

[b] He spends every spare moment he has in the library.
그가 갖는 모든 여유시간을 그 도서관에서 보낸다.

[c] He is studying music in his spare time.
그는 여가시간에 음악을 공부하고 있다.

3 spare는 서술적으로 쓰여서 남은 상태를 나타낸다.

[a] can I borrow these books if they are going spare?
이 책들이 남으면 제가 빌려도 될까요?

[b] I'll have some of that cake if it's going spare.
그 케이크가 남는다면 제가 좀 먹을게요.

4 피수식체는 사람이고, spare는 이들이 여윈 상태를 나타낸다. 어떤 물건을 쓰고 남은 양은 적다.

[a] The spare man is one who doesn't eat much.
그 여윈 사람은 많이 먹지 않는 사람이다.

[b] The short spare man weighs about 50kg.
그 키가 작고 마른 사람이 몸무게가 50kg 정도 나간다.

5 피수식체는 식사이고, spare는 이 식사 양이 적은 상태를 나타낸다.

[a] He has a spare breakfast.
그는 빈약한 아침식사를 한다.

[b] She is on a spare diet.
그녀는 빈약한 식단을 쓰고 있다.

SPECIAL

1 피수식체는 권리, 사정, 행사, 방법 등이고, special은 이들이 특별함을 나타낸다.

[a] Some of the officials have special privileges.
몇몇 관리는 특별한 권리를 가진다.

[b] The school will allow this only in special circumstances.
그 학교는 이것을 오직 특별한 사정 하에서 허락할 것이다.

[c] We drink champagne only on special occasions.
우리는 오직 특별한 때에만 샴페인을 마신다.

[d] She has a special way of making room.
그녀는 공간을 만드는 특별한 방법을 가지고 있다.

2 피수식체는 전치사 for의 목적어에 특별한 것이다.

[a] You need special tires for snow.
너는 눈에 대비하여 특별한 타이어가 필요하다.

[b] There was no special reason for mentioning it.
그것을 언급할 특별한 이유는 없었다.

[c] There is a special room for dancing.
춤추는 데 쓰이는 특별한 방이 있다.

[d] What we need is a special computer expert for the job.
우리가 필요한 것은 그 일자리에 맞는 특별한 컴퓨터 전문가이다.

3 피수식체는 전치사 to의 목적어에 특별하다.

[a] She is very special to me.
그녀는 나에게 있어 매우 특별하다.

[b] The baby is spacial to the old couple.
그 아기는 그 노부부에게 특별하다.

[c] The day is special to the Koreans.
그 날은 한국 국민에게 특별하다.

SPECIFIC

이 형용사는 특정한 개체를 가리키는 데 쓰인다.

1 피수식체는 전치사 to의 목적어에 한정된다.

[a] The disease seems to be specific to certain types of plant.
그 병은 식물의 특정한 종류에 한정되어 보인다.

[b] This disease is specific to horses.
이 병은 말들에게만 한정된다.

[c] Most of their knowledge is specific to the company they work for.
그들 지식의 대부분은 그들이 일하는 회사에만 한정된다.

[d] The symptom is specific to those who have high blood pressure.
그 증상은 고혈압이 있는 사람들에게만 한정된다.

2 specific은 한정적으로 쓰였다.

[a] I am not talking about all books. I am talking about one specific book.
나는 모든 책을 말하는 게 아니라 특정한 한 권에 대해 이야기하고 있는 중이다.

[b] The money is intended to be used for specific purposes.
그 돈은 특정한 목적을 위해 사용될 예정이다.

[c] The virus attacks specific cells in the brain.
그 바이러스는 뇌 속의 특정 세포들을 공격한다.

[d] Is there any specific item you want from the shops?
상점들에서 네가 원하는 어떤 특정한 물건이 있니?

③ 피수식체는 일반적인 말이고, specific은 이들을 좀 더 구체적으로 요구하는 데 쓰인다.

[a] I'd like your help tomorrow. could you be more specific?
저는 내일 당신의 도움을 받고 싶습니다. 더 구체적으로 말해 주시겠습니까?

[b] You said you live in Seoul. could you be a bit more specific?
당신은 서울에 산다고 했는데, 좀 더 구체적으로 말해 주시겠습니까?

[c] You said your factory is in korea. can you be more specific?
당신 공장이 한국에 있다고 말했는데, 더 구체적으로 얘기해 주시겠습니까?

[d] I'm not sure who you mean. could you be more specific?
당신이 누구를 말하는지 모르겠습니다. 더 구체적으로 말해 주시겠습니까?

SQUARE

이 형용사는 사각형과 관계가 있다.

1 피수식체는 화단, 상자 등이고, square는 이들의 모습이 네모꼴임을 나타낸다.

[a] He has a square flower bed.
그는 정사각형의 화단을 가지고 있다.

[b] We need a square box.
우리는 정사각형의 상자 하나가 필요하다.

2 피수식체는 with의 목적어와 평행하다. 정사각형의 마주보는 면은 평행하다.

[a] The shelves are square with the floor.
그 선반들은 마루와 평행하다.

[b] The tables were arranged square with the wall.
그 탁자들은 벽과 평행하게 배열되어 있었다.

3 피수식체는 복수이고, square는 이들이 서로 평행이 됨을 나타낸다.

[a] Could you stand back from the shelves and tell me if they are square?
그 선반들에서 뒤로 물러서서 그것들이 평행한지 나에게 말해 주겠습니까?

[b] Place the pieces together, and make sure that the edges are square.

그 조각들을 한데 두고, 그 모서리들이 가지런한지 확인해라.

4 피수식체는 복수이고, square는 이들의 양, 수, 정도 등이 같음을 나타낸다.

[a] If you pay for tonight's tickets. we are all square.

네가 오늘밤 표를 사면, 우리는 셈이 모두 같다.

[b] They were all square at 30 points each.

그들은 각각 30점씩 모두 같았다.

[c] The golfers were all square at the fourth hole.

그 골프 치는 이들은 네 번째 홀에서 모두 동점이었다.

[d] The teams were all square at the end of the game.

그 팀들은 경기 끝에서 모두 동점이었다.

5 피수식체는 가로와 세로를 곱한 제곱 값이다.

[a] The floor is 5 meters wide and 4 meters long, so the total area is 20 square meters.

그 마루는 5m 폭에 4m 길이라서. 총 면적은 20평방미터이다.

[b] The garden is 10 square meters.

그 정원은 10평방미터이다.

[c] The room is 8 meters square.

그 방은 8평방미터이다.

[d] The carpet is three meters square.

그 양탄자는 3평방미터이다.

6 피수식체는 각이 지거나 넓다.

[a] He is a man of square frame.
그는 떡 벌어진 체형을 가진 사람이다.

[b] He has a square jaw.
그는 각진 턱을 가졌다.

[c] He is short with square broad shoulders.
그는 넓고 각진 어깨에 키가 작은 사람이다.

[d] He looked tough and square.
그는 튼튼하고 몸이 각져 보였다.

7 피수식체는 거래, 취급 등이고, square는 이들이 공정함을 나타낸다.
정사각형은 반듯하고 반듯함은 정직함으로 풀이된다.

[a] We got a square deal on the car.
우리는 차에 대해 정직한 거래를 받았다.

[b] I'm not getting a square deal here.
나는 여기서 공정한 취급을 받고 있지 않다.

8 피수식체는 거절, 부인 등이고, square는 이들이 분명함을 나타낸다.

[a] We got a square refusal.
우리는 분명한 거절을 받았다.

[b] He issued a square denial of the allegations.
그는 그 주장의 분명한 부정을 표명했다.

9 피수식체는 사람이고, square는 이들이 고지식함을 나타낸다.

[a] He thinks his parents are square.
그는 그의 부모가 고지식하다고 생각한다.

[b] My parents are so square that they will not allow me to go to the concert.
내 부모님은 너무 고지식해서 나를 그 콘서트에 가도록 허락하지 않을 것이다.

10 피수식체는 음식이고, square는 이들이 모든 요소가 갖추어짐을 나타낸다.

[a] He hasn't had a square meal for a week.
그는 한 주 동안 제대로 된 식사를 하지 않았다.

[b] Children should have three square meals.
아이들은 세끼 알찬 식사를 해야 한다.

STABLE

이 형용사는 흔들림이 없는 안정된 상태를 가리킨다.

1 피수식체는 굴뚝, 책상, 책장, 사다리 등이고, stable은 이들이 안정된 상태에 있음을 나타낸다.

[a] The chimney doesn't look very stable.
그 굴뚝은 매우 불안정해 보인다.

[b] Don't lean on my desk - it is not stable.
내 책상에 기대지 마 – 안정되어 있지 않다.

[c] The heavy bookcase is stable.
그 무거운 책장은 안정되어 있다.

[d] The ladder doesn't seem very stable.
그 사다리가 매우 불안정해 보인다.

2 피수식체는 사람이고, stable은 이들의 마음이 안정된 상태를 나타낸다.

[a] He's a quiet and stable man.
그는 조용하고 착실한 사람이다.

[b] I have got two very stable teen aged children.
나는 2명의 정서적으로 매우 안정된 10대 아이들이 있다.

[c] Their characters are fully formed and they are stable children.
그들의 성격이 충분히 형성되었고 이제 그들은 안정된 아이들이다.

[d] The social worker placed the orphan with a stable family.
그 사회사업가는 고아를 안정된 가정에 입양시켰다.

3 피수식체는 관계, 정부, 가정생활 또는 결혼 생활 등이고, stable은 이들이 안정된 상태에 있음을 나타낸다.

[a] Children benefit from stable relationships within the family unit.
아이들은 가족 단위 안에서의 안정된 관계들로부터 혜택을 받는다.

[b] The people want a stable government.
국민은 안정된 정부를 원한다.

[c] They're looking for a stable home life for a child.
그들은 어느 한 아이를 위해서 안정된 가정생활을 찾고 있다.

[d] They are enjoying a stable marriage.
그들은 안정된 결혼 생활을 즐기고 있다.

4 피수식체는 화학 구조이고, stable은 이들이 안정된 상태에 있음을 나타낸다.

[a] RNA is less stable than DNA.
RNA는 DNA보다 불안정한 구조를 가지고 있다.

[b] The less stable compounds were converted into a compound called Delta-ATHC.
덜 안정된 화합물들은 Delta-ATHC라고 불리는 화합물로 전환되었다.

5 피수식체는 화폐, 유가, 상태, 생활 등이고, stable은 이들이 안정된 상태에 있음을 나타낸다.

[a] The yen is now a stable currency.
옌은 현재 안정된 통화이다.

[b] The price of oil remained stable.
석유 가격이 안정되게 유지되었다.

[c] The patient's condition is stable.
그 환자의 상태는 안정되어 있다.

[d] My life is more stable since I found a job and moved to the country.
일자리를 구하고 교외로 이사한 후로 내 생활은 더욱 안정되어 있다.

6 피수식체는 일자리이고, stable은 안정감을 주는 상태를 나타낸다.

[a] After several part-time jobs, he's now got a stable job in a bank.
몇 가지 파트타임 일들을 한 후 그는 이제 은행에서 안정된 일자리를 갖고 있다.

[b] He is looking for stable employment.
그는 안정된 일자리를 찾고 있다.

STEADY

이 형용사는 제자리에서 움직이지 않는 상태를 나타낸다.

1 피수식체는 사다리, 등, 보트, 카메라 등이고, steady는 이들이 고정되어 흔들리지 않는 상태에 있음을 나타낸다.

[a] Don't worry. The ladder is steady as a rock.
걱정하지 마. 사다리는 바위처럼 고정되어 있어.

[b] Hold the light steady so I can see better.
내가 더 잘 볼 수 있도록 등이 흔들리지 않게 잡고 있어라.

[c] I will hold the boat steady while you climb in.
나는 네가 기어 들어오는 동안 보트가 흔들리지 않게 고정시킬 것이다.

[d] Keep the camera steady while you take a picture.
사진을 찍는 동안 카메라가 흔들리지 않도록 해라.

2 피수식체는 속도, 소득, 환율, 집세 등이고, steady는 이들이 일정한 상태에 있음을 나타낸다.

[a] The procession moved at a steady pace.
그 행렬은 일정한 속도로 움직였다.

[b] Do you have a steady income?
당신은 일정한 소득이 있습니까?

[c] The pound has remained steady against the German mark.
영국 파운드는 독일 마르크화 대비 일정하게 유지되고 있다.

[d] Most rental prices have held steady this year.
대부분의 임대비용은 올해 변동이 없다.

3 피수식체는 증가, 호전, 진보 등이고, steady는 이들의 변화가 꾸준함을 나타낸다.

[a] A steady rise in unemployment worries the government officials.
꾸준한 실업률의 증가는 정부 관리들을 걱정시켰다.

[b] There has been a steady improvement in her condition.
그녀의 건강 상태가 꾸준히 호전되고 있다.

[c] Progress has been slow but steady.
진보는 느리지만 꾸준하다.

4 피수식체는 흐름이고, steady는 이들이 일정하게 유지됨을 나타낸다.

[a] A steady stream of people came to our grand opening.
사람들의 꾸준한 물결이 우리의 성대한 개장식에 왔다.

[b] His breathing was steady.
그의 호흡은 일정했다.

[c] There was a steady flow of water from the pipe.
그 파이프에서 꾸준히 물이 새고 있었다.

5 피수식체는 신경이나 사람을 가리키고, steady는 이들이 침착한 상태에 있음을 나타낸다.

[a] Despite the excitement, my nerves remained steady.
동요가 있었음에도 불구하고 내 정신력은 침착했다.

[b] She was steady even in the face of trouble.

그녀는 고난에 직면하고서도 침착했다.

6 피수식체는 사람, 일자리 등이고, steady는 이들이 한결같음을 나타낸다.

[a] He is a steady customer.

그는 꾸준한 단골손님이다.

[b] He is looking for a steady job.

그는 안정된 직업을 구하고 있다.

[c] The steady pupil always does his homework on time.

꾸준히 공부하는 학생은 항상 제시간에 숙제를 제시간에 한다.

[d] She needs to marry someone steady.

그녀는 착실한 누군가와 결혼할 필요가 있다.

STIFF

이 형용사는 뻣뻣한 상태를 나타낸다.

① 피수식체는 신발, 침대시트, 수건, 시멘트 등이고, stiff는 이들이 외부의 힘에 영향을 받지 않는 상태를 나타낸다.

[a] Shoes are often stiff when they're new.
신발은 새것일 때 종종 뻣뻣하다.

[b] The sheets are stiff with starch.
그 침대시트들은 풀을 먹여서 빳빳하다.

[c] The towel is frozen stiff.
그 수건이 얼어서 빳빳해졌다.

[d] The wet cement is becoming stiff.
덜 마른 시멘트는 꾸덕꾸덕해지고 있다.

② stiff는 한정적으로 쓰였다.

[a] clean the shoes with a stiff brush.
뻣뻣한 솔로 구두를 닦아라.

[b] The box is made of stiff cardboard.
그 상자는 뻣뻣한 마분지로 만들어져 있다.

3 피수식체는 목, 등, 손가락 등이고, stiff는 이들이 뻣뻣함을 나타낸다.

[a] He got a stiff neck while sitting in a sun.
그는 햇빛에 앉아 있어서 목이 뻣뻣해졌다.

[b] My back was stiff after sitting for so many hours.
내 등이 장시간 앉아 있었더니 뻣뻣해졌다.

[c] My fingers have gone stiff from lack of practice.
내 손가락이 연습부족으로 뻣뻣해져 있다.

4 피수식체는 몸이고, stiff는 이들이 뻣뻣한 상태에 있음을 나타낸다.

[a] He felt stiff after the first weight-training class.
그는 첫 역도수업을 받고 나서 몸이 뻣뻣하게 느껴졌다.

[b] He is stiff from back pain.
그는 요통으로 인해 뻐근하다.

[c] I am really stiff after that bike ride yesterday.
나는 어제 그 자전거 타기를 한 후로 몸이 정말 뻣뻣해.

[d] I was scared stiff when I heard someone moving around upstairs.
나는 위층에서 누군가가 돌아다니는 소리를 들었을 때 놀라서 몸이 뻣뻣해졌다.

5 피수식체는 저항, 경쟁, 숙제 등이고, stiff는 이들이 다루기 힘든 상태를 나타낸다.

[a] The army encountered stiff resistance from the rebels in the hills.
그 군대는 산에서 반란군의 거센 저항에 마주쳤다.

[b] The company faces stiff competition from its rivals.
그 회사는 경쟁자로부터 오는 거센 경쟁에 직면하고 있다.

[c] The teacher gave us stiff assignments.
그 선생님은 어려운 숙제를 내주셨다.

6 피수식체는 목소리, 연설, 태도, 절 등이고, stiff는 이들이 경직된 딱딱한 상태를 나타낸다.

[a] He replied in a stiff voice.
그는 딱딱한 목소리로 대답했다.

[b] The speech was stiff and formal.
그 연설은 딱딱하고 형식적이었다.

[c] Her stiff manner puts people off.
그녀의 경직된 태도가 사람들이(그녀에게서) 멀어지게 한다.

[d] He made a stiff bow.
그는 뻣뻣한 절을 했다.

7 피수식체는 바람, 위스키, 판결 등이고, stiff는 이들의 정도가 강함을 나타낸다.

[a] A stiff breeze was blowing from the west.
거센 바람이 서쪽에서 불어오고 있었다.

[b] I need a stiff whisky.
나는 독한 위스키가 필요하다.

[c] The judge gave him a stiff sentence for drunken driving.
그 재판관은 그에게 음주운전에 대해 엄한 판결을 내렸다.

8 피수식체는 반죽, 점토 등이고, stiff는 이들이 차짐을 나타낸다.

[a] Beat in sugar to make a stiff paste.
차진 반죽을 만들기 위해서 휘저어서 설탕을 쳐서 넣어라.

[b] The workman molded the stiff clay into a bowl.
그 도자기공은 차진 점토를 사발로 만들었다.

[c] Beat the eggs until they are stiff.
달걀이 차진 상태가 될 때까지 세게 쳐라.

9 피수식체는 자물쇠, 경첩 등이고, stiff는 이들이 뻑뻑함을 나타낸다.

[a] I had difficulty turning the key - the lock is very stiff.
나는 열쇠를 돌리는 데 어려움이 있었다 – 자물쇠가 너무 뻑뻑했다.

[b] The hinges of the box were stiff from lack of use.
그 상자의 경첩은 사용 부족으로 뻑뻑했다.

10 피수식체는 사람이고, stiff는 이들의 마음이 어색함을 나타낸다.

[a] I felt stiff at the party in my new suit and tight shoes.
나는 새 옷을 입고 딱 맞는 신발을 신고 파티에 가서 부자연스러움을 느꼈다.

[b] John is shy and seems stiff.
John은 수줍어하고 어색해한다.

STRAIGHT

이 형용사는 똑바른 상태를 가리킨다.

1 피수식체는 머리, 줄, 등, 넥타이 등이고, straight는 이들이 똑바름을 나타낸다.

[a] Have you got a mirror? I'll just put my hair straight.
거울 가지고 있니? 내 머리를 좀 정돈해야겠다.

[b] Let's get this line straight.
이 줄을 똑바로 펴자.

[c] He stood with a straight back.
그는 등을 똑바로 펴고 서 있었다.

[d] Is my tie straight?
내 넥타이 바로 되어 있니?

2 피수식체는 성적, 시간, 횟수 등의 복수형이고, straight는 이들이 연속적으로 일직선을 나타낸다.

[a] She got straight A's in her assignments.
그녀는 모든 숙제에서 A를 받았다.

[b] She spoke for 3 hours straight.
그녀는 3시간 연속으로 연설했다.

[c] There were 5 straight days of rain.
5일 연속으로 비가 왔다.

[d] Texas beat Seattle for the 7th straight time.
텍사스는 7회 연속 시애틀을 이겼다.

3 피수식체는 계산, 대답, 일, 기록 등이고, straight는 이들이 틀림이 없음을 나타낸다. 똑바름은 틀림이 없는 의미로 확대된다.

[a] The accounts are straight.
그 계산들이 정확하다.

[b] The witness gave a straight answer to the lawyer's question.
그 목격자는 변호사의 질문에 솔직한 대답을 했다.

[c] Our work is now straight.
우리의 일은 이제 바로 되었다.

[d] You have to put the record straight.
당신은 그 기록을 바로 잡아야 한다.

4 피수식체는 사람이고, straight는 이들의 마음이 바름을 나타낸다.

[a] He's too straight to try anything unusual.
그는 너무 정직해서 별난 일을 시도하지 못한다.

[b] He is straight and does not lie.
그는 정직해서 거짓말을 하지 않는다.

5 피수식체는 전치사 with의 목적어에게 솔직하다.

[a] Are you playing straight with me?
너는 나와 정직하게 경기하고 있니?

[b] Just be straight with her and tell her how you feel.
그녀에게 솔직해라. 그리고 그녀에게 네가 그녀에 대해서 어떻게 느끼는지를 말해줘.

[c] He is straight with the world.
그는 모든 이들에게 정직하다.

6 straight는 한정적으로 쓰였다.

[a] We had a straight discussion.
우리는 솔직한 토론을 했다.

[b] It's time for some straight talking.
솔직한 이야기를 좀 할 시간이다.

[c] He wouldn't give me a straight answer.
그는 내게 솔직한 대답을 하지 않을 것이다.

7 피수식체는 양이나 수이고, straight는 이들의 양쪽이 같음을 나타낸다.

[a] If I give you $20, we are straight.
내가 너에게 20달러를 주면 우리는 서로에게 빚진 게 없다.

[b] You bought the tickets, so if I pay for the taxi, we'll be straight.
네가 그 표들을 샀으니까 내가 택시비를 내면 우리는 서로 빚진 게 없을 것이다.

8 피수식체는 위스키, 보드카, 레몬주스, 파스타 등이고, straight는 이들에 다른 것과 섞이지 않은 상태를 가리킨다.

[a] He likes to drink a straight whisky.
그는 물을 타지 않은 위스키를 마시는 것을 좋아한다.

[b] No tonic for me. I like my vodka straight.
토닉을 넣지 마. 나는 보드카만 마시기를 좋아한다.

[c] The bottled lemon juice can be used straight.
병에 든 레몬주스는 다른 것을 섞지 않고 바로 먹을 수 있다.

[d] Straight pasta is very bland.
맨 파스타는 매우 밋밋하다.

9 피수식체는 사람이고, straight는 이들이 마약을 쓰지 않은 정상적인 상태를 나타낸다.

[a] He has been straight, and hasn't seen a drug dealer for years.
그는 마약을 하지 않았고, 마약상을 여러 해 동안 만난 적이 없다.

[b] He's been straight for a few weeks.
그는 몇 주 동안 마약을 복용하지 않았다.

10 피수식체는 선택이고, straight는 둘 중 하나를 선택하는 단순함을 나타낸다.

[a] It's a straight choice - either you leave him or stay.
이것은 양자택일의 단순한 선택이다 — 네가 그를 떠나든지 머물든지.

[b] It's a straight choice between taking the job and staying out of work.
그것은 그 일자리를 받아들이든지, 실직상태에 있든지 간에 양자택일의 선택이다.

STRICT

이 형용사는 똑바로 서 있는 상태를 나타낸다.

1 피수식체는 식물이고, strict는 이들이 직립 상태에 있음을 나타낸다.

[a] The oak is a strict plant.
참나무는 직립식물이다.

[b] The ivy is not a strict plant.
담쟁이덩굴은 직립식물이 아니다.

2 피수식체는 코치, 아버지, 교장, 교사 등이고, strict는 이들이 규율이나 규칙을 똑바로 지킴을 나타낸다.

[a] He's a strict coach.
그는 엄격한 코치이다.

[b] We grew up under a strict father.
우리는 엄격한 아버지 밑에서 자랐다.

[c] The strict principal punished misbehaving students.
그 엄격한 교장은 행동이 나쁜 학생들을 벌했다.

[d] The strict teacher makes us stay after school if we don't do our homework.
그 엄격한 선생님은 우리가 숙제를 안 해오면 방과 후에 우리를 남게 하신다.

3 피수식체는 전치사 about의 목적어에 대해 엄격하다.

[a] She is very strict about things like homework.
그녀는 숙제와 같은 것들에 대해 매우 엄격하다.

[b] The company is very strict about punctuality.
그 회사는 시간 엄수에 대해 매우 엄격하다.

4 피수식체는 전치사 with의 목적어에게 엄하다.

[a] Dad is very strict with us about table manners.
아버지는 식사예절에 대해 우리에게 매우 엄격하시다.

[b] The hospital is very strict with visiting hours.
그 병원은 방문 시간에 대해 매우 엄격했다.

[c] The Stevens are very strict with their children.
Stevens가족은 아이들에게 매우 엄하다.

5 피수식체는 준수, 지시, 법, 규칙 등이고, strict는 이들이 반드시 지켜져야 함을 나타낸다.

[a] The tribe enforces a strict observance of rituals.
그 부족은 의식의 엄격한 준수를 강요한다.

[b] He was given strict instructions not to open the letter.
그는 그 편지를 뜯어보지 말라는 엄격한 지시를 받았다.

[c] Korea has strict laws against guns and drugs.
한국에는 총기와 마약류에 대해 엄격한 법이 있다.

[d] The soldiers followed the strict military rules.
군인들은 엄격한 군대 규칙을 따랐다.

6 피수식체는 낱말, 의미, 정의, 해석 등이고, strict는 이들이 엄밀하게 풀이됨을 나타낸다.

[a] He is using 'trust' in the strict legal sense.
그는 '신뢰'라는 말을 엄밀한 법률 의미로 사용하고 있다.

[b] It is not peace in the strictest sense of the word.
그것은 평화라는 말의 가장 엄밀한 의미의 평화가 아니다.

[c] These cases are not covered by a strict definition of poverty.
이 경우들은 가난의 엄밀한 정의에 포함되지 않는다.

[d] The judge gave a strict interpretation of the law.
그 판사는 그 법률을 엄밀한 의미로 해석했다.

7 피수식체는 내밀, 비밀, 침묵 등이고, strict는 이들이 반드시 지켜져야 함을 나타낸다.

[a] He told in the strictest confidence that she intended to apply for the post.
그는 그녀가 그 자리에 지원할 의사가 있었음을 극히 내밀하게 말했다.

[b] Mary told me in strict secrecy.
Mary는 내게 극비로 이야기했다.

[c] The church imposes strict silence during the mass.
그 교회는 미사 동안에 절대적 침묵을 강요한다.

STUPID

이 형용사는 멍한 상태를 나타낸다.

1 피수식체는 사람이고, stupid는 이들이 멍하거나 멍청한 상태를 나타낸다.

[a] She was stupid with shock.
그녀는 충격으로 멍해졌다.

[b] He got a thump on the head, and that knocked him stupid.
그는 머리를 쿵 맞았고, 그것이 그를 멍하게 만들었다.

[c] He felt stupid when he couldn't solve the math problem.
그는 그 수학 문제를 풀 수 없을 때 멍청하게 느껴졌다.

[d] He makes the same mistakes over and over again - he is so stupid.
그가 같은 실수를 계속해서 반복하다니 - 그는 정말 멍청해.

2 피수식체는 멍청해서 부정사가 가리키는 일을 하거나 또는 부정사가 가리키는 일을 하기 때문에 멍청하다.

[a] I think you were stupid not to accept the offer.
그 제안을 받아들이지 않다니 네가 멍청하다고 나는 생각한다.

[b] I was stupid enough to believe him.
나는 그를 믿을 만큼 멍청했다.

[c] She was really stupid to quit her job like that.
그녀는 정말 멍청해서 그와 같이 일을 그만두었다.

3 stupid는 한정적으로 쓰였다.

> [a] It was a stupid thing to leave her car keys in the car.
> 그녀가 열쇠를 차 안에 놓아두다니 멍청한 짓이었다.
>
> [b] It was really a stupid argument.
> 그것은 정말로 멍청한 논쟁이었다.
>
> [c] What a stupid answer!
> 얼마나 멍청이 같은 대답인가!

4 피수식체는 발, 노래, 복사기 등이고, stupid는 이들을 비하하는 데 쓰인다.

> [a] Get your stupid feet off the chair.
> 너의 더러운 발을 의자에서 치워라.
>
> [b] He kept singing the same stupid song.
> 그는 똑같은 엉터리 노래를 계속 불렀다.
>
> [c] The stupid copy machine is broken again.
> 엉터리 같은 그 복사기가 또 망가졌다.

5 stupid는 과정과 사람을 동시에 수식한다.

> [a] It was a bit stupid of you to have left your umbrella
> in the office.
> 우산을 사무실에 놓고 오다니 너 좀 멍청했다.
>
> [b] It was stupid of you to get involved.
> 네가 연루되다니 너는 멍청했다.
>
> [c] It was stupid of you to turn the jar upside down
> without closing the lid.
> 뚜껑을 닫지도 않고 그 항아리를 거꾸로 뒤집다니 너는 멍청했다.

SUBSTANTIAL

이 형용사는 속이 찬, 실속이 있는 상태를 나타낸다.

1 피수식체는 변화나 차이이고, substantial은 이들이 상당함을 나타낸다.

[a] He made a substantial improvement in health.
그는 건강에 있어 상당한 개선을 했다.

[b] The study reveals substantial differences between the population groups.
그 연구는 인구집단들 사이에 상당한 차이점들을 밝힌다.

[c] There has been a substantial increase in inflation.
통화팽창에 상당한 상승이 있었다.

[d] They made substantial changes to the arrangements.
그들은 그 협정에 상당한 변화들을 했다.

2 피수식체는 식사이고, substantial은 이들이 실속 있음을 나타낸다.

[a] Do you have anything more substantial than these biscuits?
너는 이 비스킷들보다 더 실속 있는 어떤 것을 가지고 있니?

[b] He ate a substantial breakfast.
그는 실속 있는 아침식사를 했다.

[c] The breakfast they provide is substantial.
그들이 제공하는 아침식사는 실속 있다.

3 피수식체는 양이나 수에 관련된 것으로, substantial은 이들이 상당함을 나타낸다.

[a] A substantial part of his wealth is in stock.
그의 재산 중 상당한 부분이 주식에 있다.

[b] He earns a substantial income.
그는 상당한 수입을 얻는다.

[c] He was awarded a substantial sum in damages.
그는 손해배상으로 상당한 액수를 받았다.

[d] She has a substantial amount of money in the bank.
그녀는 은행에 상당한 액수의 돈을 가지고 있다.

4 피수식체는 탁자, 돌담, 나무, 집 등이고, substantial은 이들이 튼튼함을 나타낸다.

[a] John placed the heavy objects on the substantial table.
John은 무거운 물건들을 튼튼한 탁자 위에 놓았다.

[b] The garden is surrounded by a substantial stone wall.
그 정원은 단단한 돌담으로 의해 둘러싸여 있다.

[c] The substantial trees withstood the violent winds.
그 튼튼한 나무들이 맹렬한 바람에 버텼다.

[d] The house is substantial enough to last 100 years.
그 집은 튼튼해서 충분히 100년은 견딘다.

SUBTLE

이 형용사는 미묘하여 포착하기 어려운 상태를 나타낸다.

1 피수식체는 미소, 변화, 맛 등이고, subtle은 이들이 미묘하여 알아차리기 어려운 상태를 나타낸다.

[a] His subtle smile made her curious.
그의 미묘한 미소는 그녀를 호기심 나게 만들었다.

[b] I detected a subtle change in his attitude.
나는 그의 태도에서 미묘한 변화를 감지했다.

[c] The dish has a subtle hint of ginger.
그 요리는 은은한 생강의 맛을 갖고 있다.

2 subtle은 서술적으로 쓰였다.

[a] The violin is very subtle in this piece of music.
바이올린은 이런 종류의 음악에서 매우 포착하기가 어렵다.

[b] The warning signs of the disease are so subtle that they are often ignored.
병의 경고 징조는 너무 희미해서 그들은 종종 무시된다.

[c] The play's message is too subtle to be understood by young children.
그 연극의 내용은 너무 미묘해서 어린이들이 이해할 수 없다.

3 subtle은 한정적으로 쓰였다.

[a] The discrimination is a subtle form of racism.
그 차별은 감지하기 힘든 인종주의의 한 형태이다.

[b] He won the king's favor by subtle manipulation.
그는 교묘한 잔꾀로 왕의 호의를 얻었다.

[c] He is been dropping subtle hints about what she'd like as a present.
그는 그녀가 선물로 무엇을 좋아하는지에 대해 알쏭달쏭한 힌트를 흘리고 있다.

4 피수식체는 태도, 말 등을 가리키고, subtle은 이들의 뜻이 잘 드러나지 않는 상태를 가리킨다.

[a] He didn't even try to be subtle about it.
그는 그것에 대해서 조심하려고 노력하지도 않았다.

[b] He was being so subtle I didn't realize he liked me.
그는 드러나지 않게 행동해서 나는 그가 나를 좋아하는지 깨닫지 못했다.

[c] You have to be very subtle if you want to change his mind without him being aware of it.
네가 만약 그의 마음을 그도 모르게 변화시키기를 원한다면 너는 드러나지 않게 해야 한다.

5 피수식체는 사람이고, subtle은 이들이 예리함을 나타낸다.

[a] He is a subtle writer.
그는 예리한 작가이다.

[b] The job requires a subtle mind.
그 일은 예리한 머리를 필요로 한다.

SUSCEPTIBLE

이 형용사는 영향을 쉽게 받는 상태를 나타낸다.

1 피수식체는 사람이고, 전치사 to의 목적어(질병)에 쉽게 영향을 받는다.

[a] People with AIDS are susceptible to pneumonia.
에이즈에 걸린 사람들은 폐렴에 걸리기 쉽다.

[b] Old people are susceptible to infections.
노인들은 감염되기 쉽다.

[c] Children are particularly susceptible to the disease.
아이들은 특히 그 질병에 걸리기 쉽다.

[d] He is susceptible to colds.
그는 감기에 걸리기 쉽다.

2 피수식체는 전치사 to의 목적어의 영향을 쉽게 받는다.

[a] Police officers here are susceptible to corruption.
여기 경찰관들은 부패의 영향을 쉽게 받는다.

[b] She is susceptible to flattery.
그녀는 아첨의 영향을 쉽게 받는다.

[c] The young revolutionaries were susceptible to propaganda.
그 젊은 혁명론가들은 허위 선전에 취약했다.

[d] He is susceptible to persuasion.
그는 설득당하기 쉽다.

3 susceptible은 한정적으로 쓰였다.

[a] They persuaded the susceptible teenagers to part with their money.
그들은 민감한 10대들에게 돈을 내놓도록 설득했다.

[b] A lot of TV advertising is aimed at susceptible young children.
많은 TV광고는 민감한 어린 아이들을 겨냥한다.

[c] He's a very susceptible boy.
그는 너무 민감한 소년이다.

4 피수식체는 전치사 of의 목적어를 받아들이거나 허용한다.

[a] Is this situation not susceptible of improvement by legislation?
이 상황은 입법으로 개선의 여지가 없습니까?

[b] Working conditions are susceptible of change.
근무조건들은 변화의 여지가 있다.

[c] The problem is not susceptible of so simple a solution.
그 문제는 이처럼 간단한 해결을 용납하지 않는다.

[d] This agreement is not susceptible of alteration.
이 합의는 변경을 용납하지 않는다.

SUSPICIOUS

이 형용사는 의심을 갖는 상태를 나타낸다.

1 피수식체는 탐정가, 이웃, 마음, 기질 등이고, suspicious는 이들이 의심을 갖는 상태를 나타낸다.

[a] A suspicious detective questioned everyone about the crime.
의심을 갖는 탐정가는 그 범죄에 대해 모든 사람에게 질문을 했다.

[b] A suspicious neighbor tipped off the police.
의심을 갖는 이웃이 경찰에게 알렸다.

[c] He has a suspicious mind.
그는 의심하는 마음이 있다.

[d] He has his father's suspicious nature.
그는 그의 아버지의 의심하는 기질을 가지고 있다.

2 피수식체는 전치사 of의 목적어를 의심스러워한다.

[a] Both parents and pupils are suspicious of the new method.
학부모와 학생들 모두 새로운 교수법을 의심스러워한다.

[b] He is suspicious of everyone who disagrees with him.
그는 그에게 동의하지 않는 모두를 의심스러워한다.

[c] I'm suspicious of her intention.
나는 그녀의 의도를 의심스러워한다.

[d] I've always been suspicious of his motives.

나는 언제나 그의 동기들을 의심스러워했다.

3 피수식체는 거래, 움직임, 행동, 태도 등이고, suspicious는 이들이 의심을 자아내는, 즉 수상함을 나타낸다.

[a] He has been involved in several suspicious deals.

그는 여러 가지 의심을 자아내는 일에 연루되어 오고 있다.

[b] Her suspicious movements caught the attention of the police.

그녀의 수상한 움직임이 경찰의 주의를 끌었다.

[c] She was very bothered by her husband's suspicious behavior.

그녀는 남편의 수상한 행동에 의해 매우 괴로웠다.

[d] A man was hanging about the house in a suspicious manner.

한 남자가 수상한 태도로 그 집 주위를 서성거리고 있었다.

4 suspicious는 서술적으로 쓰였다.

[a] If you see anything suspicious, inform the police immediately.

만일 당신이 수상한 어떤 것을 본다면, 즉시 경찰에게 알려라.

[b] John's weak alibi seemed rather suspicious to the inspector.

John의 빈약한 알리바이는 오히려 조사자에게 의심을 불러 일으켰다.

TANGENTIAL

이 형용사는 한 선이 곡선이나 원에 닿는 관계를 나타낸다.

1 피수식체는 선, 곡선 등이고, tangential은 이들이 전치사 to의 목적어에 접하는 관계를 나타낸다.

[a] The line is tangential to a circle.
그 선은 원에 닿는다.

[b] The curve is tangential to the straight line.
그 곡선은 그 직선에 닿는다.

2 피수식체는 논점, 쟁점, 논평 등이고, tangential은 이들이 주제에 크게 관련성이 없음을 나타낸다.

[a] Too much time is spent discussing tangential issues.
너무 많은 시간이 거의 관련 없는 논점들을 토의하는 데 쓰였다.

[b] The negotiator lost the main point and spoke of tangential issues.
그 협상가들은 주제에서 벗어나 거의 관계가 없는 쟁점들을 이야기했다.

[c] His talk is filled with tangential but interesting comments.
그의 이야기는 거의 관계없지만 재미있는 논평으로 가득하다.

[d] The matters you mentioned is rather tangential to this discussion.
당신이 언급했던 일들은 이 논의에 거의 관계가 없는 편이다.

TANGIBLE

이 형용사는 손으로 만질 수 있는 상태를 나타낸다.

① 피수식체는 메달, 자산, 예술품 등이고, tangible은 이들이 유형적임을 나타낸다.

[a] The medals were tangible reminders of his heroic feats.
그 메달은 그의 영웅적인 업적을 만질 수 있는, 즉 구체적인 기념품이다.

[b] Tangible assets include cash, real estate, and machinery.
유형 자산은 현금, 부동산, 그리고 기계류를 포함한다.

[c] Sculpture is a tangible art form.
조각품은 유형적 예술 형태이다.

② 피수식체는 증명, 결과, 이익, 증거 등이고, tangible은 이들이 만질 수 있을 정도로 확실함을 나타낸다.

[a] The documents offer no tangible proof.
그 문서들은 확실한 증명이 없다.

[b] The reforms were beginning to yield tangible results.
그 개혁들은 실질적인 결과를 내기 시작하고 있었다.

[c] The plan must have tangible benefit for the unemployed.
그 계획은 실직자들에게 구체적인 이익을 포함해야 한다.

[d] He has no tangible evidence of Jane's guilt.
그는 제인의 유죄에 대한 확실한 증거가 없다.

3 피수식체는 고요함, 적개심, 긴장, 사람 등이고, tangible은 마음으로 느낄 수 있을 정도를 나타낸다.

[a] The silence of the countryside is almost tangible.

그 시골의 고요함은 거의 손으로 만질 수 있을 정도이다.

[b] His hostility is almost tangible.

그의 적개심은 거의 느낄 수 있을 정도이다.

[c] The tension between them is almost tangible.

그들 사이의 긴장은 거의 느낄 수 있을 정도이다.

[d] Her love for him is so intense that it is tangible - you can really feel it.

그에 대한 그녀의 사랑은 너무 강렬해서 느낄 수 있을 정도이다 - 너는 정말로 그것을 느낄 수 있다.

TEMPERATE

이 형용사는 극단적이 아닌 극과 극의 중간에 있는 상태를 나타낸다.

1 피수식체는 지역, 기후 등이고, temperate는 이들의 기온이 온화함을 나타낸다.

[a] The tribesmen live in the temperate mountainous regions of the country.
그 부족들은 그 나라의 온화한 산악지대에 산다.

[b] The temperate zones of the world are north and south of the tropics.
세계의 온대지역은 열대지역의 북쪽과 남쪽에 있다.

[c] The United States is in a temperate zone.
미국은 온대지역에 있다.

[d] The Nile valley keeps a temperate climate throughout the years.
나일 계곡은 1년 내내 온화한 기후를 유지한다.

2 피수식체는 대답, 반응, 습성 등이고, temperate는 이들이 온화함을 나타낸다.

[a] A temperate answer to a rude question is difficult to give.
무례한 질문에 온화한 대답을 주기는 어렵다.

[b] Although she was angry, she made a temperate reply.
그녀는 화가 났었지만, 온화한 대답을 했다.

[c] Your temperate response to the problem is most welcome.

그 문제에 대한 너의 온건한 반응은 절대 환영이다.

[d] He was patient, self-controlled and temperate in his habits.

그는 습성이 인내심이 있고 자제심이 있으며 온건했다.

3 피수식체는 전치사 in의 목적어에 있어서 자제를 한다.

[a] The family is temperate in its consumption of alcohol.

그 가족은 술 소비에 있어서 자제한다.

[b] He is temperate in smoking.

그는 담배 피우기를 자제한다.

TENDER

이 형용사는 여린 상태를 나타낸다.

1 피수식체는 식물, 꽃잎 등이고, tender는 이들이 여림을 나타낸다.

[a] Tender young plants were killed by the harsh winter.
여리고 어린 식물들이 혹한의 겨울에 죽었다.

[b] The tender petals of the flower were frozen last night.
그 꽃의 여린 꽃잎들은 간밤에 얼었다.

2 피수식체는 나이이고, tender는 이들이 어림을 나타낸다.

[a] He left home at the tender age of 13.
그는 13세라는 어린 나이에 집을 떠났다.

[b] He was first elected at the tender age of 23.
그는 23세라는 어린 나이에 처음 당선되었다.

3 피수식체는 콩, 고기 등이고, tender는 이들이 연함을 나타낸다.

[a] Boil the beans until they become tender.
콩이 무를 때까지 삶으세요.

[b] The meat is extremely tender.
그 고기가 굉장히 연하다.

4 피수식체는 낱말, 눈길 등이고, tender는 이들이 부드러움을 나타낸다.

[a] She spoke a few tender words to him.
그녀는 그에게 몇 마디 부드러운 말을 했다.

[b] A tender touch of her hand comforted the child.
그녀의 부드러운 손길이 그 아이를 편안하게 했다.

[c] He gave her a tender glance.
그는 그녀에게 부드러운 눈길을 보냈다.

5 피수식체는 마음, 느낌, 기억 등이고, tender는 이들에 애정이 깃들어 있음을 나타낸다.

[a] He has a tender heart.
그는 동정심이 많은 사람이다.

[b] She has a tender feeling for the man.
그녀는 그 남자에 대해 애정을 가지고 있다.

[c] The pictures called up tender memories of their marriage.
그 사진들이 그들의 결혼에 대한 애정이 깃든 기억들을 불러일으켰다.

6 피수식체는 전치사 to의 목적어에 상냥하다.

[a] He is tender to young kids.
그는 꼬마들에게 상냥하다.

[b] She is kind and tender to all her patients.
그녀는 그녀의 모든 환자들에게 친절하고 상냥하다.

7 피수식체는 다리, 팔, 머리 등이고, tender는 이들이 아림을 나타낸다.

[a] His leg is still tender after the cut is healed.
그의 다리는 베인 상처가 아문 후에도 여전히 아리다.

[b] My arm is very tender after the injection.

내 팔은 주사를 맞은 후에 너무 아리다.

[c] My head is very tender where I banged it.

내 머리는 쾅 받은 부위가 매우 아프다.

8 피수식체는 여려서 전치사 to의 목적어에 영향을 쉽게 받는다.

[a] She is tender to bruise in the arm.

그녀는 팔에 멍이 잘 든다.

[b] My face is tender to sunburn.

내 얼굴은 햇볕에 잘 탄다.

9 피수식체는 마음이 여려서 전치사 of의 목적어가 가리키는 일을 못한다.

[a] He is tender of telling a lie to her.

그는 마음이 여려서 그녀에게 거짓말을 못한다.

[b] He is tender of being cruel to animals.

그는 마음이 여려서 동물들에게 잔인한 짓을 못한다.

[c] He's tender of hurting another's feelings.

그는 마음이 여려서 다른 사람의 감정을 해치지 못한다.

10 피수식체는 색깔이고, tender는 이들이 부드러움을 그린다.

[a] All the mountains are painted in tender green.

그 모든 산들이 부드러운 연녹색으로 그려져 있다.

[b] She likes to wear tender pink.

그녀는 연한 분홍색 옷을 입기를 좋아한다.

TIGHT

이 형용사는 꽉 짜인 상태를 나타낸다.

1 피수식체는 배, 지붕 등이고, tight는 이들이 잘 짜여져서 물이 새지 않음을 나타낸다.

[a] The boat is tight.
그 배는 물이 새지 않는다.

[b] They put a tight roof on the house.
그들은 집에 물이 새지 않는 지붕을 얹었다.

2 피수식체는 청바지, 재킷, 신발 등이고, tight는 이들이 몸을 조이는 상태를 나타낸다.

[a] She is wearing a tight pair of jeans.
그녀는 꽉 끼는 청바지를 입고 있다.

[b] That jacket is too tight - You want a bigger size.
그 재킷이 너무 꽉 조이네요 - 당신은 더 큰 사이즈를 원합니까?

[c] The shoes are a little too tight.
신발이 조금 꽉 낀다.

3 tight는 서술적으로 쓰였다.

[a] The tight shoes hurt his feet.
꽉 끼는 신발이 그의 발을 아프게 한다.

[b] That tight collar is choking me.
꽉 조이는 칼라가 숨을 못 쉬게 한다.

4 피수식체는 가슴, 목, 명치 등이고, tight는 이들이 조이는 느낌을 줌을 나타낸다.

[a] He complained of having a tight chest.
그는 조이는 가슴을 호소했다.

[b] His throat was too tight to allow the words to escape.
그의 목이 너무 조여서 말이 나오도록 허용하지 않았다.

[c] She had a tight feeling in the pit of the stomach.
그녀는 명치에서 조이는 느낌을 받았다.

5 피수식체는 좁은 장소, 주차공간, 상황 등이고, tight는 이들이 좁아서 움직임이 어려움을 나타낸다.

[a] She's always getting herself into tight spots. She does not know when to keep quiet.
그녀는 언제나 자신을 궁지에 빠뜨린다. 언제 조용히 있어야 하는지를 모른다.

[b] You can park about here, but it's pretty tight.
당신은 이 근처에 주차할 수 있지만 꽤 협소하다.

[c] We're in a tight situation.
우리는 지금 곤란한 상황에 몰려 있다.

6 피수식체는 매듭이고, tight는 이것이 꽉 묶여서 잘 풀리지 않음을 나타낸다.

[a] I can't untie the knot - it's too tight.
나는 그 매듭을 풀 수 없다 - 그것은 꽉 묶여 있다.

[b] She twisted her hair into a tight knot.
그녀는 머리를 땋아서 단단한 매듭으로 묶었다.

7 피수식체는 문, 나사, 창문 등이고, tight는 이들이 빡빡함을 나타낸다.

[a] The doors are shut tight.
문들이 꽉 닫혀 있다.

[b] The screw was so tight that it won't move.
그 나사가 너무 빡빡하게 조여져 있어서 움직이지 않을 것이다.

[c] These windows are too tight to open.
이 창문들은 너무 빡빡해서 열리지 않는다.

8 피수식체는 여러 개의 개체로 구성되고, tight는 이들의 구성원들 사이가 밀착된 상태를 나타낸다.

[a] He is untying a tight bundle of sticks.
그는 꽉 묶어 놓은 막대기 다발을 풀고 있다.

[b] It was a tight community, and new comers were not welcome.
그것은 결속력이 강한 공동체였고, 새로 온 사람들은 환영받지 못했다.

[c] The children stood in a tight little circle around the teacher.
그 아이들이 선생님 주위를 촘촘하게 작은 원을 그리며 서 있었다.

[d] The people stood talking in tight groups.
그 사람들은 빡빡하게 모여서들 이야기하며 서 있었다.

9 피수식체는 굽이, 원 등이고, tight는 이들의 마주보는 양쪽이 가까움을 나타낸다.

[a] The driver slowed down at a tight bend in the corner.
그 운전기사는 모퉁이의 급한 굽잇길에서 속도를 늦추었다.

[b] The plane flew around in a tight circle.
그 비행기가 급한 원을 그리며 날아갔다.

10 피수식체는 논거, 기재서 등이고, tight는 이들이 잘 짜여진 상태를 나타낸다.

[a] He presented a tight argument.
그는 잘 짜여진 논거를 제시했다.

[b] The prosecution has built a tight case around the evidence.
그 검찰은 그 증거를 중심으로 잘 짜여진 소송기재서를 작성했다.

11 피수식체는 잡기, 정책, 통제, 보완 등이고, tight는 이들이 강하거나 빈틈이 없음을 나타낸다.

[a] He kept a tight grip on my arm.
그는 내 팔을 꽉 잡고 있었다.

[b] It was politically desirable to have a tight economic policy.
강한 경제 정책을 갖는 것이 정치적으로 바람직했다.

[c] The company needs to keep tight control on spending.
그 회사는 지출에 대해 강한 통제를 유지할 필요가 있다.

[d] We need a tighter security at the airport.
우리는 공항에서 더욱 엄격한 보안이 필요하다.

12 피수식체는 시간, 스케줄 등이고, tight는 이들이 빠듯함을 나타낸다.

[a] I'm sorry I can't stop. Times are really tight.
미안하지만 나는 멈출 수가 없어. 시간이 정말 빠듯하거든.

[b] If time is tight, cook the chicken the day before.
시간이 빠듯하다면 하루 전에 닭을 조리해라.

[c] The CEO has a tight schedule.
그 최고경영자는 빠듯한 스케줄을 가지고 있다.

[d] It is difficult to cram everything into a tight schedule.
빠듯한 스케줄 안에 모든 걸 쑤셔넣기는 어렵다.

13 피수식체는 일자리, 돈, 예산 등이고, tight는 이들이 많지 않아 빠듯함을 나타낸다.

[a] Jobs are tight right now.
일자리가 현재 많지 않다.

[b] Money is tight because interest rate is high.
이자율이 높아서 돈 구하기가 어렵다.

[c] They're raising four kids on one small salary, so money is very tight.
그들은 한 사람의 적은 봉급으로 4명의 아이를 키우고 있어서 돈이 매우 빠듯하다.

[d] We have a tight budget.
우리는 빠듯한 예산을 갖고 있다.

14 피수식체는 사람이고, tight는 이들이 돈을 꽉 쥐고 내어 놓지 않음을 나타낸다.

[a] He's very tight with his money.
그는 돈에 너무 인색하다.

[b] He is so tight he won't even spend a few dollar on his dinner.
그는 너무 인색해서 저녁 먹는 데 몇 달러도 쓰지 않는다.

15 피수식체는 덮개, 밧줄 등이고, tight는 이들이 팽팽함을 나타낸다.

[a] The plastic cover was stretched tight.
그 플라스틱 덮개가 팽팽히 펼쳐져 있었다.

[b] The rope was stretched tight.
그 밧줄이 팽팽하게 당겨져 있었다.

16 피수식체는 경기, 경주 등이고, tight는 이들의 점수가 팽팽함을 나타낸다.

[a] They kept things tight for the first half of the game.
그들은 경기의 전반전 동안 팽팽한 상태를 유지해갔다.

[b] It was a tight race.
팽팽한 경주였다.

[c] The opening game was very tight.
그 개막경기는 매우 팽팽했다.

TOPLESS

이 형용사는 윗부분(특히 윗옷)이 없는 상태를 나타낸다.

1 피수식체는 수영복, 의상 등이고, topless는 이들의 윗부분이 노출된 상태를 나타낸다.

[a] The model posed in a *topless* bathing suit.
그 모델은 윗부분이 없는 수영복을 입고 자세를 취했다.

[b] In one scene, the actress wore a *topless* costume.
한 장면에서 그 여배우는 윗부분이 없는 의상을 입었다.

2 피수식체는 웨이트리스, 수영하는 이, 춤추는 이 등이고, topless는 이들의 윗부분이 노출되어 있음을 나타낸다.

[a] They went to a place where *topless* waitresses served lunch.
그들은 윗옷을 걸치지 않은 웨이트리스들이 점심을 제공하는 곳에 갔다.

[b] The *topless* swimmers shocked some of the people at the beach.
윗옷을 걸치지 않은 수영하는 이들은 해변가에 있는 몇몇 사람들을 놀라게 했다.

[c] *Topless* dancers are dancing on the stage.
윗옷을 걸치지 않은 댄서들이 무대 위에서 춤추고 있다.

3 topless는 서술적으로 쓰였다.

[a] **Mary swam topless in her private pool.**
Mary는 그녀의 개인 수영장에서 윗옷을 입지 않고 수영했다.

[b] **A photograph caught Mary topless by her own pool.**
한 사진사가 Mary가 자신의 수영장에서 윗옷을 입지 않고 수영하는 것을 찍었다.

[c] **Men like to go topless on the beach.**
남자들은 해변에서 윗옷을 입지 않는 것을 좋아한다.

4 피수식체는 술집, 나이트클럽 등이고, topless는 윗부분을 노출시킨 종업원들이 일하는 곳임을 나타낸다.

[a] **John likes to go to a topless bar.**
John은 윗옷을 입지 않은 여직원들이 일하는 술집에 가기를 좋아한다.

[b] **we went a topless night club for the first time.**
우리는 처음으로 윗옷을 입지 않은 종업원들이 일하는 나이트클럽에 갔다.

TOUGH

이 형용사는 질긴 상태를 나타낸다.

1 피수식체는 신발, 스테이크, 장난감 등이고, tough는 이들이 튼튼해서 잘 닳거나 부서지지 않음을 나타낸다.

[a] children's shoes need to be tough.
아이들의 신발은 튼튼할 필요가 있다.

[b] The steak was tough, and the beans were like bullets.
그 스테이크는 질겼고 콩은 총알 같았다.

[c] These toys are tough and suitable for use outside.
이 장난감들은 튼튼해서 밖에서 가지고 놀기에 알맞다.

2 피수식체는 사람이고, tough는 이들이 끈덕짐을 나타낸다.

[a] He is not tough enough for a career in sales.
그는 영업직에 일할 만큼 충분히 끈덕지지 못하다.

[b] He is tough and ambitious.
그는 끈덕지고 야망이 있다.

[c] You'll need to be tough to do well as a doctor.
너는 의사로서 성공하기 위해서는 끈덕져야 할 것이다.

[d] You think you are so tough.
너는 네가 그처럼 끈덕지다고 생각하느냐.

3   피수식체는 고객, 투쟁, 시험, 경쟁 등이고, tough는 이들을 다루기가
힘듦을 나타낸다.

[a] He is dealing with a tough customer.
그는 힘든 고객을 다루고 있는 중이다.

[b] They carried on a tough struggle to succeed.
그들은 성공하기 위해 힘든 투쟁을 계속했다.

[c] The professor gave the class a very tough exam.
그 교수님은 학생들에게 매우 힘든 시험을 내셨다.

[d] Many companies are facing tough competition.
많은 회사들이 힘든 경쟁에 직면해 있다.

4   피수식체는 노선, 법, 표준 등이고, tough는 이들이 엄격함을 나타낸다.

[a] He is known for taking a tough line on security.
그는 안전에 대해 강경한 노선을 택하기로 유명하다.

[b] She's campaigning for tough new laws on pollution.
그녀는 오염에 대한 강경한 새 규칙들을 알리고 있다.

[c] Tough new standards have been introduced for cars.
강한 새 기준들이 차에 대해 도입되었다.

5   it은 to-부정사의 과정을 가리키고, tough는 이들이 어려움을 나타낸다.

[a] It's tough to get a good grade from him.
그에게서 좋은 점수를 얻기는 힘들다.

[b] It's tough to swim against the current.
강물을 거슬러 헤엄치기는 힘들다.

6 피수식체는 전치사 on의 목적어를 힘들게 한다.

[a] The new mayor intends to be tough on criminals.
새 시장은 범죄자들에 대해 강경해질 작정이다.

[b] Don't be tough on him - he's only trying to help.
그에게 거칠게 대하지 마 - 그는 단지 도와주려는 것뿐이잖아.

[c] The laws are tough on offenders.
그 법률들은 위법자에 대해 엄격하다.

[d] It was tough on her being dropped from the team like that.
그렇게 팀에서 탈락되는 것이 그녀에게는 힘들었다.

7 피수식체는 전치사 with의 목적어에게 엄격하다.

[a] Police should get tough with drunken drivers.
경찰은 음주운전자들에 대해 엄격해져야 한다.

[b] She promised to get tough with speeders.
그녀는 속도위반자들에게 엄해지기로 약속했다.

[c] Teachers should get tough with bullies.
교사들은 불량학생들에게 단호하게 대해야 한다.

8 피수식체는 장소이고, tough는 이들 속에 난폭함이 일어나는 곳임을 나타낸다.

[a] He grew up in a tough inner-city neighborhood.
그는 거친 도심지역에서 자랐다.

[b] He's living in a tough district.
그는 거친 구역에서 살고 있다.

9 피수식체는 시간, 인생 등이고, tough는 이들이 어려움을 주는 것임을 나타낸다.

[a] He succeeded in going through a tough childhood.
그는 힘든 유년시절을 잘 견뎌냈다.

[b] He has had a tough life.
그는 힘든 삶을 살았다.

[c] She has having a tough time of it.
그녀는 힘든 시절을 보내고 있다.

[d] The company is going through a tough time at the moment.
그 회사는 현재 힘든 시기를 겪고 있다.

TRANSPARENT

이 형용사는 투명한 상태를 나타낸다.

1 피수식체는 블라우스, 플라스틱 등이고, transparent는 이들이 투명함을 나타낸다.

[a] She bought a transparent silk blouse.
그녀는 투명한 실크 블라우스를 샀다.

[b] The lenses of my glasses are made of transparent plastic.
나의 안경 렌즈는 투명한 플라스틱으로 만들어졌다.

2 transparent는 서술적으로 쓰였다.

[a] The insect's wings are almost transparent.
그 곤충들의 날개들은 거의 투명하다.

[b] Window glass is transparent.
창문 유리가 투명하다.

3 피수식체는 이야기 줄거리, 거짓말 등이고, transparent는 이들이 분명함을 나타낸다.

[a] The story has a transparent plot.
그 이야기는 명백한 줄거리를 가지고 있다.

[b] How could anyone believe such a transparent lie?
그렇게 명백한 거짓말을 도대체 누가 믿겠는가?

4 transparent는 서술적으로 쓰였다.

[a] My reasons for leaving town were transparent to no one.
마을을 떠나는 나의 이유는 아무에게도 명백하지 않았다.

[b] The meaning of the passage is transparent.
그 글의 뜻은 명백하다.

[c] His motives were transparent.
그의 동기는 명백했다.

5 피수식체는 정부, 회계 운영, 공문서 등이고, transparent는 투명함을 나타낸다.

[a] People are asking for a more transparent democratic government.
사람들은 더 투명한 민주정부를 요구하고 있다.

[b] The company has to make its accounts and operations as transparent as possible.
그 회사는 회계와 운영을 가능한 한 투명하게 해야 한다.

[c] They try to make official documents more transparent.
그들은 공문서를 더 투명하게 만들려고 노력하고 있다.

UNIQUE

1 피수식체는 각각의 사람, 서명, 유전인자, 지문 등이고, unique는 이들
이 유일함을 나타낸다.

[a] Every person is unique.
모든 사람은 유일무이하다.

[b] His signature is unique.
그의 서명은 유일무이하다.

[c] Each person's DNA is unique.
각 사람마다 DNA는 유일하다.

[d] Everyone's fingerprints are unique.
모든 사람 각각의 지문은 유일무이하다.

2 피수식체는 전치사 to의 목적어에만 국한된다.

[a] The atmosphere is unique to Busan.
그 분위기는 부산에만 유일하다.

[b] The interesting creature is unique to Borneo.
그 흥미로운 생물체가 보르네오에서만 산다.

[c] The kangaroo is unique to Australia.
그 캥거루는 호주에서만 산다.

[d] These orchids are unique to the desert.
이 난초들은 사막에서만 산다.

3 unique는 한정적으로 쓰였다. 유례가 없는 유일함은 진기함이나 독특함으로 인식된다.

[a] Kathy is a woman of unique talent.

Kathy는 진기한 재능을 가진 여성이다.

[b] Do not miss this unique opportunity to travel abroad.

해외여행을 할 수 있는 이 멋진 기회를 놓치지 마세요.

[c] She has a unique ability to inspire people.

그녀에게는 사람들을 고취하는 독특한 능력이 있다.

[d] The area has its own unique language.

그 지역은 그곳만의 독특한 언어를 쓴다.

UPRIGHT

이 형용사는 수직으로 똑바로 선 상태를 나타낸다.

1 피수식체는 자세, 위치 등이고, upright는 이들이 똑바름을 나타낸다.

[a] He's standing in an upright posture.
그는 똑바른 자세로 서 있다.

[b] Return your seat to an upright position and fasten your belt.
좌석을 바른 위치로 되돌리고 벨트를 매십시오.

2 upright는 서술적으로 쓰였다.

[a] She sat upright when she heard the noise.
그녀는 그 소음을 들었을 때 꼿꼿이 앉았다.

[b] Pictures propped upright against the wall.
그림들이 그 벽에 똑바로 기대 세워져 있었다.

3 피수식체는 시민, 정치가, 목격자 등이고, upright는 이들이 정직함을 나타낸다.

[a] He's an upright citizen who obeys the law.
그는 법을 지키는 정직한 시민이다.

[b] The upright politician refused to accept the bribe.
그 정직한 정치가는 뇌물을 받기를 거절했다.

[c] The upright witness told the truth at the trial.

그 정직한 목격자는 재판에서 진실을 말했다.

4 피수식체는 전치사 with의 목적어에게 정직하다.

[a] He is always upright with me.

그는 항상 나에게 정직하다.

[b] The politician is upright with voters.

그 정치가는 유권자들에게 정직하다.

UPSET

이 형용사는 뒤집혀진 상태를 나타낸다.

1 피수식체는 사발, 우체통이고, upset은 이들이 뒤집혀 있는 상태를 나타낸다.

[a] Please clear away the upset bowl of flowers.
꽃들이 담겨 있던 뒤집혀진 꽃 사발을 치워주세요.

[b] After the storm, there are many broken branches and upset mail boxes.
폭풍우 후에 부러진 가지들과 뒤집힌 우체통들이 많았다.

2 피수식체는 전치사 with의 목적어로 어지럽다.

[a] Her desk was all upset with loose papers everywhere.
그녀의 책상은 여기저기 흐트러진 종이들로 인해 온통 엉망이다.

[b] The room is upset with books and toys.
그 방은 장난감과 책으로 어지럽다.

3 피수식체는 위장이고, upset은 이것이 뒤집혀진, 즉 탈이 난 상태를 가리킨다.

[a] His stomach got upset when he ate spicy food.
그의 위가 매운 음식을 먹었을 때 탈이 났다.

[b] He suffers from an upset stomach.
그는 불편한 위장으로 인해 고생한다.

[c] Tell the doctor that you have an upset stomach.
의사에게 위가 탈났다고 이야기해라.

[d] The food gave the children upset stomachs.
그 음식은 아이들에게 배탈을 일으켰다.

4 피수식체는 사람이고, upset은 이들의 마음이 어지러운 상태에 있음을 나타낸다.

[a] She was upset because we were going to be late.
그녀는 우리가 지각할 것이 뻔해서 속이 뒤집혔다.

[b] They are terribly upset by the breakup of their parents.
그들은 부모의 이혼에 크게 동요했다.

[c] Why are you so upset?
너는 왜 그렇게 마음이 뒤집혔니?

[d] Peter looked upset.
Peter는 황당해 보였다.

5 피수식체는 that-절의 사실 때문에 마음이 뒤집힌다.

[a] They were upset to hear that their vacation had been cancelled.
그들은 휴가가 취소되어서 속이 뒤집혔다.

[b] She feels upset that we didn't tell her the truth.
그녀는 우리가 그녀에게 진실을 말하지 않았다는 것에 속이 뒤집혔다.

[c] She was upset that he had left without saying goodbye.
그녀는 그가 작별인사를 하지 않고 떠나버려서 속이 뒤집혔다.

6 피수식체는 전치사 about의 목적어에 대해서 마음이 뒤집혀 있다.

[a] She is still upset about the argument she'd had with Henry.
그녀는 Henry와 가졌던 다툼에 대해 여전히 속이 뒤집혀 있다.

[b] They are too upset to talk about the incident.
그들은 속이 너무 뒤집혀서 그 사건에 대해 이야기할 수 없었다.

[c] They are upset about losing the case.
그들은 그 소송에 진 것에 대해 속이 상해 있다.

[d] What are you upset about?
너는 무엇에 대해 속이 상해 있니?

VAGUE

이 형용사는 희미한 상태를 나타낸다.

1 피수식체는 모습, 윤곽 등이고, vague는 이들이 희미함을 나타낸다.

[a] He looked her vague shape through the frosted glass.
그는 그녀의 희미한 모습을 서리 낀 유리창을 통해 보았다.

[b] There were vague shapes of hills in the distance.
멀리 있는 산들의 희미한 형태가 있었다.

[c] In the darkness, they could see the vague outline of a church.
어둠 속에서, 그들은 교회의 희미한 외형을 볼 수 있었다.

2 피수식체는 생각, 회상, 인상 등이고, vague는 이들이 분명하지 않음을 나타낸다.

[a] I don't have the vaguest idea where Bill works.
나는 Bill이 어디서 일하는지 희미한 생각조차 없다.

[b] I have only a vague recollection of the incident.
나는 그 사건에 희미한 회상만 갖고 있다.

[c] He had a vague impression of rain pouring on the packed earth.
그는 다져진 땅 위에 비가 쏟아 내리는 희미한 인상만 가지고 있었다.

3 피수식체는 대답, 국면, 묘사 등이고, vague는 이들이 확실하지 않음을 나타낸다.

[a] Her answer was very vague.
그녀의 대답은 매우 모호했다.

[b] Some aspects of the law are vague and ill-defined.
그 법의 어떤 면들은 애매하고 잘 정의가 안 되어 있다.

[c] The description is vague.
그 묘사는 모호하다.

4 피수식체는 사람이고, vague는 이들이 말이나 태도, 그리고 마음이 분명하지 않음을 나타낸다.

[a] He was vague when I asked him about the deadline.
그는 내가 마감일에 대해 문의했을 때 그의 대답은 애매했다.

[b] She gets very vague when people ask her about her family.
그녀는 사람들이 그녀의 가족에 대해 물어보면 대답을 확실히 하지 않는다.

[c] My aunt is incredibly vague - she can never remember where she left things.
나의 숙모는 믿을 수 없을 만큼 정신이 없다 – 그녀는 물건들을 어디 두었는지 기억을 못한다.

5 피수식체는 전치사 about의 목적어에 대해 불분명하다.

[a] He is very vague about the plans for the future.
그는 미래를 위한 계획에 대해 매우 막연하다.

[b] She was vague about the details of the accident.
그녀는 그 사고의 세부사항들에 대해서 분명하지 않았다.

VITAL

이 형용사는 생명에 관계될 정도의 중요성을 나타낸다.

1 피수식체는 신체기관, 생리과정 등이고, vital은 이들이 생명과 관계됨을 나타낸다.

[a] The heart and the brain are vital organs.
심장과 뇌는 생명에 없어서는 안 되는 기관들이다.

[b] The body's vital processes must not be interrupted a single moment.
신체의 생명을 지탱하는 과정들은 한 순간도 중단되어서는 안 된다.

[c] Check the patient's vital signs regularly.
그 환자의 생명징후(맥박, 숨, 뇌파 등)를 규칙적으로 점검하시오.

2 피수식체는 성격, 방법, 지도자 등이고, vital은 이들이 활기가 있음을 나타낸다.

[a] She has a vital personality.
그녀는 발랄한 성격의 소유자이다.

[b] The dancers performed in a vital, energetic way.
그 무용수들은 생기 넘치고 활기차게 연기했다.

[c] The former president was a vital leader.
전 대통령은 활기 있는 지도자였다.

3 피수식체는 역할, 중요성, 항구 등이고, vital은 이들이 매우 중대함을 나타낸다.

[a] The kidney plays a vital role in removing wastes from the blood.
신장은 혈액으로부터 노폐물을 제거하는 데 매우 중대한 역할을 한다.

[b] He played a vital role in the team's success.
그는 팀의 성공에 있어서 결정적인 역할을 했다.

[c] The industry is of vital importance to the national economy.
그 산업은 국가 경제에 결정적인 중대성을 갖는다.

[d] The soldiers protected the vital port from the enemy.
그 군인들은 적군으로부터 중대한 항구를 지켰다.

4 vital은 서술적으로 쓰였다.

[a] Choosing the right equipment is vital.
올바른 기구를 선택하는 것이 매우 중요하다.

[b] Regular exercise is vital for your health.
규칙적인 운동이 건강에 필수적이다.

5 피수식체는 전치사 to의 목적어에 없어서는 안 될 정도로 중요하다.

[a] Water is vital to life.
물은 생명유지에 필수적이다.

[b] Such measures are vital to national security.
그런 대책들이 국가안전에 필수적이다.

[c] A strong opposition is vital to healthy democracy.
강한 야당이 건전한 민주주의에 필수적이다.

[d] Skillful employees are vital to the success of any company.

숙련된 노동자들은 어떤 회사의 성공에도 필수적이다.

6 it은 to-부정사의 과정을 가리키고, vital은 이들이 매우 중대함을 나타낸다.

[a] It is vital to get medical supplies to the flooded area.

의약 필수품을 홍수가 난 지역에 보내주는 것이 매우 중대하다.

[b] It is vital to keep a copy of all the relevant papers.

모든 관련 서류들의 사본을 보관하는 것이 매우 중대하다.

7 it은 that-절의 명제를 가리키고, vital은 이들이 매우 중대함을 나타낸다.

[a] It is vital that schools teach students to use computer technology.

학교는 학생들에게 컴퓨터 기술을 사용하는 법을 가르치는 것이 매우 중대하다.

[b] It is vital that you keep accurate records.

네가 정확한 기록을 유지하는 것이 매우 중대하다.

[c] It is vital that you do exactly as I say.

내가 말하는 대로 정확하게 행하는 것이 매우 중대하다.

VOID

이 형용사는 내용이 없는, 빈 상태를 나타낸다.

1 피수식체는 전치사 of의 목적어가 없다.

[a] That part of the town is completely void of interest for tourists.
그 마을의 저 지역은 관광객들에게 관심거리가 전혀 없다.

[b] The boring speech was void of interesting ideas.
그 지루한 연설에는 흥미로운 생각들이 없었다.

[c] He felt his life was void of meaning.
그는 그의 인생이 의미가 없다고 느꼈다.

2 피수식체는 계약, 법, 합의, 선거 등이고, void는 이들의 효력이 없음을 나타낸다.

[a] The court declared the contract void.
법원은 그 계약이 무효임을 선언했다.

[b] The law has been declared null and void.
그 법은 무의미하고 무효하다고 선언했다.

[c] The agreement was declared void.
그 합의는 무효로 선언되었다.

[d] The elections were declared void by the military ruler.
그 선거들은 군통치자에 의해 무효로 포고되었다.

VOLUNTARY

이 형용사는 스스로 하는 상태를 나타낸다.

1 피수식체는 직원, 봉사자 등이고, voluntary는 이들이 자원자임을 나타낸다.

[a] The agency relies on the work of voluntary staff.
그 기관은 자원봉사자들의 일에 의존한다.

[b] At election time, the party needs a lot of voluntary helpers.
선거철에 그 정당은 많은 자원봉사자들을 필요로 한다.

2 피수식체는 고백, 기부, 진술, 결정 등이고, voluntary는 이들이 자발적으로 행해짐을 나타낸다.

[a] He made a voluntary confession.
그는 자발적으로 고백했다.

[b] The organization is supported by voluntary contributions.
그 단체는 자발적인 기부에 의해 지원받는다.

[c] He made a voluntary statement to the police.
그는 그 경찰에게 자발적인 진술을 했다.

[d] He made a voluntary decision to retire.
그는 퇴직하려는 자발적인 결정을 내렸다.

3 voluntary는 서술적으로 쓰였다.

[a] Participation in the evening activities will be voluntary.
저녁 활동에의 참여는 자발적일 것이다.

[b] Attendance on the course is purely voluntary.
그 수업에의 출석은 순전히 자발적이다.

[c] The divers' search activities are voluntary.
그 잠수부들의 수색활동은 자발적이다.

4 피수식체는 조직체, 단체, 위원회, 수색단 등이고, voluntary는 이들이 자원봉사자로 이루어짐을 나타낸다.

[a] The charity is partly a voluntary organization.
그 자선단체는 부분적으로 지원자로 이루어진 조직체이다.

[b] Many social services are still provided by voluntary societies.
많은 사회봉사가 여전히 자원단체들에 의해 제공되고 있다.

[c] The association is run by a voluntary committee.
그 협회는 자발적인 위원회에 의해 운영된다.

[d] A voluntary search party was organized to find the child.
자발적인 수색단이 그 아이를 찾기 위해 조직되었다.

VULGAR

이 형용사는 저속함을 나타낸다.

1 피수식체는 노인, 대학 동기, 대중 등이고, vulgar는 이들이 통속적임을 나타낸다.

[a] He is a vulgar old man.
그는 통속적인 노인이다.

[b] He spends his weekends with the typical vulgar college crowd.
그는 전형적인 통속적인 대학 동기와 주말마다 함께 보낸다.

[c] She doesn't take interest in the concerns of the vulgar masses.
그녀는 통속적인 대중들의 일에는 관심을 두지 않는다.

2 피수식체는 가구, 정장, 디자인, 장식 등이고, vulgar는 이들이 천박함을 나타낸다.

[a] The house is full of expensive but vulgar furniture.
그 집은 비싸긴 하지만 천박한 가구로 가득 차 있다.

[b] He likes to wear a vulgar check suit.
그는 천박한 체크무늬 정장을 입는 것을 좋아한다.

[c] The floor is covered with garish carpets with vulgar designs.
그 바닥에는 저속한 디자인의 화려한 카펫들이 깔려 있다.

[d] Her vulgar decorations are sickening to us.
그녀의 천박한 장식은 우리에게는 구역질난다.

③ 피수식체는 말, 언어, 농담, 몸짓 등이고, vulgar는 이들이 저속함을 보여준다.

[a] Bill made vulgar remarks that offended everyone.
Bill은 모두를 기분 나쁘게 하는 저속한 말을 했다.

[b] He uses vulgar language.
그는 저속한 언어를 사용한다.

[c] She was criticized for telling vulgar jokes.
그녀는 저속한 농담을 하는 것에 대해 비난 받았다.

[d] It was an extremely vulgar gesture.
그것은 굉장히 저속한 몸짓이었다.

④ it은 과정을 가리키고, vulgar는 과정이 저속함을 그린다.

[a] Isn't it rather vulgar to talk about how much money you earn?
네가 얼마를 버는지에 대해 이야기하는 것은 오히려 천박한 편이 아니냐?

[b] It is vulgar to display one's wealth.
자신의 재산을 자랑하는 것은 천박하다.

[c] It is vulgar going around topless.
윗옷을 벗고 돌아다니는 것은 천박하다.

[d] It is vulgar putting your food into your mouth with a knife.
음식을 나이프로 입에 넣은 것은 천박하다.

VULNERABLE

이 형용사는 약해서 영향을 쉽게 받는 상태를 나타낸다.

1 피수식체는 어린아이, 사회집단, 구성원, 신체부위 등이고, vulnerable은 이들이 취약함을 나타낸다.

[a] He is a vulnerable young child.
그는 상처받기 쉬운 어린아이이다.

[b] The government must help the most vulnerable groups in our society.
정부는 우리 사회에서 가장 취약한 집단을 도와야 한다.

[c] We work mainly with the elderly and other vulnerable groups.
우리는 주로 노인들과 그 밖의 다른 취약한 집단들과 함께 일한다.

[d] His knee is his vulnerable spot.
그의 무릎은 취약한 부위이다.

2 vulnerable은 서술적으로 쓰였다.

[a] David felt very vulnerable after his manager criticised him.
David는 그의 지배인이 그를 꾸짖은 다음에 마음이 상함을 느꼈다.

[b] Their constant arguments left his feeling increasingly vulnerable and insecure.
그들의 끊임없는 논쟁들은 그의 감정을 점점 약해지고 불안정하게 했다.

[c] She has been feeling vulnerable since her husband died.
그녀는 남편이 죽은 이래로 마음이 약해져 있다.

3 피수식체는 생명체이고, 전치사 to의 목적어에 취약하다.

[a] Children are most vulnerable to abuse within their own home.
아이들은 자신들의 집안에서의 학대에 가장 취약하다.

[b] People with high blood pressure are vulnerable to diabetes.
고혈압이 있는 사람들은 당뇨에 걸리기 쉽다.

[c] While feeding, the birds are vulnerable to the predators.
먹이를 먹는 동안에 새들은 포식동물들에게 공격받기 쉽다.

4 피수식체는 개체로서, vulnerable은 이들이 전치사 to의 목적어에 취약함을 나타낸다.

[a] The long frontier is vulnerable to the attack.
그 긴 국경은 공격에 취약하다.

[b] The procedure has improved but it is still vulnerable to criticism.
그 절차는 개선되었지만 여전히 비판에 취약하다.

[c] The theory is vulnerable to ridicule.
그 이론은 조롱당하기 쉽다.

[d] The wound is vulnerable to infection.
그 상처는 감염되기 쉽다.

5 피수식체는 위치, 처지 등이고, vulnerable은 이들이 취약함을 나타낸다.

[a] We are in a vulnerable position.
우리는 취약한 위치에 있다.

[b] The sudden resignation of the director put the company in a vulnerable position.
그 회장의 갑작스런 사임은 그 회사를 취약한 처지에 처하게 했다.

WORTHY

1 피수식체는 목적이나 명분이고, worthy는 이들이 가치가 있음을 나타낸다.

[a] The money will go to a worthy objective.
그 돈은 가치 있는 목적으로 쓰일 것이다.

[b] It is a worthy cause, and we should support it.
그것은 가치 있는 명분이므로 우리는 지지해야 한다.

2 피수식체는 전치사 of의 목적어를 받을 만한 가치가 있다.

[a] It was a spectacular effort, and worthy of a champion.
그것은 극적인 노력이었고, 챔피언이 될 가치가 있었다.

[b] He made an effort worthy of praise.
그는 칭찬받을 가치가 있는 노력을 했다.

[c] A couple of other books are worthy of mention.
몇 권의 다른 책들은 언급될 가치가 있다.

[d] The plan is worthy of our contempt.
그 계획은 우리의 경멸을 받을 만하다.

3 피수식체는 사람이고, 전치사 of의 목적어를 받을 만하다.

[a] He felt he was not worthy of her.
그는 그 여자를 맞이할 가치가 없다고 느꼈다.

[b] The diligent employee is worthy of a raise.
그 부지런한 직원은 승진할 가치가 있다.

[c] He had shown himself worthy of their respect.
그는 자신이 그들의 존경받을 만한 가치가 있음을 보여주었다.

[d] The bank might think you are worthy of a loan.
그 은행은 당신이 대출 받을 만하다고 생각할지도 모른다.

4 worthy는 한정적으로 쓰였다.

[a] He is the worthy winner of the competition.
그는 그 경쟁의 훌륭한 승자이다.

[b] He's a very worthy man, but he's very dull.
그는 매우 훌륭한 사람이지만 매우 우둔하다.

참고문헌

Bolinger, Dwight(1977). *Meaning and form.* London : Longman.

Brugman, Claudia(1981). *Story of over.* MA thesis. University of California, Berkeley.

Dirven, Rene(1989). *Auser's grammar of English: word, sentence, text, interaction.* Frankfurt: Peter Lang.

Dirven, Rene(1995). *The construal of cause: the case of cause prepositions.*

Dixon, R. M. W(1992). *A new approach to English grammar.* Oxford: Oxford University Press.

Givon, Talmy(1993). *English grammar: a function−based introduction.* Amsterdam : John Benjamins.

Jespersen, Otto(1940). *A modern English grammar on historical principles.* Part V. London: George Allen and Unwin.

Lakoff, George(1980). *Metaphors we live by.* Chicago: University of Chicago Press.

Lakoff, George(1987). *Women, fire and dangerous things.* Chicago: University of Chicago Press.

Langacker, Ronald W(1990). *Concept, image and symbol: the cognitive basis of grammar.* Berlin: Mouton de Gruyter.

Osmond, Meredith(1997). *The prepositions we use in the construal of emotion: why don't we say fed up with but sick and tired of.* Manuscript.

Quirk, Randolph; Georffrey Leech; and Jan Svartvik(1972). *A grammar of contemporary English.* New York: Seminar Press.

Schibsbye, Knud(1970). *A modern English grammar.* (2nd edition). Oxford: Oxford University Press.

Silva, Georetta, and Sandra A. Thompson(1977). *On the syntax and semantics of adjectives with 'it' subjects and infinitival complements in English.* Studies in language 1: 109−126.

Wierzbicka, Anna(1988). *The semantics of grammar.* Amsterdam: John Benjamins. nov−17−95.

저자 소개

이기동
서울대학교 사범대학(영어교수법 학사)
University of Hawaii 대학원(영어교수법 석사)
University of Hawaii 대학원(언어학 박사)
건국대학교 문과대학 부교수 역임
연세대학교 문과대학 교수 역임
연세대학교 명예교수

저서
A Korean Grammar on sementic and pragmatic Principles
A Kusaiean Reference Grammer
A Kusaiean English Dictionary
영어형용사와 전치사
영어 동사의 의미 上·下
인지문법에서 본 영어동사
인지문법에서 본 동사사전
영어동사의 문법
영어전치사 연구

역서
문법 이해론
말의 여러 모습
언어와 심리(공역)
인지언어학(공역)
말(공역)
현대 언어학(공역)
언어학개론(공역)

그 외 수편의 번역서와 100여 편의 논문 및 고등학교 교과서를 저술한 바 있음

이기동의
영어 형용사 연구
ADVANCED

2015년 6월 12일 초판 발행
2022년 9월 30일 초판 4쇄 발행

지은이 이기동
펴낸이 류원식
펴낸곳 교문사
편집팀장 김경수
책임진행 김소영
디자인 김재은
본문편집 김남권

주소 (10881) 경기도 파주시 문발로 116
전화 031-955-6111
팩스 031-955-0955
홈페이지 www.gyomoon.com
이메일 genie@gyomoon.com
등록번호 1968.10.28. 제406-2006-000035호
ISBN 978-89-363-1471-2(03740)
값 20,000원